ハンドブック 日本の城

中井 均

山川出版社

◎本書は、2009 年 10 月に刊行した山川 MOOK『日本の城』を縮刷し、増補改訂して出版しました。

凡例

1. 現在の城の原型が戦国時代後期以後に完成し、元和一国一城令以後も存続した城を基準に選択し紹介した。
2. 本文・見どころは著者が解説し、写真解説・地図等は、編集部が担当した。
3. 城の築城年は、現在の城の原型の起工年とした。
4. 国特別史跡、国指定史跡は国史跡、国指定重要文化財は国重文、県指定史跡は県史跡、県指定重要文化財は県重文、市指定史跡は市史跡、市指定重要文化財は市重文とした。
5. 城郭用語で頻出するものに関して、多聞櫓・惣構・桝形・縄張と表記した。
6. ひとつの城に複数の写真提供をしていただいた場合は、左下の（　）のなかに提供者名を表記した。

山城

鳥取城

高取城本丸虎口石垣

津和野城

はじめに

日本列島には約三〜四万もの城館跡が存在しているが、城とは軍事的な防御施設として築かれたものである。多くは南北朝時代から戦国時代に築かれたものであり、その姿は現在私たちがイメージする城とは大きく異なるものであった。中世の城は文字通り土から成る土木施設であった。土を切り盛りすることによって空堀や堀切を掘り、土塁を築いて防御施設としたのである。もちろん門や櫓などの建築物も構えられはしたが、それらはいたって簡単なもので恒久的なものではなかった。実際、中世城館の建物は一切残されていないが、これは合戦で焼失して残っていないのではなく、残らないような建物であったためである。

さらに城は住むための施設ではなかった。戦国時代の山城は詰と呼ばれ、戦いの際に立て籠もるための施設であり、日常の生活の場としてはこうした山城の山麓に居館が構えられていた。関東地方では山麓の居館を根小屋と呼び、現在も地名として数多く残されている。

また城は軍事的な施設ではあったが、三六五日戦いの場ではなかった。むしろ戦時下ではあるが、日常的な生活を送っていたのである。三〜四万という数はそれだけ戦いが日常化していたことを示す数であることはまちがいない。まさに中世という時代は身構える時代であったことを端的に物語ってくれる数である。しかし、その一方でこれらの城の大半は戦うことなく、江戸時代には廃城となっている。

城跡を訪ねると、よくこんなちっぽけな城で籠城できたものだと感心させられるが、実際は籠城などほとんど行なわれなかった。一五世紀の史料である『大乗院寺社雑事記』には大和や山城の国人たちの城では合戦があると、「自焼」「自焼没落」という言葉が頻繁に登場する。これは想定外の軍勢などで攻められた場合は城で戦うことなく自らの城を自らの手で焼き、逃亡した降伏の作法を現すものだったようである。戦国時代に、城を枕に討ち死になどはありえな

石垣の城

熊本城

安土城大手道

かったのである。

戦国時代後半になると山城の防御機能は飛躍的に発達を遂げる。土塁をいたるところで屈曲させて横矢をかけ側射を可能とし、城の出入り口となる虎口には桝形を構えて直進を妨げた。さらに切岸には畝状空堀群と呼ばれる連続する畝状の竪堀を設けて、敵の斜面移動を封鎖した。また虎口の前面には橋頭堡的な機能をもつ馬出も出現する。これらももちろん土造りであった。

ところが一六世紀中頃からは石積みや石垣が列島内の一部地域で出現し、積極的に城郭施設として取り入れられる。そして織田信長による安土築城によって日本の城は土の城から石の城へと大きく変化する。この変化は石垣の導入に加えて、瓦、礎石建物という三つの要素から構成されている。城郭は臨時的な防御施設から恒常的な施設となり、私たちがイメージする城となったのである。こうした織田信長と、その築城思想を忠実に受け継いだ豊臣秀吉とその家臣たちが築いた城を織豊系城郭と呼んでいる。この織豊系城郭は統一政権のシンボルとして単なる防御施設としての城から見せる城へと昇華したのである。さらに戦国の城が防御空間と居住空間が分離する二元形態であったことに対し、織豊系城郭では本丸に御殿が造営され、防御空間と居住空間が一体化することとなった。

ところで列島内に数多く築かれた城館の築城主体者を見ると、戦国時代では守護や戦国大名はもとより国人、土豪と呼ばれる在地の武士たちや、村人が村を守るために構えた村の城、寺院が城郭化するものまで様々な階層が城を築いたのであり、そこに築城権などは存在しなかった。城は自由に築けたのである。三〜四万という数は列島のどんな山奥の村や、戸数わずか十数軒の村にも構えられたこととなる。軍事的に重要でなく、交通路としても行き止まりのような村にすら築かれている。しかし一方ではそうした場所であっても在地の小領主は存在したのである。そうした領主たちにとって城とは領主としてのステイタスシンボルとして築かれたのである。その築城には何の規制もなかったのである。

ところが戦国時代後半、特に織豊政権はそれまで自由に築くこと

関ヶ原後の城

姫路城

彦根城

名古屋城

のできた城に対して規制を設けるようになる。その典型が破城（城割）である。織田信長は永禄十一年（一五六八）に上洛すると、摂津の郡山道場、冨田寺ほかを破却し、翌十二年には伊勢一国破城を、天正三年（一五七五）には河内一国破城を、同八年には大和、摂津、河内で、翌九年には能登、越中、伊賀の一国破城を断行している。こうして列島内にあった三～四万の城館は織豊系城郭へと淘汰されてゆくのである。

関ヶ原合戦の結果、多くの大名が国替となり、新たな領国での築城が開始される。『鍋島直茂譜考補』には慶長十四年（一六〇九）の一年間に列島のなかで二五もの天守が造営されたことを記している。

さらに関ヶ原合戦ではそれまでの豊臣大名が敵味方となって戦っている。新しい領国の隣には関ヶ原合戦で敵となった大名が配されることもあった。そのため領国の国境などを防御するために支城が築かれた。例えば筑前に封ぜられた黒田長政は領国の国境に六つの支城を構え、筑前六端城の制とした。また、安芸広島城へ封ぜられた福島政則は防長の毛利氏に対して亀居城などを築き、防御を固めている。

ところが徳川幕府は元和元年（一六一五）の大坂冬の陣で豊臣氏を滅ぼすと城郭規制を強固なものとする。元和一国一城令である。この一国とは国を指すものではなく、ひとつの藩を指すものと解釈されている。さらに細かく言えば大名家格のうち国持大名、準国持大名、城主大名、城主格大名の藩にひとつの城を持つことが許され、大名であり、藩であっても無城主大名では城を持つことは許されなかったのである。さらに二ヶ国以上領有する藩であっても周防・長門の毛利氏は萩城のみ、薩摩・大隅の島津氏は鹿児島城のみとして他の領国内の城は破壊したのに対し、備後・安芸の浅野氏は広島城に加え三原城が、因幡・伯耆の池田氏は鳥取城に加え米子城が、伊勢・伊賀の藤堂氏は津城に加え上野城の存続が認められている。また一ヶ国であっても肥後の加藤、細川氏は熊本城に加え八代城が、陸奥の伊達氏は仙台城に加え白石城の存

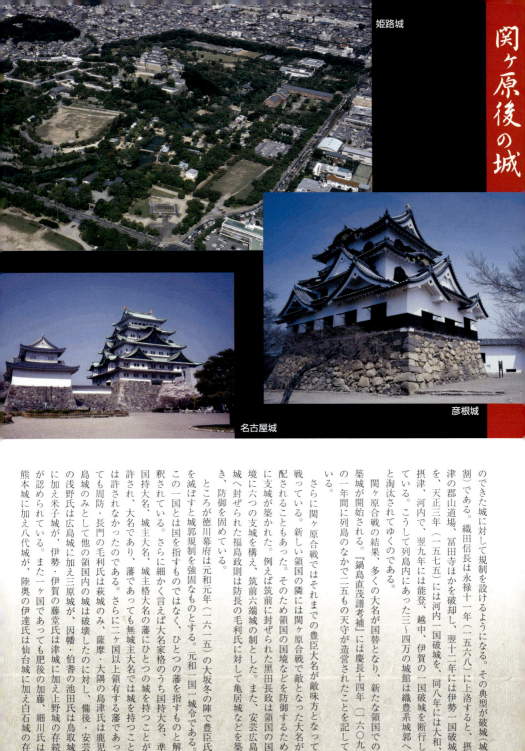

一城令例外の城

伊賀上野城

白石城

続が認められている。こうした元和一国一城令で存続の認められた支城も含め、多少の増減はあるものの慶応三年（一八六七）に列島に存在した城は一七五ヶ所であった。中世以来築かれてきた城が信長や秀吉、江戸幕府の規制によりわずか〇・五％にまで淘汰されたのである。

　さらに徳川幕府が元和元年に発布した武家諸法度により城郭の新規築城は禁止され、修理についても普請（土木工事）と作事（建築工事）のいずれにも許可が必要となるなど厳しい城郭政策が打ち出された。その結果、幕府に無断で広島城を修理したとして福島正則は改易されてしまう。この武家諸法度は寛永一二年（一六三五）に改正されるが、そのなかで居城修理のうち作事については先規のように修復することであれば許されるようになった。この改正は軍事施設としての城郭では普請が重要だったことを端的に示している。

　さて、本書では基本的に元和一国一城令以後も存続した城郭について解説したものである。もちろんこれとて維新時に存続した城郭のすべてを収録することはできなかった。ただ、城跡が現在国の史跡に指定されているものと、城郭建造物が国宝、重要文化財に指定されているものはすべて収録した。特に建造物についてはこれまでの城郭図書では美しい構図の写真が掲載される場合が多いが、本書ではできるだけ指定物件のひとつひとつを紹介することを心がけた。またそれぞれの城のもつ特徴を見どころとして取り上げた。本書によってどのような建物が城郭のどのような場所に構えられているかを知っていただき、城歩きをさらに楽しんでいただけたならば、執筆者としてこのうえもない喜びである。また、いずこかの城跡にてお会いしましょう。

平成二十八年六月

中井　均

五稜郭空撮（写真／中田眞澄）　星形の水堀に囲まれた本郭の２つの稜堡の間に、防御力を増大させる目的で半月堡（写真下方）が設けられている。当初、５か所設ける予定が大手口１か所のみで終わった。

国特別史跡

五稜郭

幕府は箱館開港にともない箱館奉行所を西洋式築城によって築いた。これが五稜郭である。但しこれは形状からつけられた俗称にすぎず、正しくは亀田御役所土塁という。設計には伊予大洲藩士で箱館奉行支配諸術調所教授であった武田斐三郎があたった。その形状は十六世紀にフランスで考案された稜堡式の構造で、五つの稜堡を星形に配置し、大手口にはさらに半月堡と呼ばれる堡塁が設けられた。こうした稜堡はヨーロッパ人によってアジア各地に築かれたなかで、五稜郭は日本人自身が設計、施工した点は注目される。

五稜郭箱館奉行所（函館市中央図書館蔵）
明治初期に撮影されたもの。郭内の中心的建物であったが、明治５年に取り壊された。

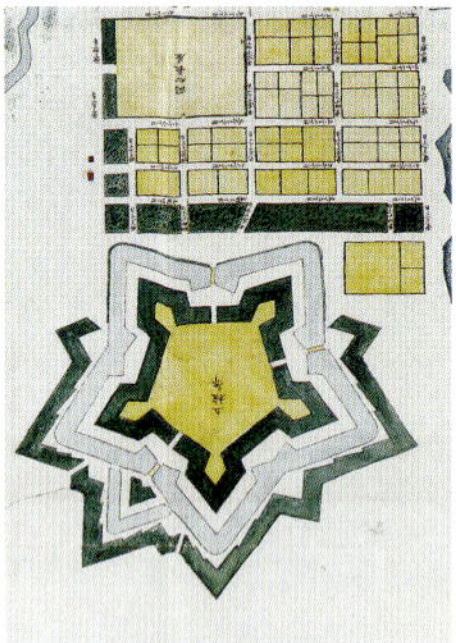

「箱館亀田一円切絵図」
（函館市中央図書館蔵）文久３年（1862）に作成された絵図。

◉見どころ

石垣の石材は箱館山より切り出されたもので、見事な間知積となる。その天端には、石板を飛び出させて敵の侵入を防いでいる。これは刎出石垣と呼ばれ、五稜郭と龍岡五稜郭、人吉城にのみ認められる防御施設である。

五稜郭石垣（写真／中井　均）

●築城年／安政４年（1857）　●築城主／徳川幕府　●所在地／北海道函館市五稜郭町
●交　通／ＪＲ函館本線函館駅下車。湯の川行き路面電車五稜郭公園下車。徒歩８分

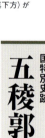

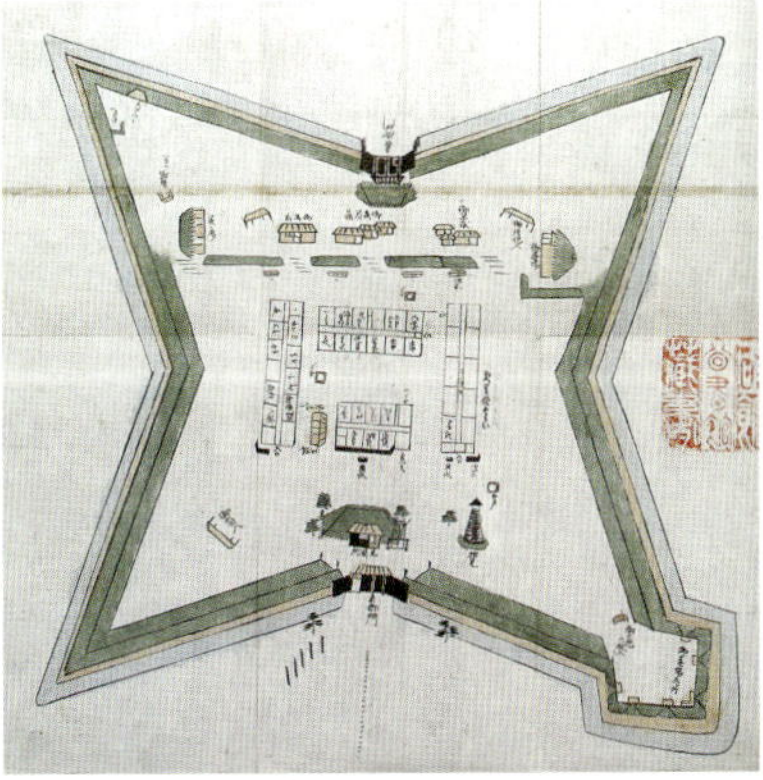

「戸切地陣屋絵図」（函館市中央図書館蔵）
四稜の一角（図右下）のみに砲台が設置された。

戸切地陣屋空撮

平面表示された戸切地陣屋郭内跡

砲台跡

国史跡
戸切地陣屋

安政二年（一八五五）、幕府は蝦夷地全域を直轄領とし、松前藩などの五藩に命じて警備をさせた。そこで松前藩は戸《へ》切《きり》地《ち》に陣屋を構えた。その形状は四稜郭となる稜堡式築城で、南東部の稜堡が突出して築かれており、そこに六基の砲座が設けられていた。石垣は用いられておらず、土造りではあるが、高さ三メートルにおよぶ土塁は見事である。明治元年（一八六八）、旧幕府軍の急襲に陣屋を守備していた松前藩兵は自ら火を放ち退却した。

復元された大手門（写真／中井 均）

◎見どころ

国史跡に指定され、整備事業が行なわれており、大変見学しやすくなっている。大手門と搦手門は復元されている。土塁内部にある大砲の格納場所跡や火薬庫跡などが平面復元されている。

（写真／北斗市教育委員会提供）

●築城年／安政2年（1855） ●築城主／幕府の命で松前藩 ●所在地／北海道北斗市野崎
●交　通／ＪＲ上磯駅下車。タクシーで10分

慶応3年（1867）**撮影の福山城**（函館市中央図書館蔵）
写真左から大手門、太鼓櫓、本丸御門、天守、天守下に三之丸天神坂門。

国史跡・国重文

福山城（松前城）

松前藩は嘉永二年（一八四九）に城主大名となり、城郭が持てる身分となった。そこで当代随一の軍学者と謳われた高崎藩の市川一学に依頼して縄張が行なわれた。その特徴は海防に主眼を置いたもので、松前湾に向かって七門の砲台が設けられた。また軍学による築城は複雑に屈曲した石垣と、変形した桝形を設けた。しかし、背面には堀すら設けられず、明治元年（一八六八）の戦いで旧幕府軍はこの背面より攻めている。さらにこの時期標的にしかならない天守が構えられた。そこに松前氏が城主大名となった悲願を見ることができる。

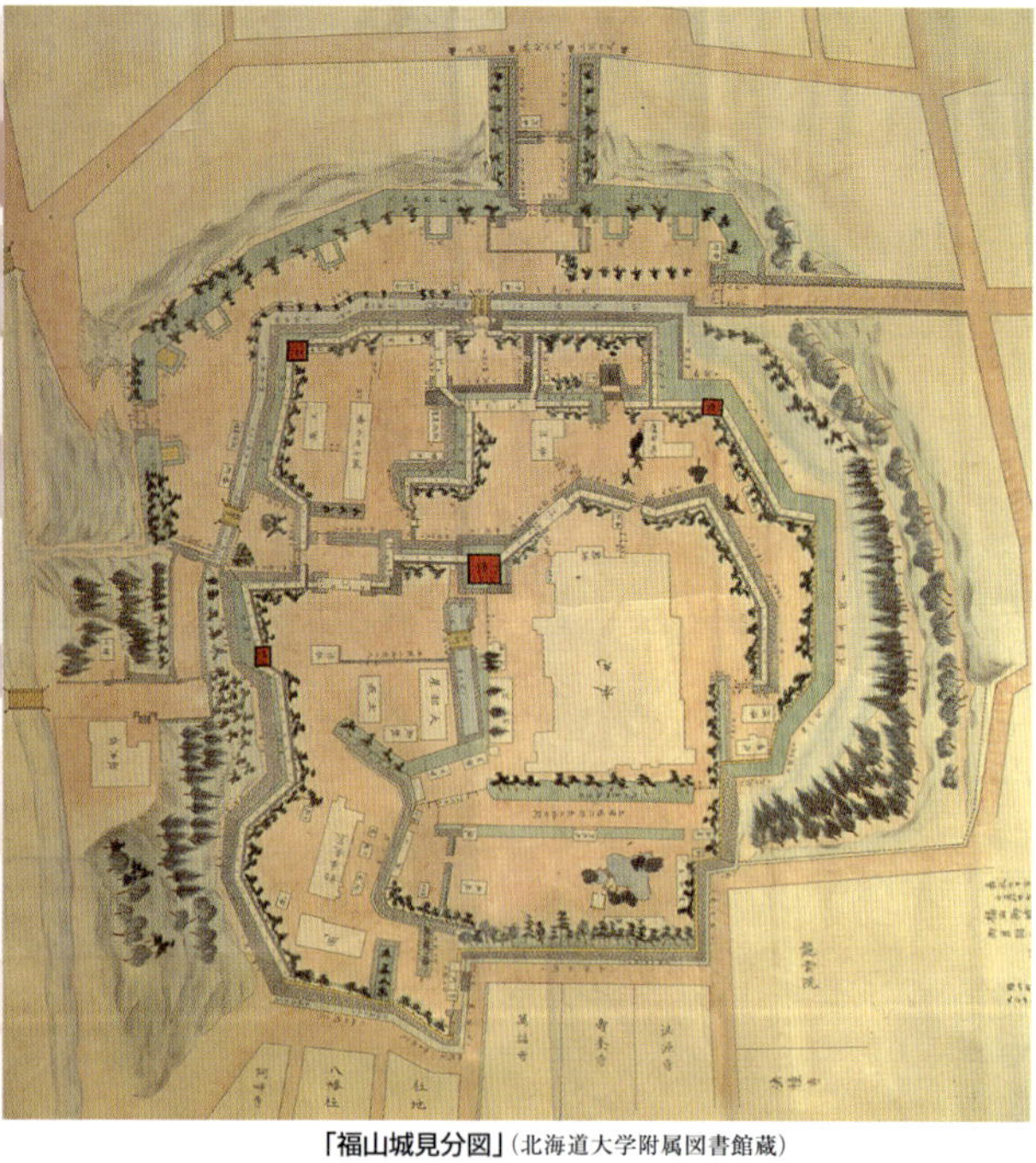

「福山城見分図」（北海道大学附属図書館蔵）

●築城年／嘉永２年（1849）　●築城主／松前崇廣　●所在地／北海道松前郡松前町字松城
●交　通／ＪＲ海峡線木古内駅下車。松前行バス１時間30分松代下車。徒歩10分

福山城空撮　城跡は松前公園となっている。現在二之丸・三之丸南東部は復元整備が行なわれている。高麗門２基、土塀、櫓の平面表示２基、番所跡、鉄砲置き場跡の平面表示、５番・７番台場の復元などがある。

福山城天守と本丸御門　旧国宝に指定されていた福山城天守は昭和24年に焼失したが、昭和36年に外観復元された。

現存の本丸御門（国重文）

●見どころ

海岸段丘の先端に構えられた三之丸には松前湾に向かって七門の砲台が据えられた。このうち七番砲台は史跡整備され、覆屋が復元されている。なお、砲台の周辺は敵からの砲弾が飛散するのを防ぐため石垣を用いず、土塁としている。また、石垣に注目すると天守台などでは六角形に加工された切石を積む、亀甲積を見ることができる。こうした石垣には箱館戦争のときの争奪戦で放たれた鉄砲の弾痕が今も残されている。

亀甲積石垣（写真／中井　均）

（写真／松前町教育委員会提供）

弘前城天守図（国重文）当初の築城時には本丸西南隅に五重天守が構えられていたが、寛永４年（1627）に落雷のため焼失。文化７年（1810）に本丸辰巳櫓（南東隅櫓）を改築、天守とした。東日本唯一の現存三重天守である。

二の丸未申櫓（国重文）

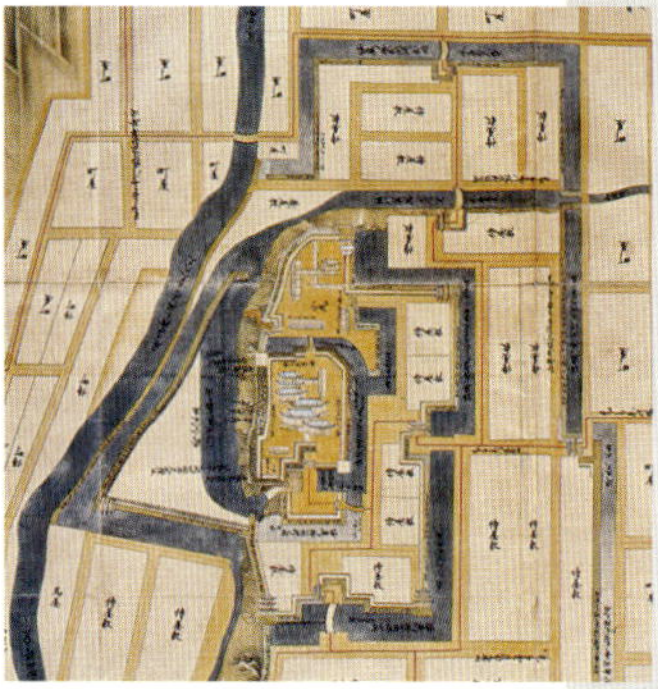

「津軽弘前城之絵図」
（正保城絵図／国立公文書館内閣文庫蔵）

国史跡・国重文

弘前城

大浦為信は豊臣秀吉の小田原攻めに参陣して所領を安堵されると、姓を津軽に改め、新たな居城の築城を開始した。これが弘前城で、本格的な工事は二代信枚によって慶長十五年（一六一〇）から開始され、わずか一年でほぼ完成した。その迅速さは建造物の大半を旧城の大光寺城や堀越城などから移築した結果である。当初本丸の南西角には五重の天守が構えられていたが寛永四年（一六二七）に落雷によって焼失し、以後天守は再建されず、文化七年（一八一〇）にようやく幕府の許可を得て辰巳櫓を改修して天守の代用とした。

弘前城空撮

●築城年／慶長15年（1610）　●築城主／津軽為信・信枚　●所在地／青森県弘前市下白銀町
●交　通／ＪＲ奥羽本線弘前駅下車。バス市役所前公園入り口下車。徒歩２分

二の丸丑寅櫓（国重文）

明治初期に撮影された弘前城天守（弘前市教育委員会蔵）　天守の右に多聞櫓、その後ろに本丸御殿の切妻屋根が見える。本丸御殿は明治６年（1873）に取り壊された。

二の丸辰巳櫓（国重文）

二の丸東門（国重文）

二の丸東内門（国重文）

北の郭北門（国重文）

三の丸追手門（国重文）

二の丸南内門（国重文）

◉見どころ

弘前城の天守は実際には御三階櫓であり、あくまでも天守の代用にすぎない。その特徴はなんといっても堀に面した外観と本丸側の外観の意匠がまったく異なることである。堀側は矢狭間が切られるのみで、大変攻撃的な顔を見せている。これに対して城内側は三重とも壁面一杯に格子窓が設けられている。これは採光のためにできるだけ多くの窓を設けた結果である。

弘前城天守城内側（国重文）（写真／中井　均）

（写真／弘前市役所提供）

盛岡城空撮（写真／中田眞澄）

明治7年に解体される直前の盛岡城本丸古写真
（清養院蔵）

国史跡
盛岡城

小田原に参陣して本領を安堵された南部信直は新たに支配の拠点として盛岡城の築城を開始する。その特徴は東北地方では最大の石垣造りの城郭であったことである。豊臣大名として総力を結集して総石垣として築いた結果である。ただ構造は古式であり、連郭式の縄張で、曲輪間に堀切を設けている。また桝形も不完全であり城道を屈曲させただけのいたって簡単な構造となっている。

「明和三年書上盛岡城図」
（盛岡市中央公民館蔵）

盛岡城本丸遠望（盛岡市教育委員会提供）

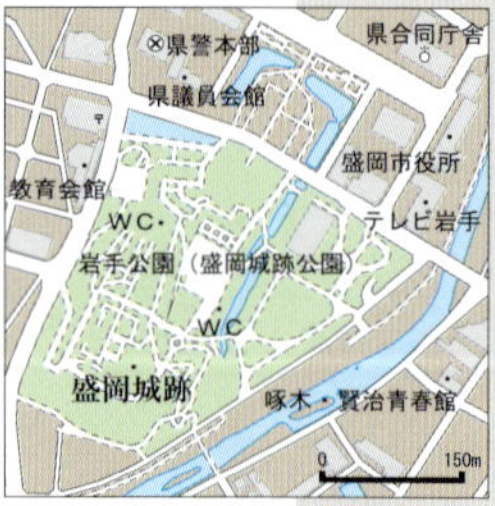

◉見どころ

城跡に残る石垣は一時期のものではなく、十六世紀から十九世紀におよぶものである。最も古いものは本丸の東側下部や二の丸南・東側などに残されている。二の丸西面の石垣は城跡中で最も高いものであるが、ここは延宝～貞享（一六七三～八八）の大改修によって築かれたものである。

本丸と二の丸を仕切る空堀（写真／中井　均）

●築城年／文禄2年（1593）　●築城主／南部信直　●所在地／岩手県盛岡市内丸
●交　通／ＪＲ東北新幹線盛岡駅下車。徒歩15分

明治初期に撮影された仙台城二の丸遠望（個人蔵）

国史跡

仙台城

慶長六年（一六〇一）に伊達政宗が新たに築いた仙台城は現在の本丸部分である。南方には深い龍の口渓谷が、東から北にかけては広瀬川の段丘に守られた要害の地で、正保城絵図には「本丸山城」と記されており、明らかに山城として築かれた城であった。政宗は山上に造営された本丸御殿で生活していたが、二代忠宗は山麓に二の丸御殿を構えた。以後二の丸が仙台城の中核として、政庁や藩主の私邸として機能した。

仙台城空撮（仙台市教育委員会提供）

昭和42年に復元された大手門脇櫓
（写真／石田多加幸）

「肯山公造制城郭木写之略図」
（宮城県図書館蔵）

◎見どころ

本丸の南側は龍の口渓谷と呼ばれ、急峻で深い谷が天然の堀の役目を果たしており、ここからの城攻めは絶対に不可能である。唯一尾根が続く西側には近世城郭ではあるが堀切が三本にわたって設けられている。

仙台城の堀切（写真／中井　均）

●築城年／慶長６年（1601）　●築城主／伊達政宗　●所在地／宮城県仙台市青葉区川内
●交　通／ＪＲ東北本線仙台駅下車。バス青葉城址下車。徒歩２分

白石城天守と大手二の門　天守に相当する三階櫓は明治７年に取り壊されたが、平成７年に木造で復元された。

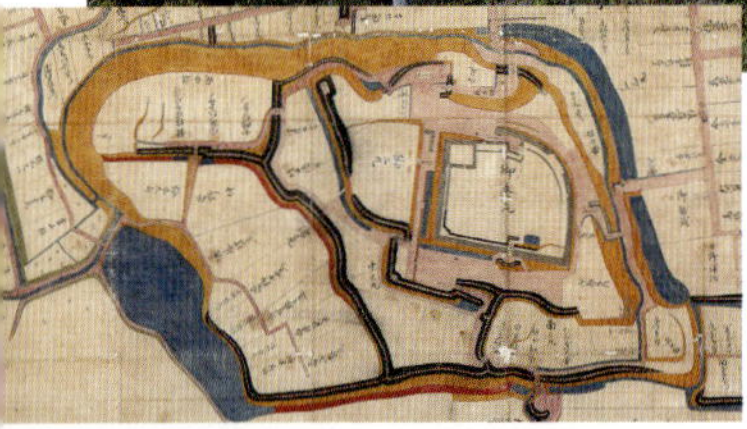

左・「御城並びに御城下分間絵図」

下・白石城空撮

市史跡

白石城

慶長五年（一六〇〇）、伊達政宗は上杉景勝領となった旧領白石を攻略し、関ヶ原合戦後には安堵された。慶長八年には伊達藩領南端の押さえとして重臣片倉景綱を配した。白石城は元和の一国一城令にも例外的に廃城とならず存続し、片倉氏が代々城主として入れ置かれた。本丸には天守に匹敵する大櫓が構えられ、仙台藩主が宿泊する御成御殿と政庁となる表御殿と城主片倉氏の私邸となる奥向御殿という三御殿からなる本丸御殿が本丸全面に造営されていた。

◉見どころ

天守以下の城郭建物はすべて平成七年に再建されたもので、現在城跡にはほとんど往時のものは残されていない。旧東口門が市内当信寺に、旧厩口門が延命寺に移築されている。

白石城土塁（写真／中井　均）

（写真／白石市教育委員会提供）

●築城年／天正19年（1591）　●築城主／蒲生郷成　●所在地／宮城県白石市益岡町
●交　通／JR東北本線白石駅下車。徒歩15分

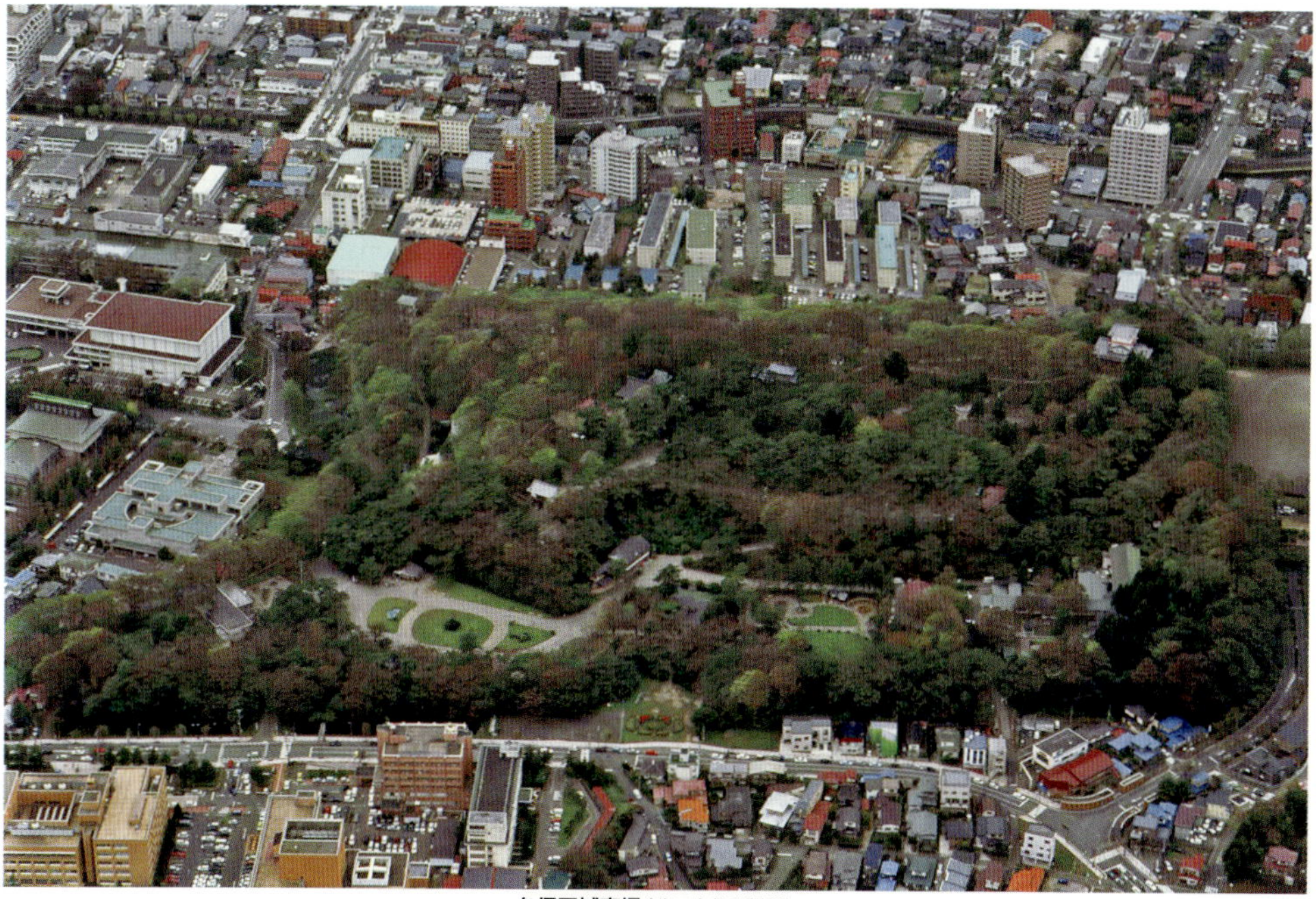

久保田城空撮（秋田市役所提供）

市名勝

久保田城

久保田城の特徴はなんといっても土造りの城という点である。石材は虎口や土塁の基底部に二〜三段積むのみで基本的にはすべて土塁によって構えられている。しかし本丸、二の丸、三の丸が三段構えとなり、その切岸は急峻で高く、土の城ではあるが決して貧相ではなく、むしろ壮観である。常陸の戦国大名佐竹氏の伝統的な築城としてとらえることができる。

明治初年に撮影された久保田城
（秋田市立佐竹史料館蔵）

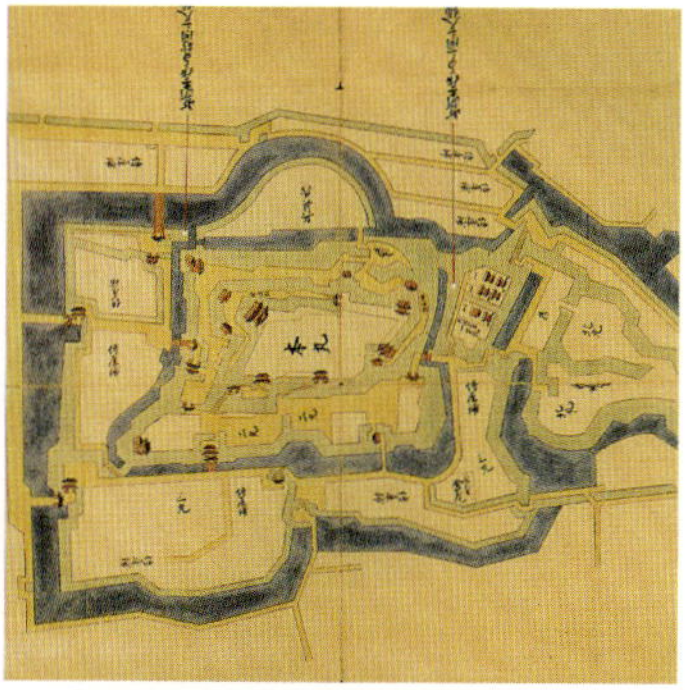

「出羽国秋田居城絵図」弘化四年（1847）
（秋田県公文書館蔵）

◉見どころ

本丸の南西隅には出し御書院という書院風の二階造りの天守代用の櫓が構えられていた。その櫓台は土塁造りではあるが石垣を凌駕する見事な切岸となっている。

出し御書院櫓台の土塁（写真／中井　均）

●築城年／慶長８年（1603）　●築城主／佐竹義宣　●所在地／秋田県秋田市千秋公園
●交　通／ＪＲ奥羽本線秋田駅下車。徒歩５分

山形城二の丸東大手門　平成７年に二の丸東大手門桝形の大手門、南多聞櫓、北多聞櫓、大手橋が木造で復元された。

平成１８年に復元された本丸一文字門石垣と大手橋

国史跡

山形城

最上四十八楯のひとつとして、斯波氏惣領の最上氏が居城としていた。最上義光は強力な戦国大名に成長し、山形城も近世城郭として大々的に整備された。この改修は文禄・慶長の役に義光が肥前名護屋に滞陣中に指示されている。その構造は典型的な輪郭式の縄張で、三重の堀が巡らされていた。最上氏改易後に入城した鳥居忠政によって門の位置などが改められるが、輪郭式の構造までをも改修するものではなかった。

山形城空撮

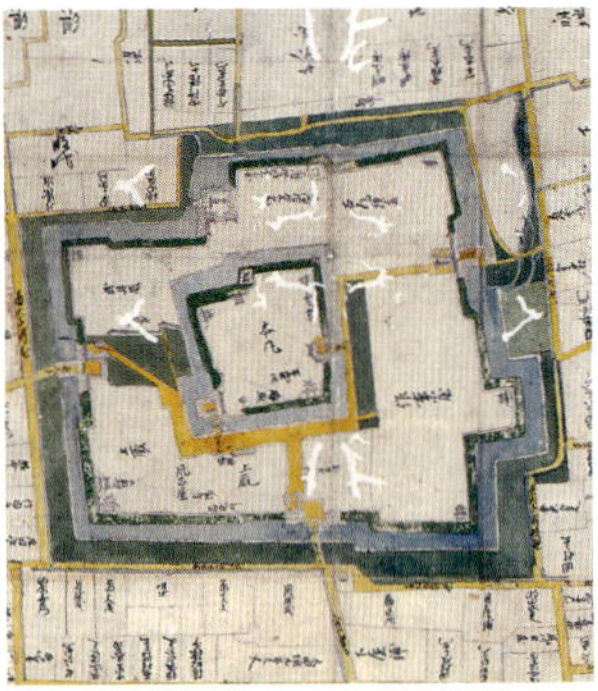

「出羽国山形城図」(西尾市教育委員会蔵)

◎見どころ

山形城では虎口部分にのみ石垣を用い、他はすべて土塁としている。石垣は本格的なもので、○や□など築城工事の分担を示す刻印を多く見ることができる。東北で石垣に刻印のあるところはほとんどなく珍しい。

二の丸北大手門の石垣(写真／中井　均)

(写真／山形市役所提供)

●築城年／文禄年間(1592～96)　●築城主／最上義光　●所在地／山形県山形市霞城町
●交　通／ＪＲ奥羽本線山形駅下車。徒歩20分

「羽州松山城絵図」（山形県立博物館蔵）

松嶺城大手門（現存・県重文）（酒田市松山文化伝承館提供）

松嶺城本丸土塁と堀跡（酒田市松山文化伝承館提供）

県重文・市史跡

松嶺城

松山藩は庄内藩初代藩主酒井忠勝の三男忠恒が二万石を分知され支藩として立藩され、中山に陣屋が構えられた。当初は陣屋であったが、三代忠休が若年寄となり五千石の加増と、御用金二千両が与えられ、城を構えることが許された。築城の設計には庄内藩の宮田流軍学者長坂十太夫正逸があたった。その縄張は本丸を南北と東から二の丸が囲み、それを南北と西から三の丸が囲い込む梯郭式の縄張であった。

松嶺城空撮（写真／中田眞澄）

◉見どころ

現存する大手門は桁行五間、梁間三間、入母屋造り、桟瓦葺の櫓門で、寛政四年（一七九二）に再建されたもの。山形県内に残る唯一の城郭建造物として県重文となっている。

松嶺城大手門（写真／中井 均）

●築城年／安永８年（1779）　●築城主／酒井忠休　●所在地／山形県酒田市字新屋敷
●交　通／ＪＲ羽越本線余目駅下車。タクシー10分

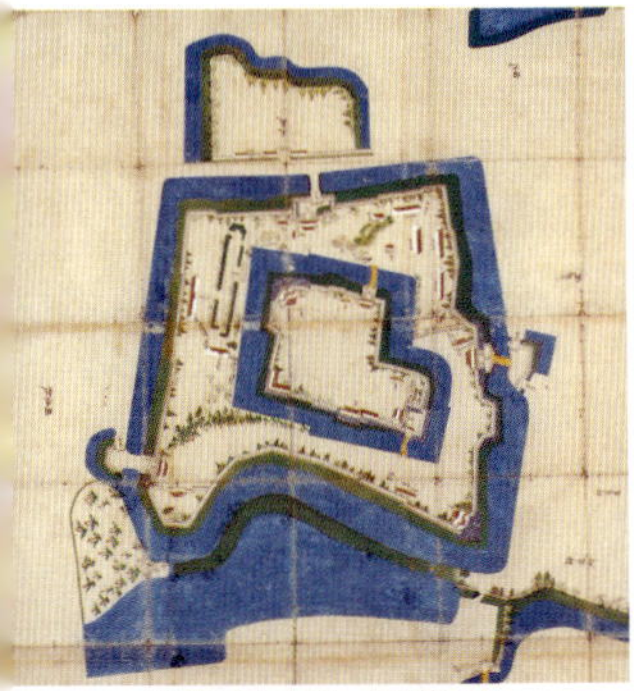

「出羽国庄内鶴ヶ岡城絵図」
（鶴岡市郷土資料館蔵）

鶴ヶ岡城空撮（鶴岡市役所提供）

鶴ヶ岡城本丸土塁

鶴ヶ岡城

鶴ヶ岡城は古くは大宝寺城と呼ばれ、最上氏と上杉氏の争奪の場となった。慶長七年（一六〇二）、最上義光は庄内を加増され大宝寺城を隠居城とした。翌八年には鶴ヶ岡城と改称されるが、元和八年（一六二二）に最上氏は改易となり、代わって酒井忠勝が十三万八〇〇〇石で入城し、以後酒井氏十二代の居城となる。酒井氏時代の鶴ヶ岡城は本丸、二の丸、三の丸が回字形に構えられた典型的な輪郭式の縄張で、二の丸大手には角馬出が、西御門には丸馬出が構えられていた。

明治初期に撮影された鶴ヶ岡城本丸（鶴岡市立図書館蔵）

●見どころ

鶴ヶ岡城も典型的な東北地方の近世城郭で土造りの城であった。本丸の櫓台にのみ低い石垣が築かれた。本丸北西隅には二階建ての御角櫓があり、石垣石材は鶴岡市郊外の金峰山の花崗岩が用いられている。

鶴ヶ岡城櫓台（写真／中井 均）

（写真／鶴岡市役所提供）

●築城年／元和８年（1622）　●築城主／酒井忠勝　●所在地／山形県鶴岡市馬場町
●交　通／ＪＲ羽越本線鶴岡駅下車。徒歩30分

新庄城空撮（写真／中田眞澄）　本丸は最上公園となり、本丸の桝形石垣・土塁・堀が良好な状態で残っている。

市史跡
新庄城

元和八年（一六二二）に最上氏が改易となると新庄は山形藩より分割され、戸沢政盛に与えられた。政盛は当初鮭延城に入城するが、手狭であったため寛永元年（一六二四）に新城の築城を開始する。これが新庄城である。その構造は方形の本丸と馬出状に突出した二の丸を広大な水堀が囲み、さらにその周りを三の丸が取り囲む輪郭式縄張で、豊臣秀吉の聚楽第に酷似するものであった。戊辰戦争では新政府側となったため、奥羽越列藩同盟軍の攻撃を受け、城と城下町の大半が焼失してしまった。

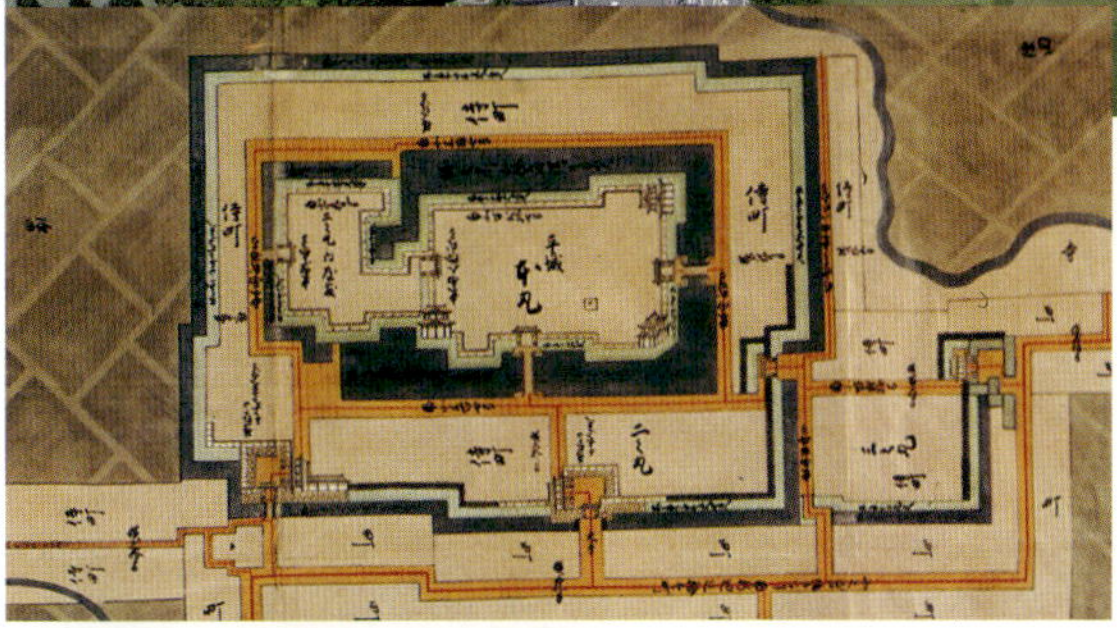

上・「出羽国新城絵図」（正保城絵図／国立公文書館内閣文庫蔵）

左・新庄城本丸小納戸櫓跡（新庄市役所提供）

●見どころ

本丸と三の丸に設けられた五か所の虎口には石垣が築かれたが、他はすべて土塁であった。そのうち唯一残るのが本丸大手門の石垣で、寛永期の切石による石垣によって築かれている。

新庄城本丸大手門の石垣（新庄市役所提供）

●築城年／寛永元年（1624）　●築城主／戸沢政盛　●所在地／山形県新庄市堀端町
●交　通／ＪＲ奥羽本線新庄駅下車。バス公園前下車

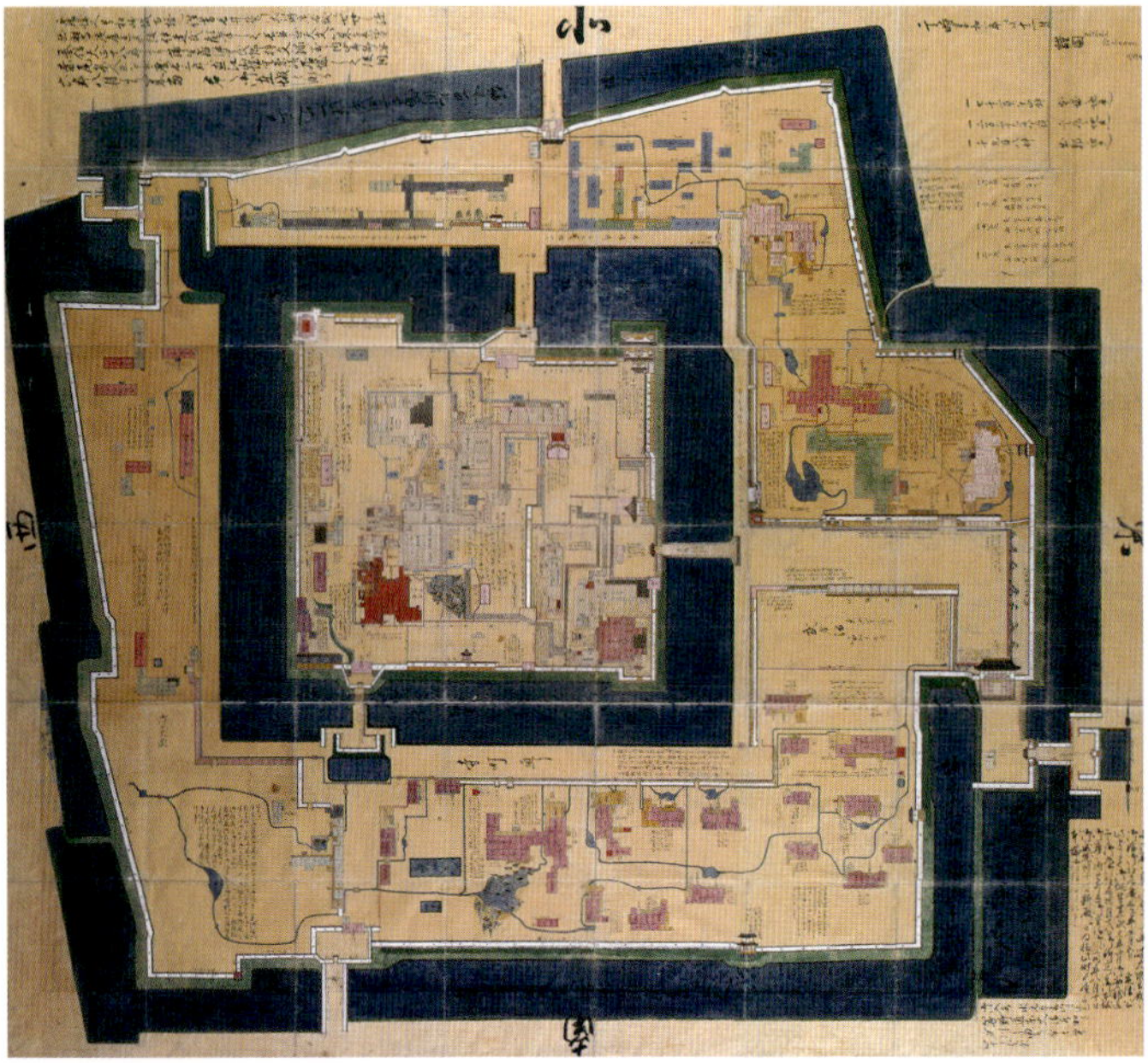

「松岬城堞図」(米沢市上杉博物館蔵) 享和2年(1802)に作成された絵図。本丸の御殿や居住建物は平面図で描かれているが、櫓や門は姿図で描かれている。

明治初期に撮影された米沢城本丸御三階櫓(米沢市立米沢図書館蔵)

米沢城本丸跡と水堀(米沢市役所提供)

県史跡
米沢城

米沢は伊達氏による奥羽支配の拠点であったが、慶長三年(一五九八)、上杉景勝が会津に入封すると、その重臣直江兼続が入れ置かれた。同五年の関ヶ原合戦で西軍に与した景勝は減封され米沢に移される。景勝は米沢入城後直ちに二の丸を普請して居所とした。以後上杉氏十三代の居城となる。その構造は回字形のシンプルな輪郭式縄張であった。近年の発掘調査で二の丸の堀が堀内障壁として堀障子を構えていたことが確認された。

米沢城空撮(米沢市役所提供)

米沢城本丸南東隅部(写真/中井　均)

◉見どころ

本丸の南東隅には巨大な櫓台が設けられ、上杉謙信祠堂が建てられていた。ここには甕に収められた上杉謙信の遺骸が祀られており、まさに軍神謙信によって守護されていた城であった。

●築城年/慶長13年(1608) ●築城主/上杉景勝 ●所在地/山形県米沢市丸の内
●交　通/JR山形新幹線米沢駅下車。バス

二本松城二階櫓
昭和57年に二の丸大手口の箕輪門・二階櫓・多聞櫓・土塀などが復元された。

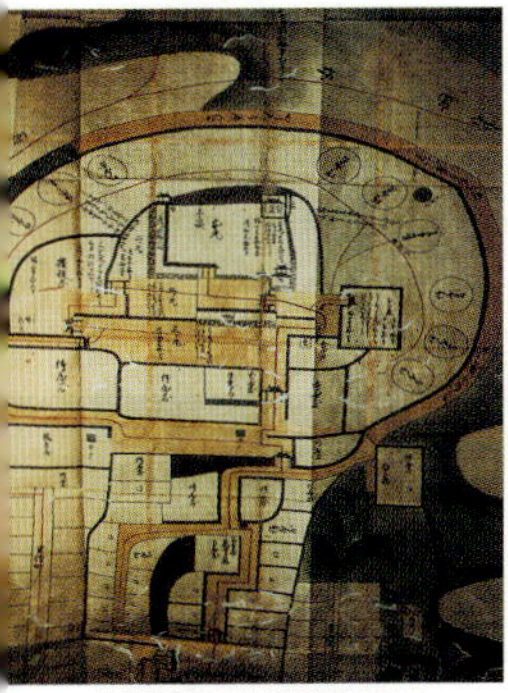

「会津郡二本松城之図」
（国立国会図書館蔵）

二本松城本丸石垣　平成7年に天守台はじめ、本丸石垣が修復復元された。

国史跡

二本松城

寛永二十年（一六四三）に丹羽光重が十万七〇〇石で二本松に入封し、二本松藩を立藩する。以後二本松城は丹羽氏十代の居城となる。丹羽氏入城以前は会津の領主蒲生氏、上杉氏の支城として城代が入れ置かれていた。丹羽氏時代の二本松城は白旗ヶ峰の頂上に本丸が構えられたが、その北東隅には天守台を配し、東、西にも櫓台が配されており、本丸は連結式天守としての天守曲輪であった。二の丸は南山麓に構えられ、藩主の居館として機能していた。

二本松城空撮

◉見どころ

本丸の南下部には幅一五～二一メートル、高さ一三メートルにおよぶ石垣が残されている。粗割石を用い、緩やかな法面を持つこの石垣は慶長以前の蒲生氏段階に築かれたものである。

二本松城石垣（写真／中井 均）

（写真／二本松市役所・二本松市教育委員会提供）

●築城年／正保3年（1646）　●築城主／丹羽長重　●所在地／福島県二本松市郭内
●交　通／JR東北本線二本松駅下車。徒歩15分

会津若松城本丸現況　写真右から昭和40年に外観復元された天守と走長屋、走長屋の屋根の上にわずかに見える屋根が鉄門、その左に平成13年に復元された南走長屋と干飯櫓。

国史跡

会津若松城

古くは黒川城と呼ばれていたが、天正十八年（一五九〇）の奥州仕置により蒲生氏郷が会津に入部するとその居城として大改修が施され、会津若松城と改称された。蒲生時代の若松城には金箔瓦の葺かれた七重の天守が造営され、奥羽における豊臣政権の拠点として重要な城であった。寛永四年（一六二七）に加藤嘉明が入城し、さらにその子明成によって馬出に石垣を築いて出丸に改め、二の丸、三の丸以外はすべて石垣を築き、空堀を水堀に改めるなどの大改修を施し、ほぼ現存する若松城の構造となった。加藤氏改易後、保科正之が入城し、以後保科・松平十一代の居城となるが、ほとんど改修は行なわれなかった。

廊下橋門の桝形

御三階　会津若松城で唯一現存する建物。市内の阿弥陀寺に移築されている。

●築城年／文禄元年（1592）　●築城主／蒲生氏郷　●所在地／福島県会津若松市追手町
●交　通／ＪＲ磐越西線会津若松駅下車。バスで鶴ヶ城北口下車。徒歩２分

会津若松城空撮　本丸・二の丸・西出丸・三の丸の一部などの城跡は鶴ヶ城公園となっている。

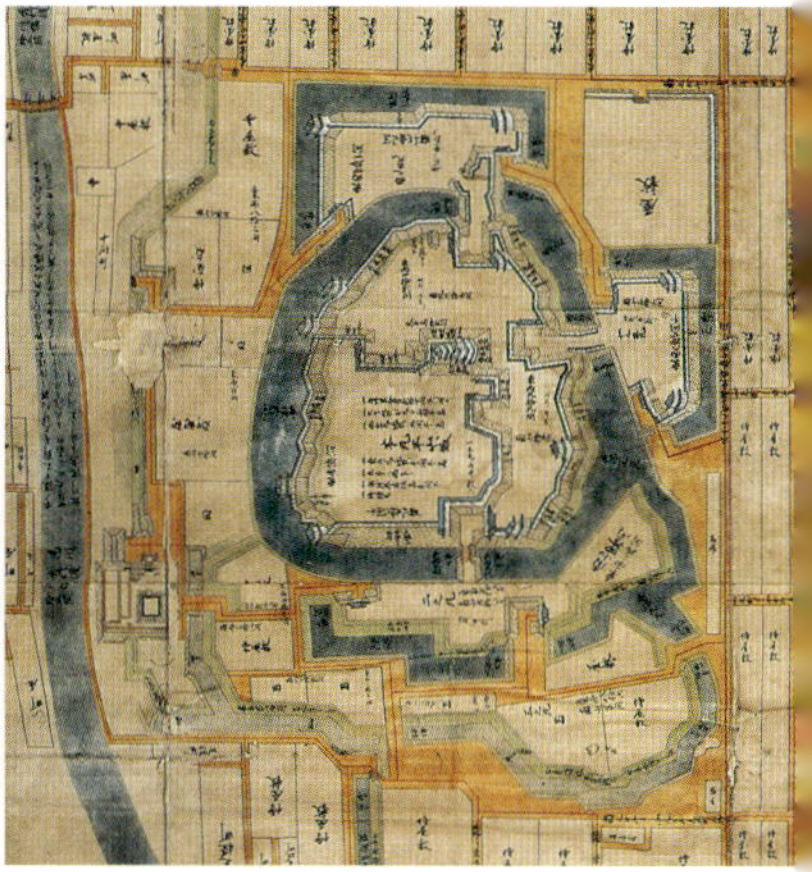

「陸奥之内会津城絵図」（福島県立博物館蔵）

会津若松城天守　明治７年に取り壊された東北最大の天守が昭和40年に外観復元された。

明治初期に撮影された会津若松城天守

◉見どころ

会津若松城には多くの見どころがある。まず石垣であるが、本丸東側の石垣は城内でもっとも高く二〇メートルを超える。切石を布積したもので寛永期の修理によって築かれたものである。これに対して天守台の石垣は野面積に近く勾配も緩やかで、蒲生氏時代の石垣である。また本丸の周囲には土塁の上部にのみ石垣を築いた鉢巻石垣を見ることもできる。ところで門跡の石垣を注意深く観察すると石垣面に垂直に刻まれた溝が認められる。これは城門の柱を据えるためのもので大変珍しい。

会津若松城天守台石垣（写真／中井　均）

（写真／会津若松市役所・会津若松市教育委員会提供）

白河小峰城本丸三重御櫓と前御門 平成３年に天守の代用ともいえる三重櫓が、平成６年に前御門が木造で復元された。平成 23 年の東日本大震災により石垣の一部が崩壊し、現在、復興途上である。

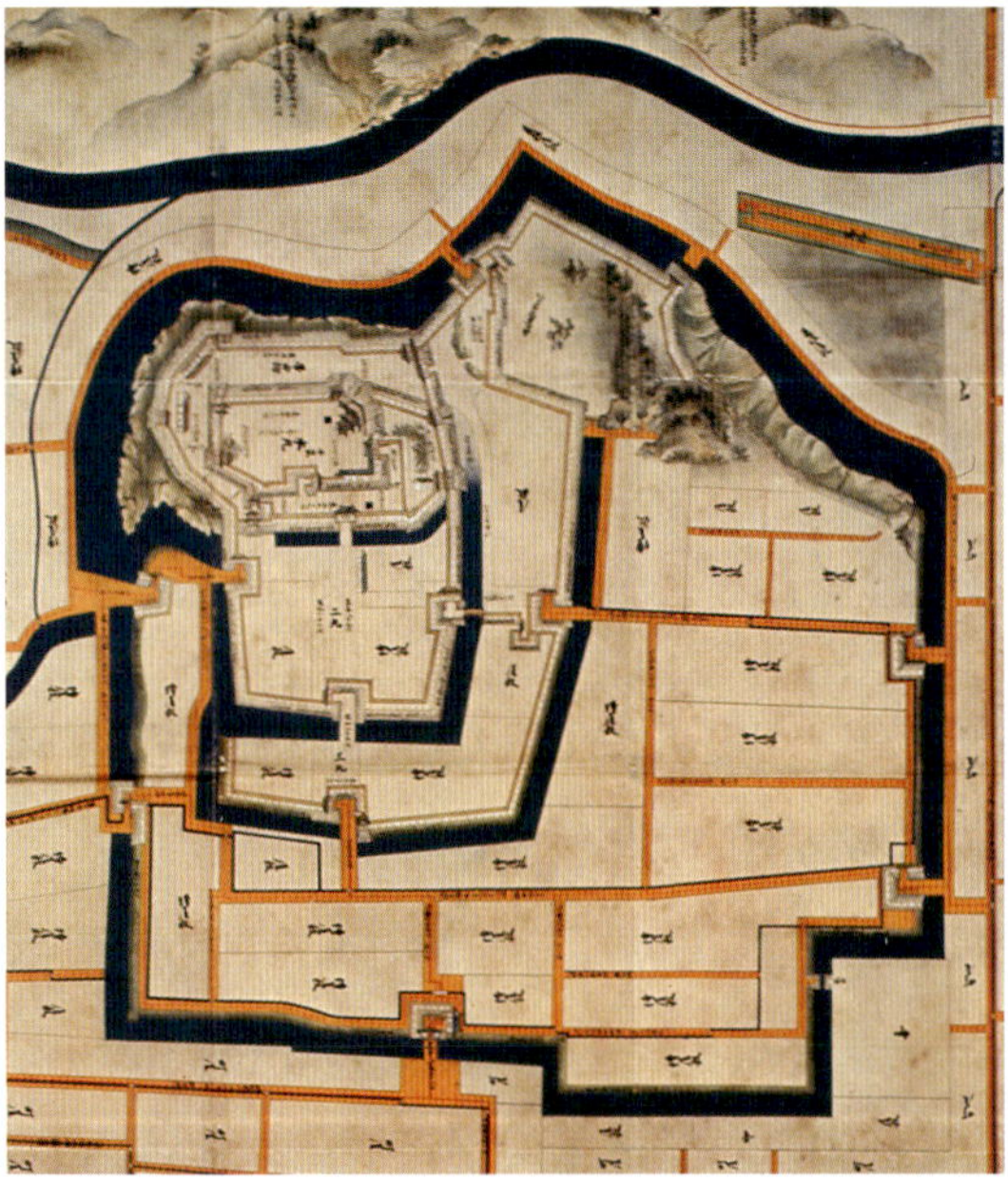

「**奥州白河城絵図**」（正保城絵図／国立公文書館内閣文庫蔵）

市史跡

白河小峰城

白河は奥州三古関の一つに数えられる要衝であり、古く南北朝時代に結城白川氏によって城が築かれた。天正十八年（一五九〇）の奥州仕置によって会津を支配した蒲生氏や上杉氏の時代には城代が置かれた。寛永四年（一六二七）に丹羽長重が十万余石で入封し、白河藩が成立するとその居城となった。丹羽氏による改修は阿武隈川の流れを付け替える大工事で、城はその阿武隈川を背後に控えた梯郭式の縄張で、本丸の北東隅には天守の代用となる三重御櫓が建てられていた。慶応三年（一八六七）に幕府領となり、戊辰戦争では藩主不在のまま新政府軍に攻められ、わずか一日で落城した。

●築城年／寛永４年（1627） ●築城主／丹羽長重 ●所在地／福島県白河市郭内
●交　通／ＪＲ東北本線白河駅下車。徒歩１０分

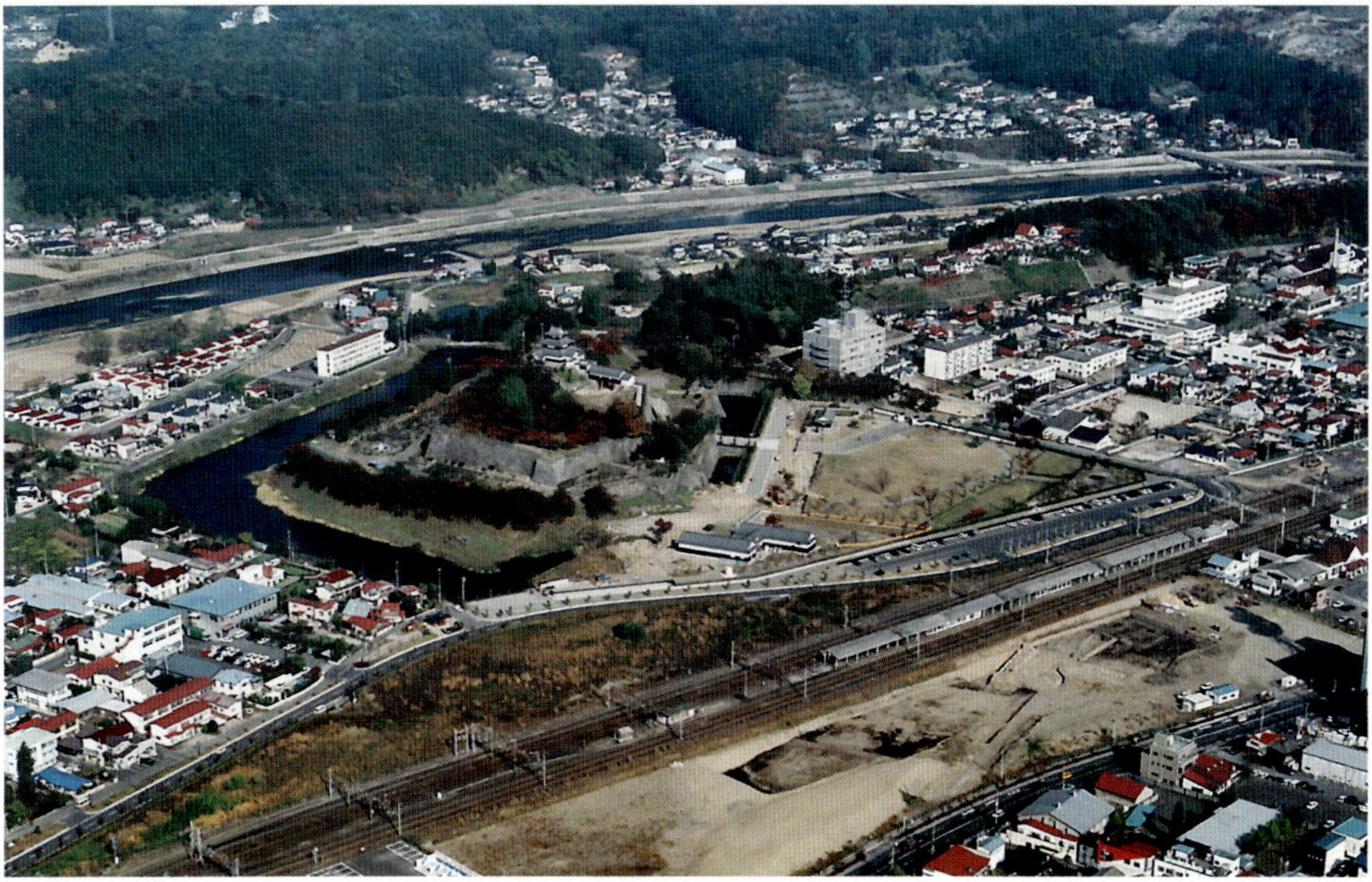

白河小峰城空撮

白河小峰城清水門跡

昭和初期の白河小峰城本丸石垣

◉見どころ

白河小峰城は盛岡城とともに東北きっての石垣造りの城郭であった。特に阿武隈川沿いの背面は帯曲輪と本丸の石垣が二段に重なり、また帯曲輪の石垣塁線には折が多用され、連続して横矢がかかるようになっている。さらに本丸の東対岸の丘陵上には長大な石垣ラインが設けられている。蛇尾の石垣と呼ばれるもので、まるで万里の長城のようである。

白河小峰城石垣（写真／中井 均）

（写真／白河市歴史民俗資料館提供）

土浦城空撮（写真／中田眞澄）　土浦城の本丸・二の丸東・南部が亀城公園となっている。太鼓門（県重文）、高麗門（市重文）、本丸裏門、土塁・堀などが現存する。

東櫓　明治17年に失火のため、御殿と共に焼失したが、平成10年に復元された。

平成3年に復元された西櫓

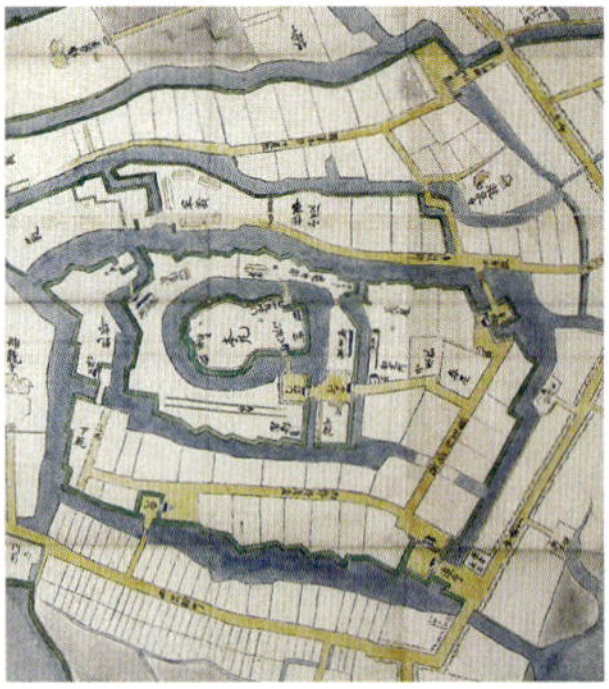

「御城絵図」（土浦市立博物館蔵）　宝暦年間（1751～64）に描かれたものといわれている。

県史跡・県重文・市重文

土浦城

土浦城が近世城郭として体裁を整えるのは慶長五年（一六〇〇）に入封した松平信一による改修である。このとき外郭の西、北、南門が整備された。続く西尾忠永の段階で本丸の西、東櫓が造営され、大手門が櫓門に建て替えられた。その後貞享二年（一六八五）には松平信興による改修が行なわれたが、この改修は甲州流軍学によるものと伝えられる。その構造は回字形の輪郭式縄張であるが、塁線はいたるところで屏風折れとなり、外郭の虎口には馬出が設けられていた。

◉見どころ

現存する太鼓門は本丸の西面に配された大手門に相当する門である。櫓門としては珍しく四面に窓が配されている。県重文となっている。

太鼓門（写真／中井　均）

（写真／土浦市立博物館提供）

●築城年／慶長５年（1600）　●築城主／松平信一　●所在地／茨城県土浦市中央
●交　通／ＪＲ常磐線土浦駅下車。バス亀城公園下車

八幡台櫓（写真／石田多加幸）

八幡台櫓（笠間市教育委員会提供）
かつて笠間城本丸に建っていた櫓だが、明治13年に市内の真浄寺に払い下げられ、七面堂として移築、現存する（県重文）。

天守曲輪の石垣（写真／石田多加幸）　笠間城は標高182メートルの佐白山に築かれた中世城郭を大改修した山城である。山頂部の天守曲輪付近は関東地方には珍しく石垣を設けている。

県重文・市史跡

笠間城

関東の名族宇都宮氏が慶長三年（一五九八）に改易されると蒲生秀行が宇都宮領主となり、笠間城には重臣蒲生郷成が配され、近世城郭に改修された。関ヶ原合戦後は譜代大名が入れ代わり城主となる。その構造は中世城郭に天守曲輪部分のみを石垣によって築いたもので、その最上段には二重の天守が構えられていた。本丸の八幡台櫓は市内真浄寺に移築され現存している。茨城県指定文化財。

笠間城天守曲輪までの石段
（笠間市教育委員会提供）

「常陸国笠間之城絵図」
（正保城絵図／国立公文書館内閣文庫蔵）

◉見どころ

天守台に建つ佐志能神社の拝殿部材にはホゾ穴や塞がれた窓などが認められる。また内部は平屋であるにもかかわらず、柱が多く用いられ二階の建物であったことを示している。おそらく笠間城の天守をそのまま明治初年に改築したものと思われる。

佐志能神社拝殿（写真／中井　均）

●築城年／慶長３年（1598）　●築城主／蒲生郷成　●所在地／茨城県笠間市佐白山
●交　通／ＪＲ水戸線笠間駅下車。徒歩30分

本丸橋詰門（薬医門）（写真／松井　久）　水戸城の本丸にあった門であるが、現在は県立水戸第一高校に移築されている。県重文。

県史跡・県重文
水戸城

天正十八年（一五九〇）に秀吉の小田原攻めに参陣し、常陸領を安堵された佐竹義重、義宣父子は水戸城の江戸氏を追い払うと、自らの居城として大改修を施した。那珂川と千波湖に挟まれた洪積台地の先端に幾重にも堀切を設けて連郭式の縄張とした。慶長十四年（一六〇九）には徳川頼宣が入城し、御三家水戸家の居城となる。二の丸には櫓台をもたず、直接地面に建てられた三重五階の御三階櫓があった。櫓台がないため一階を著しく高くしたため、一重は内部が三階建てとなっていた。

御三階櫓（鳥羽コレクション）　水戸城の天守代用の櫓。外観は三重であるが内部は５階建てである。昭和20年に戦災で焼失した。

水戸藩の藩校・弘道館の正門（写真／松井　久）　正門・正庁・至善堂が現存する。

「常陸国水戸城絵図」（正保城絵図／国立公文書館内閣文庫蔵）

◎見どころ

水戸城の普請には石垣は一切用いられず、すべて土塁と空堀によって築かれていた。とりわけ曲輪を分離するために設けられた空堀は規模壮大で、石垣以上に迫力がある。

水戸城三の丸の土塁・空堀（写真／中井　均）

●築城年／文禄３年（1594）　●築城主／佐竹義宣　●所在地／茨城県水戸市三の丸
●交　通／ＪＲ常磐本線水戸駅下車。徒歩８分

明治初年撮影の本丸御三階櫓（深井正昭氏蔵／高崎市役所提供）
天守代用の三重櫓。明治期に取り壊された。

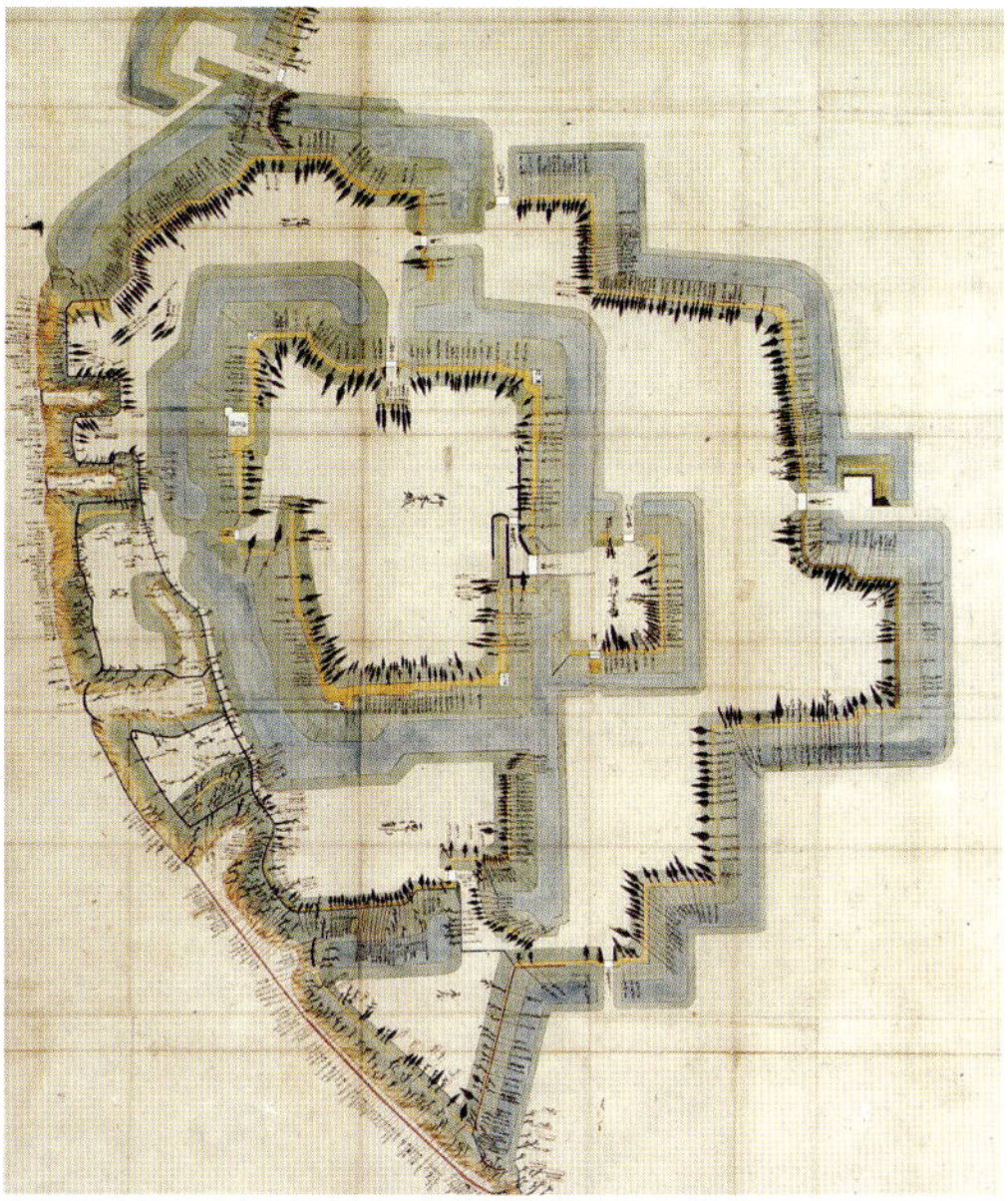

「文化十四年十一月　御城御土居通御植物木尺附絵図」
文化14年（1817）に作成された絵図。現在城跡は本丸・二の丸はすべて失われ、三の丸の土塁・堀がわずかに残っている。旧大手門付近に旧本丸乾櫓と旧三の丸東門が移築復元されている。

旧本丸乾櫓（県重文）**と旧三の丸東門**（市重文）

県重文・市史跡・市重文

高崎城

高崎城は中世の和田城跡を利用して慶長三年（一五九八）に井伊直政によって築城された。烏川を背面に控えた後堅固の構えとし、その構造は本丸の前面に二の丸を、さらにその外側に三の丸を配置する梯郭式の縄張となる。本丸の西辺土塁上には天守の代用として御三階櫓が、四隅には二重櫓が配されていた。こうした構造は関東の譜代大名の城の特徴である。なお、発掘調査によって二の丸堀内に障壁として堀障子の設けられていたことが確認されており注目される。

昭和前期の高崎城三の丸　昭和20年まで城内は兵営として使用された。

◉見どころ

本丸、二の丸は完全に市街地と化しており、何ら遺構を残さないが、三の丸南面には土塁が残る。その高さは五メートルにもおよぶもので石垣に決して劣るものではない。また三の丸東面には塁線を突出させた横矢桝形も残されている。

高崎城の土塁（写真／中井　均）

（写真／高崎市役所・高崎市教育委員会提供）

●築城年／慶長３年（1598）　●築城主／井伊直政　●所在地／群馬県高崎市高松町
●交　通／ＪＲ高崎線高崎駅下車。徒歩10分

本丸御殿（写真／松井　久）嘉永年間（1848 ～ 54）に再建された御殿の玄関・大広間（県有形文化財）、家老詰所（移築）が現存する。関東地方では唯一の御殿遺構である。

本丸御殿古写真（岡村久敬氏蔵）

川越城空撮（写真／中田眞澄）

「川越城図」
（川越市立中央図書館蔵・川越市立博物館提供）

県史跡・県有形文化財

川越城

天正十八年（一五九〇）の徳川家康関東移封に伴い、家康は重臣酒井重忠を川越城に配した。以後江戸城防衛の拠点として譜代大名が配置された。寛永十六年（一六三九）に城主となった松平信綱によって近世城郭へと大改修が施された。その基本構造は土塁と水堀になっていた。特に西大手と南大手には丸馬出が設けられ、本丸背後の新曲輪の塁線は屏風折れが連続して構えられていた。天守は設けられず、本丸南西隅に三重三階の富士見櫓がそびえていた。

◎見どころ

川越城跡はほとんど痕跡を残していないが、唯一富士見櫓の櫓台が残されている。本丸の南西隅部に突出して設けられた櫓台で、周囲に土塀を巡らせ、その中に三重三階の櫓が構えられていた。

富士見櫓台跡（写真／中井　均）

●築城年／寛永16年（1639）　●築城主／松平信綱　●所在地／埼玉県川越市郭町
●交　通／東武鉄道東上線川越駅、ＪＲ川越線川越駅下車。バス博物館下車

「岩槻城惣絵図」（大田正孝氏蔵・さいたま市立博物館提供）

岩槻城内現況（写真／中田眞澄）　城跡の一部は岩槻公園となり、裏門や黒門が移築されている。写真は沼地を利用した池に架かる八ツ橋付近。

搦手にあった裏門（写真／中田眞澄）

黒門（写真／中田眞澄）　藩主居宅の長屋門といわれる。

市重文

岩槻城

太田道灌によって築かれた岩槻城は、戦国時代後北条氏一門の城となる。徳川家康の関東移封にともない江戸城の支城として代々譜代大名が配された。岩槻城が構えられた台地の周囲は沼地となっており、浮城と称された。その縄張は梯郭式で、各曲輪間は深くて幅の広い空堀によって隔てられていた。城下と結ぶ唯一の虎口となる大手口の前面には巨大な丸馬出が構えられていた。

◉見どころ

中心部は市街地となりほとんど遺構を残さないが、広大な水堀の外郭に構えられた新曲輪と鍛冶曲輪の土塁と空堀が残る。折れの付く深い空堀は遊歩道となっている。

岩槻城空堀（写真／中田眞澄）

●築城年／長禄元年（1457）　●築城主／太田道真・道灌　●所在地／埼玉県さいたま市岩槻区太田
●交　通／東武野田線岩槻駅下車。徒歩15分

佐倉城空撮（佐倉市教育委員会提供）　城跡の主要部は佐倉城趾公園となり、椎木曲輪は国立歴史民俗博物館敷地となっている。本丸をはじめ主要部の土塁や空堀は良好な状態で現存し、馬出も復元されている。

市史跡

佐倉城

佐倉には千葉惣領家の本城が構えられていた。この千葉氏の城は本佐倉城と呼ばれている。現在の佐倉城の地に最初に城が築かれたのは慶長十五年（一六一〇）に封じられた土井利勝によるものである。江戸時代は譜代大名の居城となるが城主は目まぐるしく入れ替わっている。その構造は鹿島川と高崎川に挟まれた台地先端に本丸を置き、北方に二の丸、さらに総曲輪を配し、東方の台地続きに三の丸を配したL字状の縄張となる。それぞれの曲輪間には深くて広い空堀が巡らされ、二の丸椎木門の前面には巨大な角馬出が構えられていた。また本丸の北西には関東では珍しく天守が設けられていた。

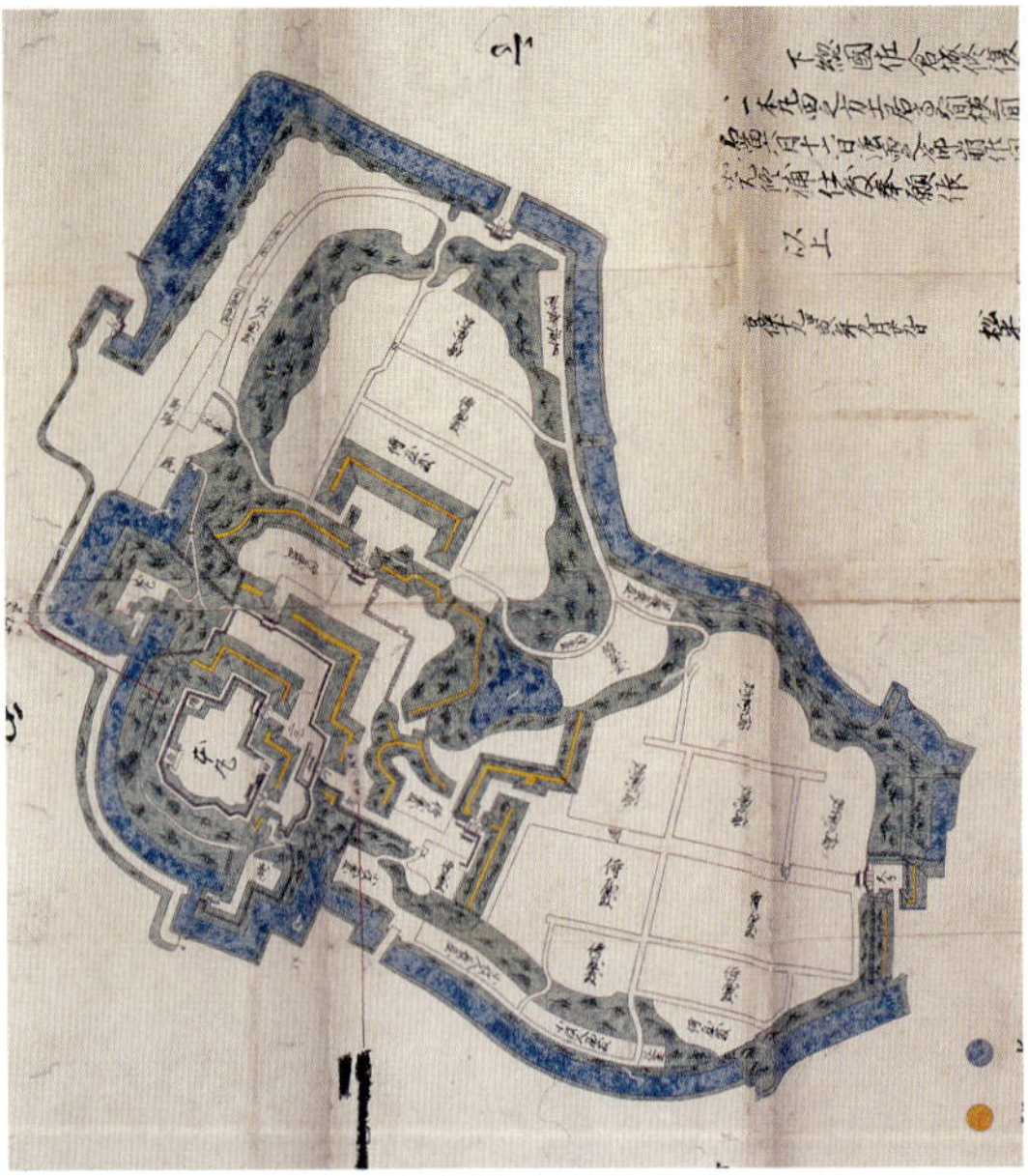

「下総国佐倉城図」享保十九年（1734）（西尾市教育委員会蔵）

●築城年／慶長16年（1611）　●築城主／土井利勝　●所在地／千葉県佐倉市城内町
●交　通／ＪＲ総武本線佐倉駅下車。徒歩25分

明治３年頃撮影の大手門（菅谷義範氏蔵）
明治６年第１軍管第２師管営所の設置にともない、大手門以下の建物が取り壊された。

復元された馬出の空堀（写真／石田多加幸）　椎木門の北側（外）に構えられていた長辺約121メートル、短辺約40メートルの方形の馬出。

◉見どころ

本丸以下の主要曲輪は鹿島台地上に構えられているが、本丸の背面は防御を強固なものとするために、台地直下に台地を囲い込むように水堀が巡らされている。水堀は自然地形に沿って掘られているが、本丸の南西下と北西下の二か所には出丸と呼ばれる方形に突出して出桝（横矢桝形）が構えられている。これによって本丸背後からの敵に対して横矢がかかるようになっている。いずれもほぼ完全に残されており必見の遺構である。

佐倉城本丸直下の水堀（写真／中井　均）

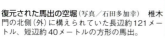

本丸富士見櫓　明暦３年（1657）の江戸大火によって天守が焼失後、その代用ともなった櫓。関東大震災で倒壊破損したが復元された。

国特別史跡・国重文

江戸城

天正十八年（一五九〇）の関東移封にともない徳川家康が居城としたのが江戸城である。しかしこの段階で家康は戦国時代の江戸城をほとんど改修しなかったようである。江戸城が近世城郭として整備されるのは家康が征夷大将軍となった慶長八年（一六〇三）から実施された改修によってである。それまでの土造りの城が、この段階で将軍の城として石造りの城へと改修されたのであるが、その普請は西国の外様大名二十八家を助役として動員した天下普請によるものであった。続く二代将軍秀忠は江戸城北部に神田川を通し、内桜田門より清水門をはじめ内郭の諸門を整備した。さらに三代将軍家光は惣構えを完成させている。天守は家康によって建てられたが、秀忠はこれを取り壊して新たな天守を造営し、家光は父の建てた天守を解体して新たな天守を竣工させるなど、将軍の代替わりごとに造営されている。

三の丸巽櫓　三の丸南東隅に建つ、全国でも最大級の二重櫓。桜田巽櫓とも称される。関東大震災で倒壊破損したが復元された。

●築城年／慶長８年（1603）　●築城主／徳川家康　●所在地／東京都千代田区千代田ほか
●交　通／ＪＲ東海道本線東京駅下車。徒歩５分

西の丸伏見櫓　関東大震災で倒壊破損したが付属する多聞櫓とともに復元された。

伏見櫓空撮

本丸北桔橋門　西方から見た北桔橋門の高石垣。高麗門と土塀が復元されている。

◉見どころ

明暦三年（一六五七）の江戸大火により家光の造営した日本最大の天守は焼失してしまった。この火災で天守台の石垣も焼け爛れてしまう。このため直ちに天守石垣の修理が開始された。工事を担当したのは加賀の前田家で、焼失前には高さ七間であったものが六間に縮小されて再建された。しかしその上に天守は再建されることはなかった。巨大な切石を用いた天守台は圧巻。本丸は見学可能であり、この天守台は江戸城見学では必見である。

天守台石垣

二の丸の正面へ至る下乗橋付近から見た
二の丸巽三重櫓周辺
(ベアト『Felice Beat in Japan』より)

南西から江戸城中枢部を望む　左に本丸北桔橋門、天守台。その右下に本丸西桔橋門、右に進むと本丸富士見櫓。本丸の上方に二の丸、右上に三の丸。本丸の水堀を挟んだ手前は吹上と紅葉山が見える。

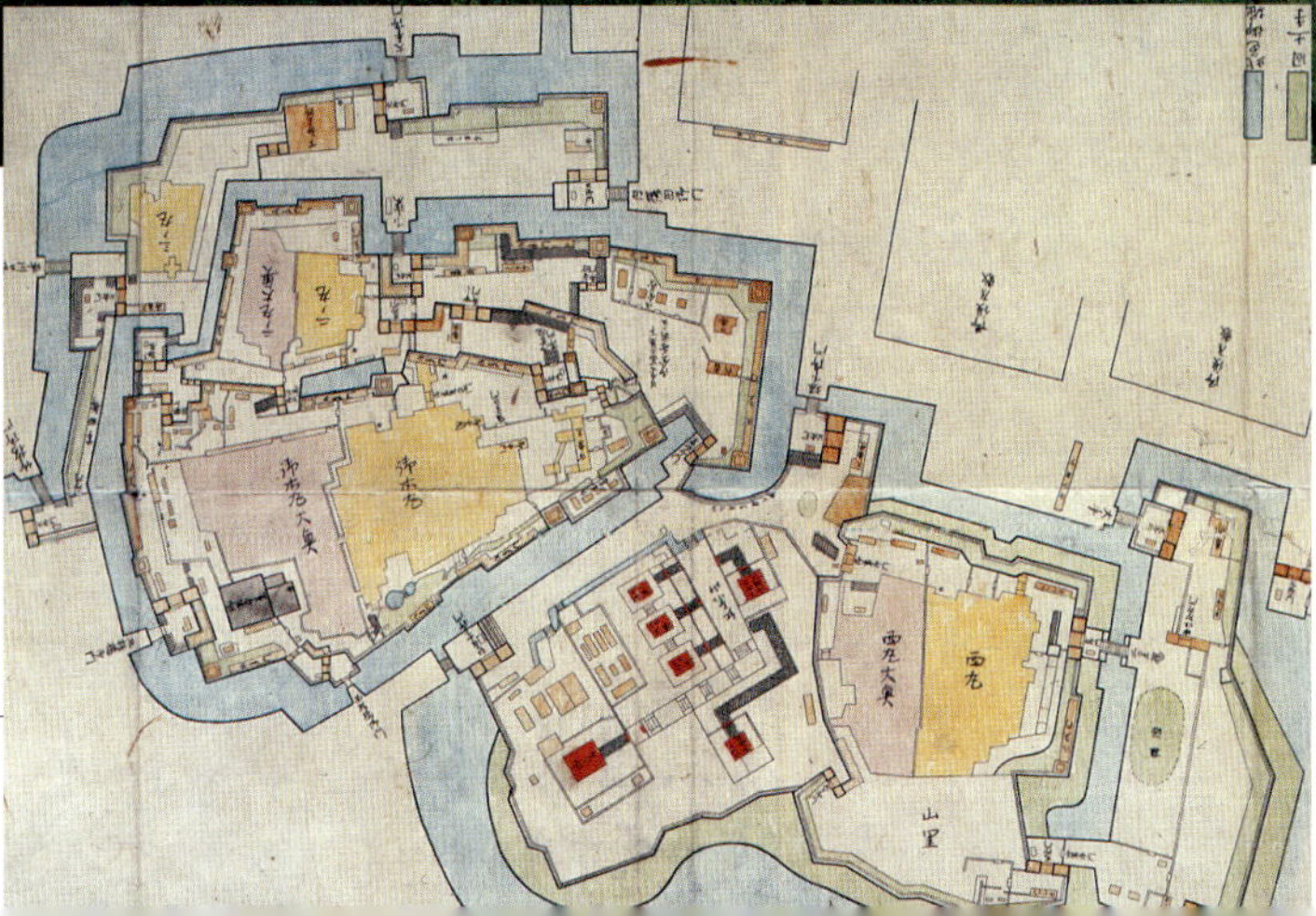

「江戸御城之絵図」
（東京都立中央図書館蔵
特別文庫「東京誌料」）

「慶長江戸絵図」慶長十三年（一六〇八）（東京都立中央図書館蔵）

北東から江戸城内郭部を望む 写真右中央は本丸、その下に二の丸、三の丸。三の丸左は西の丸下。本丸の右上が北の丸、その左の広大な敷地が吹上、紅葉山、西の丸である。

半蔵門桝形空撮　吹上の西方の門。現在は桝形の高麗門のみが残る。

外桜田門桝形空撮　桝形の北面（左上）は土塀を回さずに開放して水堀越しの的場曲輪からも攻め手に攻撃できるようにしてある。

大手門桝形空撮　江戸城の正門。門は桝形構えで、桝形の外の門は二の門（高麗門）、内の門は一の門（櫓門）。城門を内外二重に構え、防備としている。

田安門（国重文）　寛永13年（1636）建造の門。

外桜田門（国重文）　寛文3年（1663）建造の門。

清水門（国重文）　万治元年（1658）建造の門。

大手門　関東大震災や戦災で倒壊破損したが復元された。

（写真／中田眞澄）

小田原城天守　宝永３年（1706）に再建された天守の雛型と伝えられる模型や絵図を参考に昭和35年に外観復興された天守。

国史跡

小田原城

関東の雄、後北条氏二代氏綱により後北条氏の本城となったのが小田原城である。後北条氏時代の小田原城は現在の小田原城の西方にある八幡山古郭周辺が中心部であった。さらに天正年間（一五七三〜九二）には城下町を囲い込む総延長九キロメートルにおよぶ惣構が構えられた。天正十八年（一五九〇）に後北条氏が滅ぶと、関東には徳川家康が移封され、小田原城には大久保忠世、忠隣が入れ置かれた。この段階で小田原城は石垣を用いた近世城郭へと改修されるが、忠隣が改易されると一時期廃城となり破壊されてしまう。寛永九年（一六三二）に稲葉正勝が新たに小田原城主となると本格的な改修工事が実施される。この改修で城域は旧三の丸内に縮小され本丸、二の丸、南曲輪が配置された。規模は縮小されたがこれらの曲輪はすべて石垣によって築かれた。

明治初期に撮影された南（鷹部屋）曲輪東櫓（長崎大学附属図書館蔵）

「文久図」（小田原城天守閣蔵）
文久年間（1861〜64）に描かれた図と伝えられる。

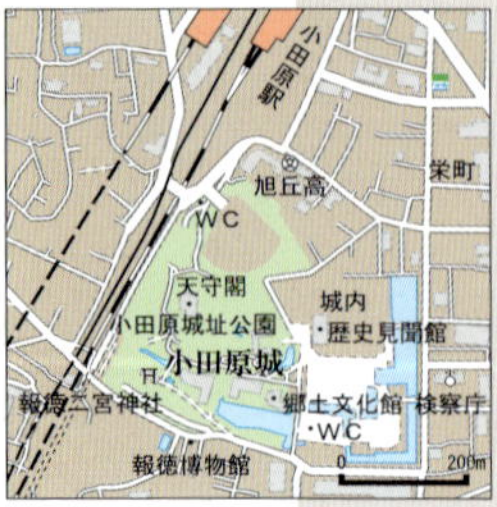

●築城年／寛永９年（1632）　●築城主／稲葉正勝　●所在地／神奈川県小田原市城内
●交　通／ＪＲ東海道本線小田原駅下車。徒歩15分

本丸常盤木門　昭和45年に復元された。

二の丸平櫓　櫓は関東大震災で倒壊破却したが昭和9年に復興した。

二の丸馬出門　小田原城の大手筋に位置し、二の丸を守る重要な門であった。関東大震災で倒壊破却したが平成21年に復元された。

二の丸銅門　門は明治5年に取り壊されたが、平成9年に旧来の原材、工法で復元された。

◉見どころ

小田原城は後北条氏によって築かれた戦国時代の城郭遺構と、近世城郭遺構が同居する極めて珍しい事例である。特に後北条氏時代の遺構が八幡山に点々と残されている。なかでも小峰御鐘ノ台に残る大堀切は八幡山を切断する巨大なものである。この西方を遮断する堀切は稲荷森惣構堀にも良好に残されている。一方、平地部では江戸口見附付近に蓮上院土塁が、早川口には二重戸張と呼ばれる二重土塁が残されている。

小峰御鐘ノ台大堀切東堀

（写真／小田原市役所提供）

小田原城空撮（写真／中田眞澄） 城跡の本丸・二の丸は小田原城址公園となっている。昭和三十五年に外観復興された天守をはじめ、昭和四十六年に復元された本丸常盤木門、平成九年に復元された二の丸銅門が確認できる。

「正保二年　新発田藩家中屋敷絵図」
(新発田市立図書館蔵)

御三階櫓(新発田市教育委員会提供)
新発田城内で最大の櫓。延宝７年(1679)に本丸西櫓を２階から３階に改造し三階櫓と称して天守代用の櫓とした。平成16年に復元された。

国史跡・国重文

新発田城

慶長三年(一五九八)に越後太守となった堀秀治の与力であった溝口秀勝によって築かれた。その後移封もなく、新発田城は溝口氏十二代の居城となった。その構造は、菱形の本丸を二の丸と古丸が取り囲み、二の丸南方に三の丸が取り付く輪郭式と連郭式を合体させた縄張となる。本丸西端の天守に相当する三階櫓は明治五年に解体されたが、その最上層の屋根はT字型の入母屋となり、大棟には三尾の鯱が載るきわめて特異な構造の櫓であった。平成十六年に古写真をもとにこの三階櫓は木造によって再建された。

新発田城空撮(写真／中田眞澄) 写真右に見えるのは本丸表門と辰巳櫓。本丸表門(国重文)の左側に旧二の丸隅櫓(国重文)、さらに左に御三階櫓が見える。

●築城年／慶長３年(1598)　●築城主／溝口秀勝　●所在地／新潟県新発田市大手町
●交　通／ＪＲ羽越本線新発田駅下車。徒歩20分

本丸表門と辰巳櫓古写真（新発田市教育委員会蔵） 明治初期の撮影。

現存する本丸表門（国重文）**と平成16年に復元された辰巳櫓**
（新発田市教育委員会提供）

旧二の丸隅櫓（国重文）（新発田市教育委員会提供）
現存する唯一の櫓。もともとは二の丸にあったが、昭和35年に現在建つ本丸鉄砲櫓跡に移築された。

◉見どころ

現存する本丸表門は桁行九間、梁間三間の規模で、享保十七年（一七三二）に造営されたものである。櫓門は石垣塁線から一間ほど控えて建てられており、両側の土塀より合横矢がかかるようになっていた。また、櫓門の前面には石落が設けられており、本丸虎口に押し寄せた敵に対して頭上より攻撃できるようになっていた。櫓門は内部見学が可能であり、この石落を見ることができる。

本丸表門（国重文）（写真／中井 均）

平成５年に復興した三重櫓（写真／松井　久）

県史跡

高田城

越後では堀秀治が春日山より福島へ本拠を移転する。秀治の子忠俊が改易されると越後には徳川家康の六男忠輝が入封する。当初福島に入城するが、慶長十九年（一六一四）に新たに居城として築いたのが高田城である。築城には十三大名が助役として動員された天下普請で、わずか四か月で完成した。その特徴はなんといっても縄張のすべてを土塁によって築いた点である。さらに平野に築かれた弱点を克服するため、広大な水堀を巡らせていた

高田城空撮（写真／中田眞澄）本丸の一部・二の丸・三の丸の主要部が高田公園になっている。

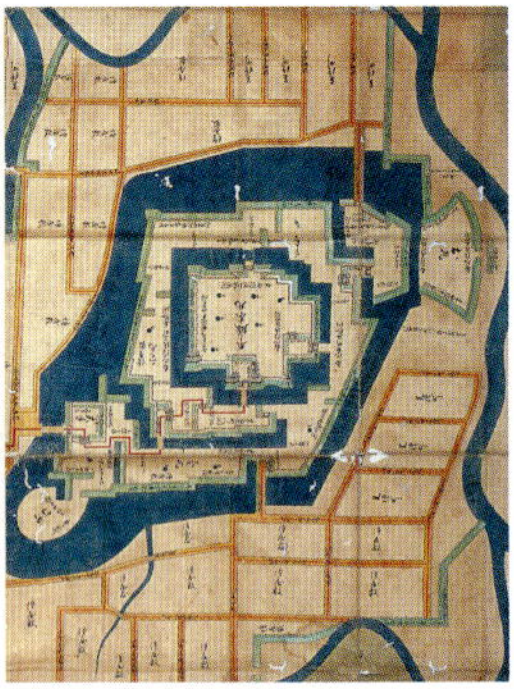

「高田城下絵図」
（上越市立高田図書館蔵）

◉見どころ

丘陵を利用した場合、高低差によって防御力を高めることができるが平城ではそれができない。このため深くて広い水堀を築いた。高田城でも池と見紛う広大な水堀が残されている。

水堀（写真／松井　久）

●築城年／慶長19年（1614）　●築城主／松平忠輝　●所在地／新潟県上越市本城町
●交　通／ＪＲ信越本線線高田駅下車。バス高田公園入口下車

国史跡
村上城

慶長三年（一五九八）の上杉氏の会津転封に伴い村上勝頼が入城し、石垣による改修が施され、近世城郭として整備される。以後も堀直竒が山麓の惣構を整備し、松平直矩による修築が施されて現状の構造となった。その構造は山城部と山麓部に分かれる。山城は本丸、二の丸、三の丸からなるが非常に狭小である。西山麓には三重の水堀によって居館と武家屋敷が配置されているが、まるで山麓部に別の城郭が築かれているような構造となっている。

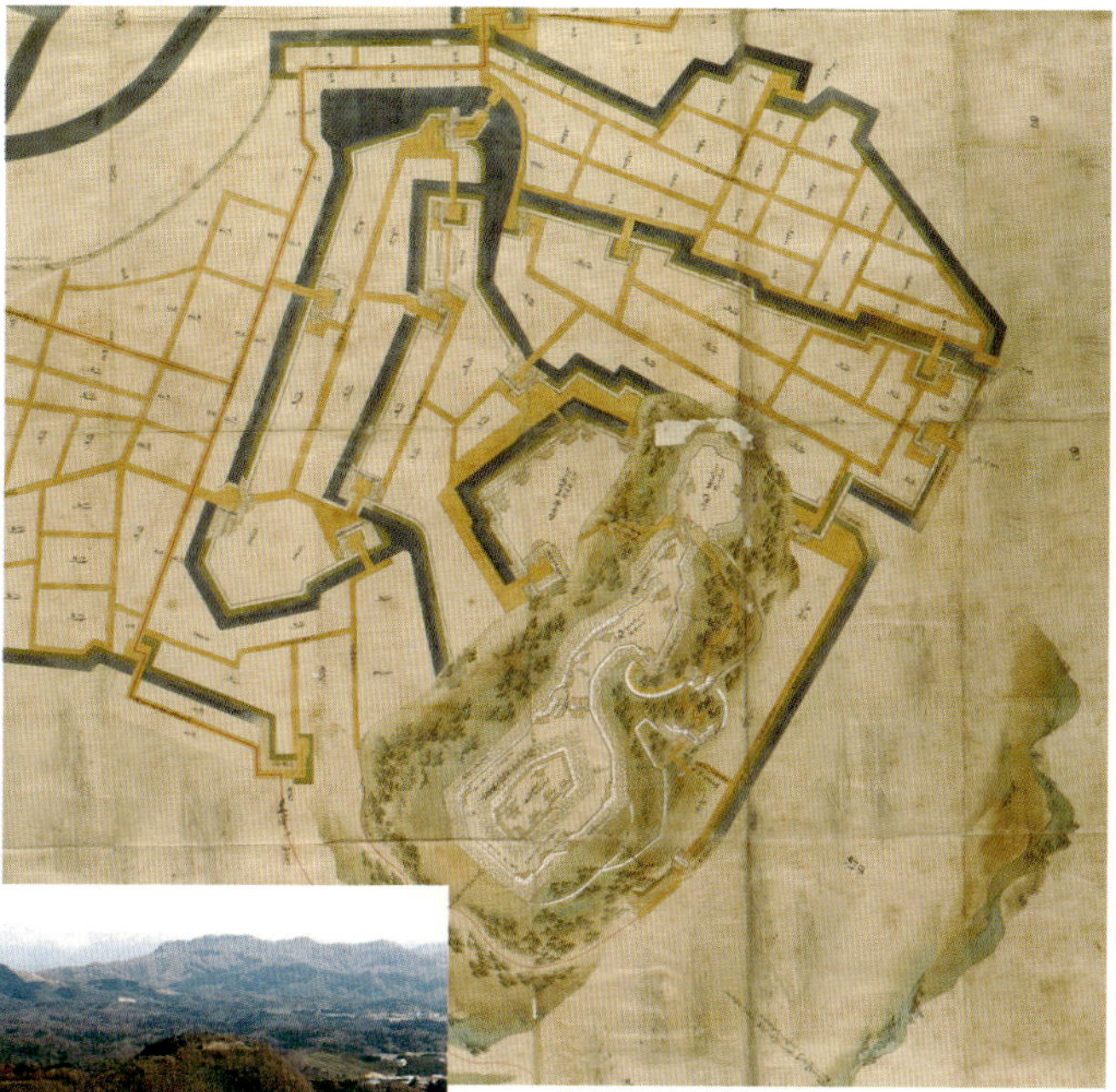
「越後国村上城之絵図」
（正保城絵図／国立公文書館内閣文庫蔵）

村上城空撮

二の丸御鐘門跡の石垣
昭和初期の撮影。

村上城遠望　標高135メートルの臥牛山上に天守・本丸・二の丸・三の丸が築かれている。

御鐘門跡の石垣

城山登り口の石段　一文字門跡付近の景観。山上の天守台や本丸・二の丸・三の丸に残された壮大な石垣に、要害村上城をイメージできる。

◉見どころ

山城に築かれた石垣は壮大で迫力満点。なかでも二の丸と三の丸を仕切る四ツ御門は、山麓居館および搦手からの登城口にもあたる四方向に向くという構造の門であった。現在その石垣が残されている。

四ツ御門跡の石垣（写真／中井　均）

（写真／村上市役所・村上市教育委員会提供）

●築城年／慶長３年（1598）　●築城主／村上勝頼　●所在地／新潟県村上市本町
●交　通／ＪＲ羽越本線村上駅下車。タクシー

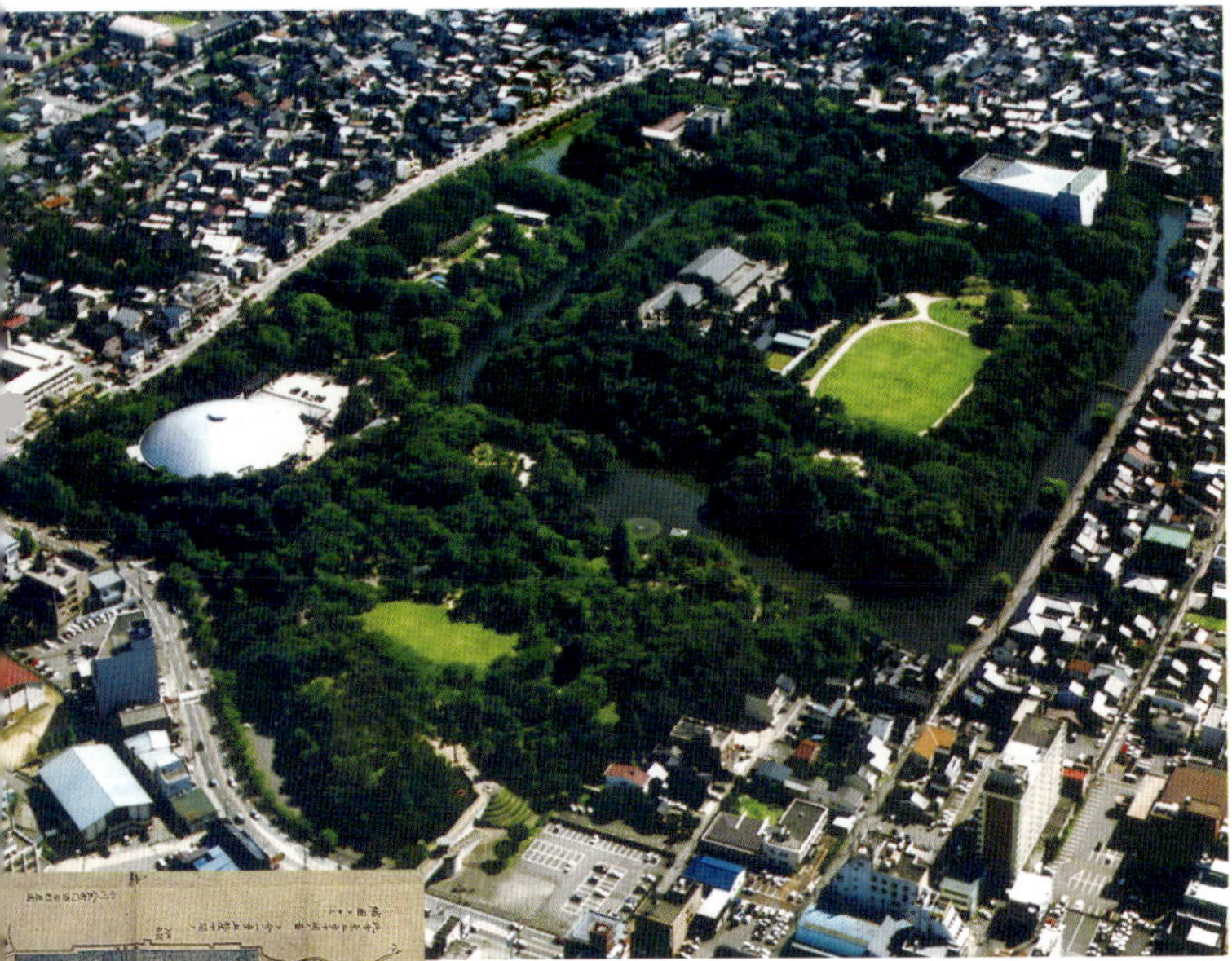

高岡城空撮　本丸・二の丸・三の丸・小竹藪・明丸・鍛冶丸の主要部が高岡古城公園となり、そのため築城時の水堀・土塁・石垣がほぼ完全に近い形で残っている。

本丸から二の丸間の土橋石垣

明治から大正期に撮影された高岡城古写真

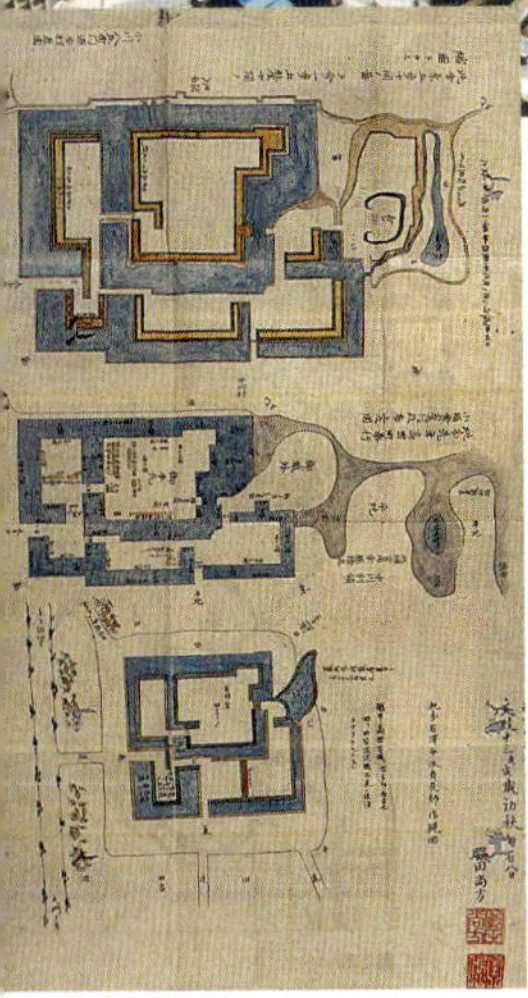

「高岡城之図」
(金沢市立玉川図書館蔵
高岡市立博物館提供)

駐春橋から南外堀を望む　満々と水をたたえる内堀・外堀は古城公園の面積の約３分の１を占める。

県史跡

高岡城

慶長十四年（一六〇九）に焼失した富山城から移り住むために前田利長によって築かれたのが高岡城である。その縄張は高山右近があたったと伝えられている。元和元年（一六一五）の一国一城令によって廃城となる。高岡城は長方形の本丸の前方に馬出状の小曲輪が付属する構造で、豊臣秀吉の聚楽第に類似する。高岡城ではさらにこの東側に鍛冶丸、明丸、民部丸が一列に配されていた。これらの曲輪は広大な水堀で囲まれていた。

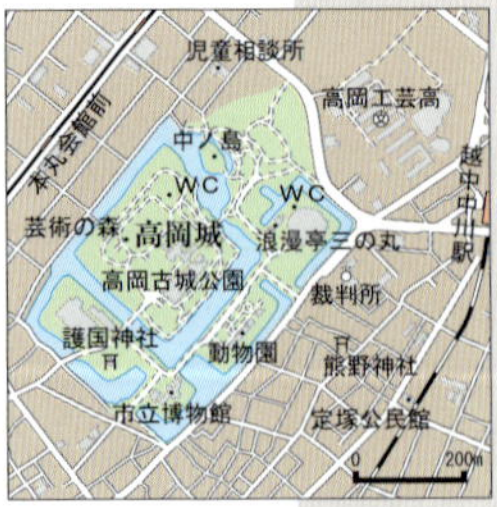

◉見どころ

高岡城は土塁によって築かれているが、唯一本丸と二の丸を結ぶ土橋の両側面は石垣によって築かれている。この石垣には数多くの刻印が認められる。

本丸と二の丸を結ぶ土橋の石垣（写真／中井　均）

（写真／高岡市立博物館提供）

●築城年／慶長14年（1609）　●築城主／前田利長　●所在地／富山県高岡市古城
●交　通／ＪＲ北陸本線高岡駅下車。徒歩10分

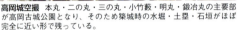

富山城模擬天守　本丸への入り口である鉄御門の多聞櫓石垣の高石垣上に昭和29年模擬天守が建てられた。

明治初期撮影の二の丸鐘御門
（富山県立図書館蔵）

県史跡・市史跡
富山城

富山城は天正九年（一五八一）、上杉氏に対する備えとして佐々成政によって近世城郭へと改修された。しかし成政が豊臣秀吉に敗れると富山城も廃城となる。のちに加賀藩の支藩として富山藩が成立するとその居城となった。その構造は方形の本丸の南方に二の丸を、西方に西出丸を、東方に東出丸を馬出状に配置する縄張となっている。基本的には土塁によって築かれているが、二の丸虎口、本丸南側虎口、本丸東側虎口部分のみ石垣によって築かれている。

富山城唯一の現存遺構・千歳御門　藩主の隠居所・千歳御殿の正門。平成20年に城址公園に移築された。

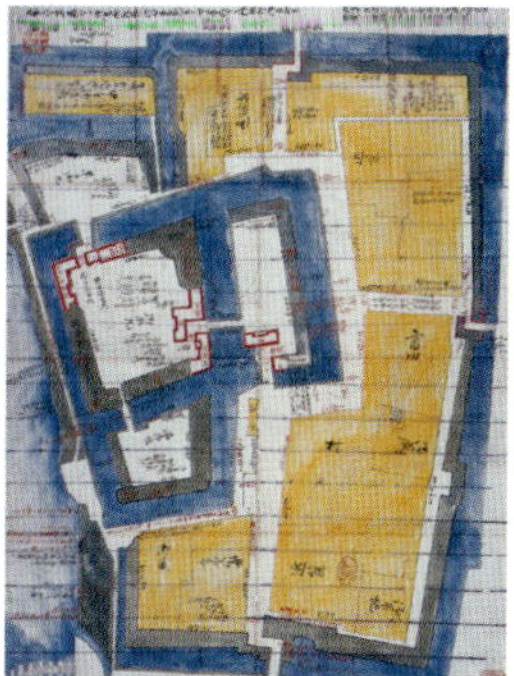

「富山城図」（富山県立図書館蔵）

◎見どころ

現在建つ天守は昭和二十九年に建てられた模擬天守である。この天守の建つ場所が本丸南側の虎口である鉄御門の桝形部分である。この桝形正面の石垣には鏡石として巨石が配されている。

本丸鉄御門の石垣（富山市埋蔵文化財センター提供）

（写真／松井　久）

●築城年／天正9年（1581）　●築城主／佐々成政　●所在地／富山県富山市本丸
●交　通／JR北陸本線富山駅下車。徒歩20分

石川門（国重文）　金沢城搦手の正門。表門・表門北方太鼓塀・表門南方太鼓塀・櫓門・続櫓・菱櫓・附属北方太鼓塀・附属南方太鼓塀で構成された桝形門である。石川門は天明８年（1788）に再建された門で、昭和28年から６年にわたる大修理を経て、現在の姿となった。石垣上に、腰に海鼠壁を付けた白壁の塀は四季を通じて美しい。

国史跡・国重文

金沢城

加賀一向一揆の拠点であった金沢御堂を改修して佐久間盛政は居城とした。賤ヶ岳合戦で加賀を加増された前田利家はこの金沢城に入城する。その改修は嫡男利長が行ない、蓮池堀、いもり堀、白鳥堀が掘削され、高石垣が築かれた。この縄張を行なったのは高山右近であったという。小立野台地の突端部に本丸、東の丸、付壇を階段状に連郭に配し、その南方に水堀によって区画された鶴の丸、二の丸、三の丸、新丸、藤右衛門丸が梯郭に配置される縄張となり、これらを蓮池堀などが外堀として囲い込んでいる。天守は文禄年間には造営されていたが、その姿を伝える資料はまったく遺されていない。慶長七年（一六〇二）にこの天守が焼失すると、その跡地には翌年御三階櫓が造営された。遺された絵図より三重五階と推定され、最上層には廻縁と高欄が巡る超大型の櫓であったことがうかがえる。

二の丸菱櫓・五十間長屋・続櫓・橋爪門　明治14年に焼失したが、平成13年復元された。石川門や三十間長屋と同様、鉛瓦や海鼠壁が外観の特徴。

東の丸辰巳櫓の石垣（写真／中井　均）

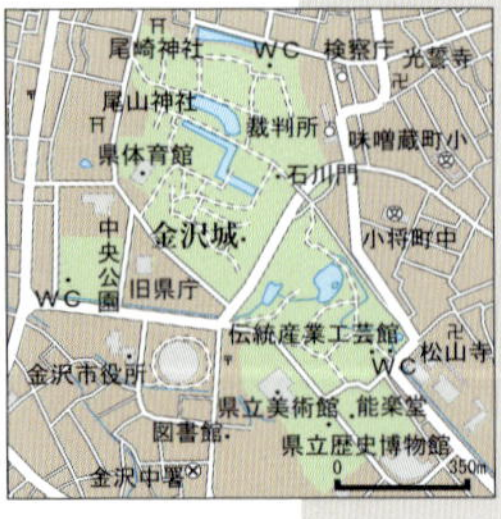

●築城年／慶長４年（1599）　●築城主／前田利家　●所在地／石川県金沢市丸の内
●交　通／ＪＲ北陸本線金沢駅下車。バス兼六園下下車。徒歩５分

金沢城空撮（北國新聞社提供）

二の丸菱櫓　高石垣上の３層３階の菱櫓は大手と搦手を見張る物見櫓。左に位置するのが菱櫓と橋爪門続櫓をつなぐ２層２階の五十間長屋。長屋は武器等の倉庫として使用された。ともに平成 13 年に復元された。

「金沢城図」（金沢市立玉川図書館蔵／石川県金沢城調査研究所提供）

●見どころ

金沢城の特徴はその建物の大半が海鼠壁と鉛瓦、唐破風付出格子という華麗な外装に仕上げられていることである。現存する石川門、菱櫓、多門櫓、三の丸土塀、三十間長屋はすべてこうした意匠によって造営されている。もちろんこうした意匠は美しいだけではなく、海鼠壁は漆喰壁の下部の腐食を防止するものであり、鉛瓦は寒冷地では普通の燻瓦では爆ぜるため導入されたものである。

石川門の鉛瓦（写真／中井　均）

（写真／金沢市役所提供）

復元二の丸菱櫓・五十間長屋・続櫓・橋爪門

三十間長屋（国重文）　本丸附壇にある三十間長屋は、安政５年（1858）に再建されたもので、金沢城にはこのほかに全部で14の長屋があったと伝えられている。２階建ての土蔵で、屋根は南面入母屋造、鉛瓦葺、白壁の腰に海鼠瓦を貼ってあるのは、石川門と同様である。

復元二の丸橋爪門・続櫓　橋爪門続櫓は二の丸大手の橋爪門桝形を見張る物見櫓。

土蔵（国重文）　鶴丸倉庫とも称する。

明治期に撮影された二の丸（長崎大学附属図書館蔵）

（写真／金沢市役所提供）

本丸天守台石垣（写真／石田多加幸）五重天守が建つ広さの天守台に二重三階の数寄屋造の櫓が建っていた。

二の丸鰻橋門（写真／石田多加幸）小松城唯一の現存遺構。明治５年、小松城が破却されたとき来生寺に移築された。市指定文化財。

「小松御城中并侍屋敷町共之絵図」（金沢市立玉川図書館蔵／石川県金沢城調査研究所提供）

市史跡

小松城

寛永十六年（一六三九）に加賀藩三代前田利常は家督を長子光高に譲り、小松城を隠居城として修築した。元和の一国一城令によって新城の築城が厳しく規制されているなかで、加賀・能登二か国の大名の隠居城として許可されたのであろう。利常没後は城代、城番が置かれた。低湿地に築かれた曲輪は湖沼に浮かぶ島のようであり、それぞれが細長い曲輪や木橋によって結ばれていた。曲輪を巡る水堀は広大で、本丸の南、北側では五〇メートルもあった。

小松城空撮（小松市役所提供）

◉見どころ

本丸に残る天守台は切石積によって築かれている。側面に井戸屋形を構えていた「ほぞ」や、天端に巡らされていた塀の柱穴など興味深い遺構が残されている。天守は造営されず、二階御亭と呼ばれる寄棟造の二重三階の櫓が構えられていた。

天守台に構えられた井戸屋形のホゾ（写真／中井 均）

●築城年／寛永16年（1639）　●築城主／前田利常　●所在地／石川県小松市丸の内町
●交　通／ＪＲ北陸本線小松駅下車。バス

小浜城天守台　往時には三重の天守が建てられていたが、明治７年に破却された。

小浜城石垣

小浜城空撮

県史跡

小浜城

関ヶ原合戦の功により若狭一国を賜った京極高次は後瀬山城に入るが、すぐさま新たな居城として、小浜城の普請にとりかかる。小浜湾のデルタでの築城は難工事を極め、高次の代では完成せず、城郭と城下が完成したのは築城開始より四十五年後の正保二年（一六四五）頃であった。二つの河川に挟まれた中洲中央に水堀で囲んだ方形の本丸を設け、回字状に外郭が巡る輪郭式の縄張であった。外郭は仕切られて二の丸、三の丸、北の丸、三の丸として機能していた。

明治初期に撮影された三の丸大手橋古写真（井田晴彦氏蔵）

◉見どころ

現存する天守台には三重三階の天守が建てられていた。その設計は幕府の大工頭中井正純があたった。中井家が大名の居城に関わることは極めて異例のことであり、時の藩主酒井忠勝がいかに幕府に信頼されていたかがうかがえる。

天守台石垣（写真／中井　均）

（写真／小浜市役所・小浜市教育委員会提供）

●築城年／慶長６年（1601）　●築城主／京極高次　●所在地／福井県小浜市城内
●交　通／ＪＲ小浜線小浜駅下車。バス

「御城下之絵図」(松平文庫蔵/福井県立図書館保管)

福井城天守台　天守の礎石群が残る。

明治初期に撮影された福井城本丸巽櫓(福井市立郷土歴史博物館蔵)　寛文9年(1669)に天守焼失後の福井城の天守代用の三重櫓であった。明治5年に破却された。

福井城

関ヶ原合戦後に越前に入封した結城秀康は柴田勝家の北ノ庄城を改修して福井城の築城を行なった。その縄張は徳川家康が行なったといわれている。福井城は本丸を中心に二の丸、山里丸、三の丸が回字状に配置される輪郭式の縄張で、徳川幕府の城に多く認められる。本丸北西に構えられた天守台は二段の石垣で構成され、下段は腰曲輪となり、上段に四重五階の天守が建っていた。

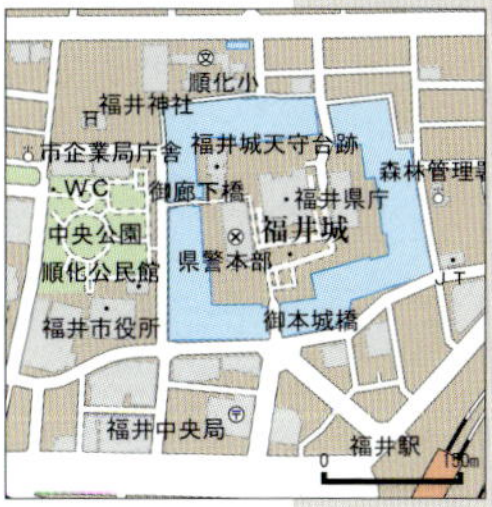

平成19年に復元された御廊下橋

福井城空撮(日本地図センター提供)

◉見どころ

本丸の石垣は福井地震で崩れている個所もあるが、ほぼ完存している。その石材はすべて越前特有の笏谷石が用いられており、随所に刻印が認められる。なお、小天守台脇には福の井と呼ばれる井戸があり、この井戸の名が福井の由来となった。

天守台石垣(写真/中井　均)

(写真/福井県財産活用課提供)

●築城年/慶長6年(1601)　●築城主/結城秀康　●所在地/福井県福井市大手三丁目
●交　通/JR北陸本線福井駅下車。徒歩5分

丸岡城天守（国重文）（坂井市役所提供） 慶長18年（1613）に造営されたと考えられる天守。外観二重、内部三階で、天守の屋根は石瓦で葺かれている。

丸岡城空撮（写真／中田眞澄）

丸岡城

国史跡・国重文

丸岡城は柴田勝家の甥、勝豊によって築かれた。天正十一年（一五八三）に勝家が豊臣秀吉に滅ぼされると、一時城主の代わりに在番が置かれた。その後本多成重が入れ置かれ、丸岡藩が立藩されると近世城郭へと改修された。城は小高い独立丘陵を利用して本丸と腰曲輪を配置し、北側の山麓に複雑に屈曲した塁線を有する二の丸が構えられた。これらを取り囲むように外形が五角形となる幅の広い水堀が巡らされていた。山城部が天正期に、山麓部が慶長期に築かれたものと考えられる。

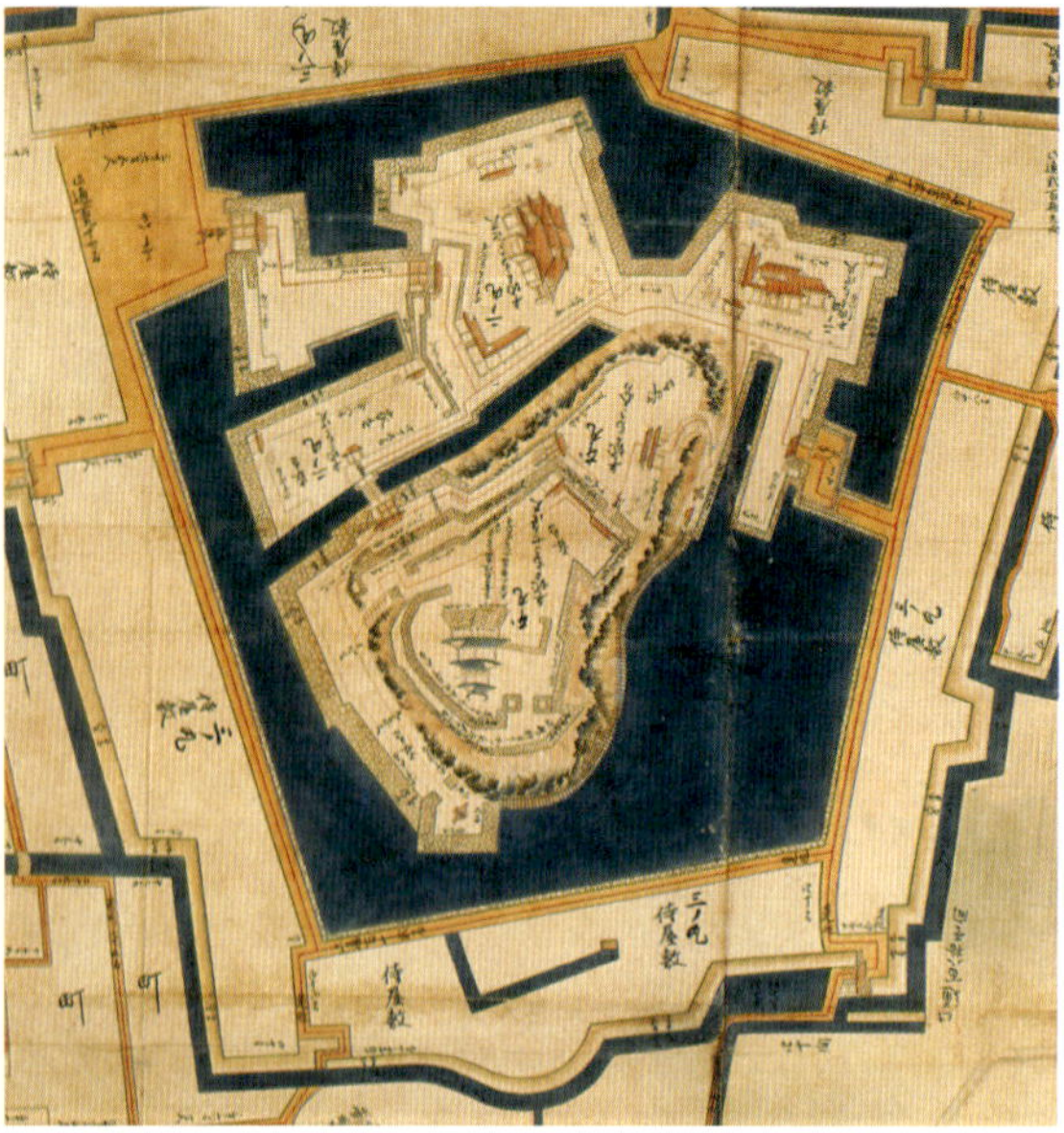

「越前国丸岡城之絵図」（正保城絵図／国立公文書館内閣文庫蔵）

●築城年／天正4年（1576） ●築城主／柴田勝豊 ●所在地／福井県坂井市丸岡町霞町
●交　通／ＪＲ北陸本線福井駅下車。本丸岡行きバス本丸岡下車

明治10年（1877）に撮影された天守（大谷英仙氏蔵）

丸岡城の石垣（写真／松井　久）

天守内部階段（写真／松井　久）

天守2階内部（写真／松井　久）

◉見どころ

本丸の中央に独立して築かれた天守は現存十二天守のひとつ。二重三階の望楼型天守である。一階を下見板張とし、三階では柱や長押を白木のままとする姿が古式に見えることから柴田勝豊によって築かれた現存最古の天守と称されている。しかし実際には一階と二階の通柱がなく、三階の廻縁は見せ掛けであるなど、層塔型天守の特徴を有していることより慶長十八年（一六一三）本多成重によって造営されたものであろう。瓦や鯱は防寒対策として越前特有の笏谷石が用いられている。

天守の石瓦（写真／中井　均）

県史跡
甲府城

武田氏の滅亡により甲斐は豊臣秀吉領となり、浅野長政が配された。その支配の拠点として築かれたのが甲府城である。関ヶ原合戦後は徳川一門が城主となり、一時は柳沢吉保も城主となるが、その後は幕府直轄領となり、城代が置かれた。城は一条小山と呼ばれる小丘に本丸を置く平山城で、階段状に曲輪を配置し、山麓には城山全体を囲い込む水堀が巡らされていた。本丸の東端には巨大な天守台が石垣によって構えられている。

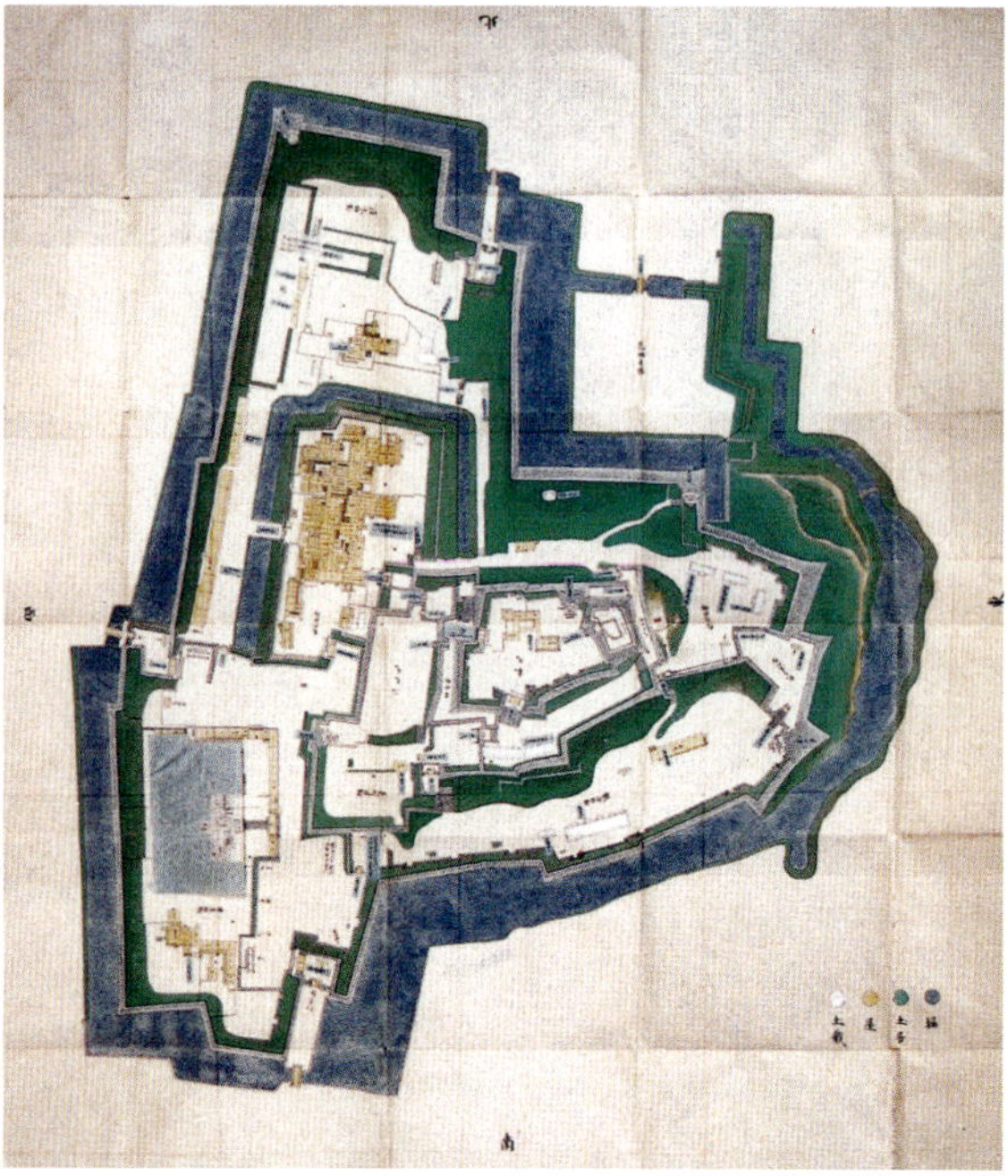
「甲府城内屋作絵図」(露木家蔵)

山手御門
平成19年に復元された。

内松陰門
屋形曲輪と二の丸をつなぐ門。平成11年に復元された。

本丸天守台

稲荷櫓　明治初年に破却された櫓が平成16年に復元された。

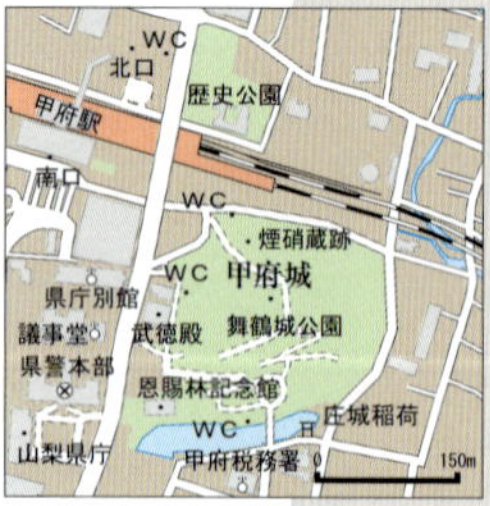

●見どころ

甲府城は関東では珍しく総石垣の城として築かれている。その石材は城の築かれた一条小山から切り出されている。今も鍛冶曲輪などに露頭している岩盤に矢穴痕が認められる。

鍛冶曲輪の採石場跡(写真/中井 均)

(写真/山梨県埋蔵文化財センター提供)

●築城年/天正11年(1583)　●築城主/浅野長政　●所在地/山梨県甲府市丸の内
●交　通/JR中央本線甲府駅下車。徒歩5分

甲府城空撮

松本城天守（国宝）（写真／岩淵四季）　外観五重内部六階の国宝天守。慶長年間（1596～1615）の創建。天守左に乾小天守（国宝）。天守右の辰巳附櫓と月見櫓は寛永10年（1633）から寛永15年までの間に増築された（ともに国宝）。

国宝・国史跡

松本城

武田氏が滅亡した後、信濃には一旦小笠原貞慶が入封し、松本城の前身である深志城に入城する。しかし徳川家康が関東へ移封されるのにともない、貞慶も関東に移る。替わって深志城には石川数正が入城し、大改修を行ない近世松本城へと整備された。その改修工事は数正の子康長が慶長十八年（一六一三）に改易されるまで続けられた。その後再び小笠原氏の居城となるが、わずか二代で転封、その後城主は目まぐるしく替わり、最後は戸田松平氏九代で明治維新を迎えた。城は本丸を囲い込むようにコの字状に二の丸が構えられ、これらを囲む形で三の丸が巡らされるという梯郭式と輪郭式が合体した縄張となる。曲輪間には平城らしく幅の広い水堀が巡らされていた。なお三の丸虎口前面には丸馬出が四か所にわたって設けられており、さらに二の丸と三の丸を結ぶ内堀にも馬出が設けられていた。

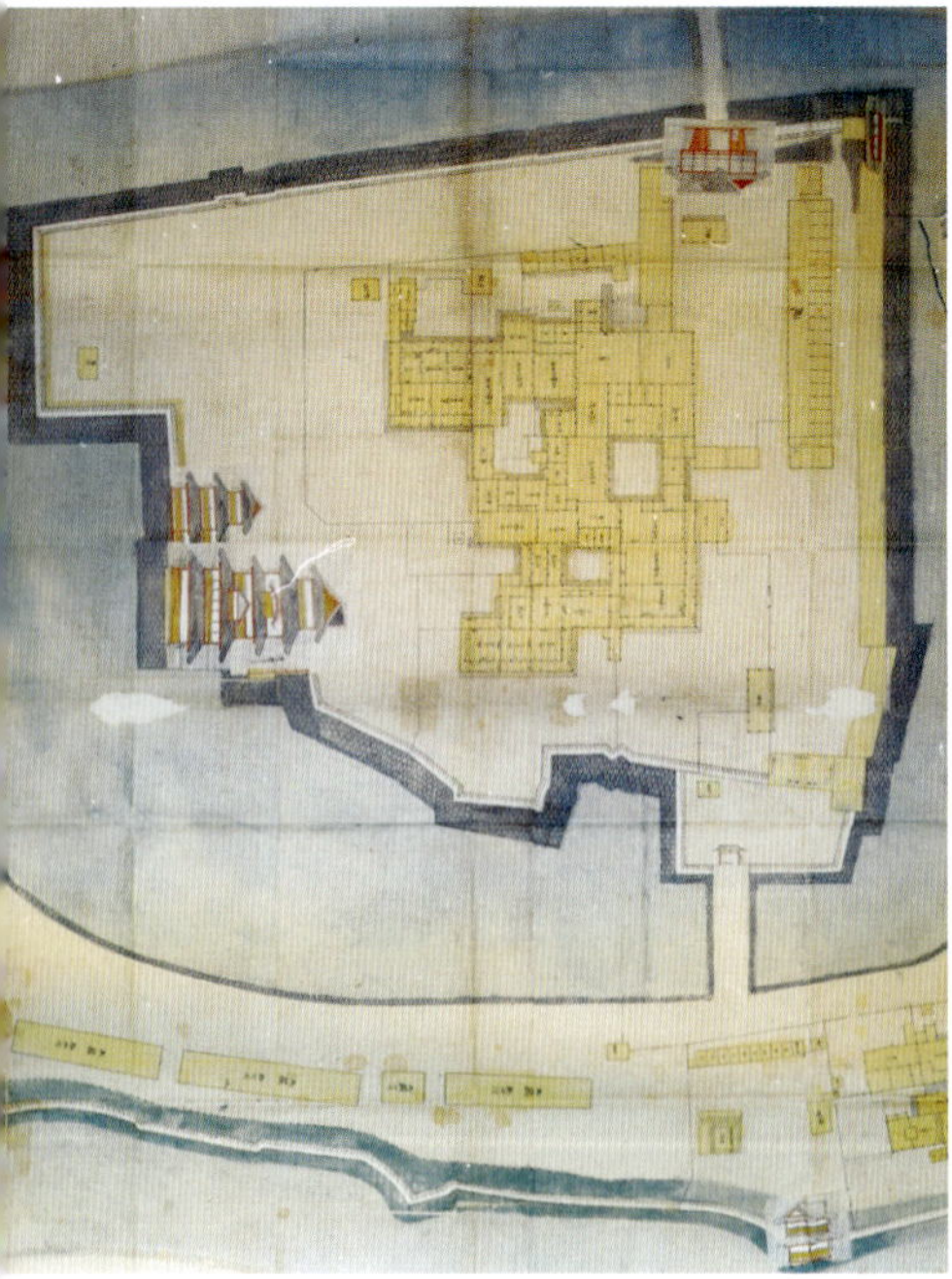

「**信州松本城之図**」（松本城管理事務所蔵）

●築城年／天正18年（1590）　●築城主／石川数正　●所在地／長野県松本市丸の内
●交　通／ＪＲ中央本線松本駅下車。徒歩15分

松本城空撮（写真／中田眞澄）　本丸・二の丸は松本城中央公園となり、全国で２基しか現存しない五重天守は、松本城の最大の見どころである。

明治末期の松本城天守（深志高校同窓会蔵）この頃、天守の腐朽が進み大きく傾いていた。松本市民らの天守保存運動が高まり、明治36年から大正２年にかけて大修理が行なわれた。そして昭和の大修理を経て現在見る雄姿となった。

天守台石垣（写真／岩淵四季）

◉見どころ

現存する五重天守としてはこの松本城と姫路城の二基しか残されていない。その構造は五重六階の大天守に三重三階の乾小天守と二重二階の辰巳附櫓と、一重一階地下一階の月見櫓が連なる複合連結式とでも称すべきものである。これらは一度に築かれたものではなく、まず乾小天守が石川数正によって造営され、続いて大天守が慶長二十年（一六一五）頃小笠原秀政により、そして辰巳櫓と月見櫓が寛永十年（一六三三）に増築されたものである。

松本城天守群（国宝）（松本城管理事務所提供）右から乾小天守・渡櫓・天守・辰巳附櫓・月見櫓が連結する。

本丸黒門桝形（写真／岩淵四季） 本丸の大手口の門。昭和 35 年に黒門の一の門、平成２年に黒門の二の門･土塀が復元され、桝形門がよみがえった。

天守内部１階（写真／岩淵四季）

天守石落（写真／岩淵四季）

本丸埋門への橋（松本城管理事務所蔵）

月見櫓内部（写真／岩淵四季）

二の丸太鼓門枡形(写真／岩淵四季)　二の丸の大手口の門。明治４年におしくも破却された太鼓門が、平成 11 年に復元された。

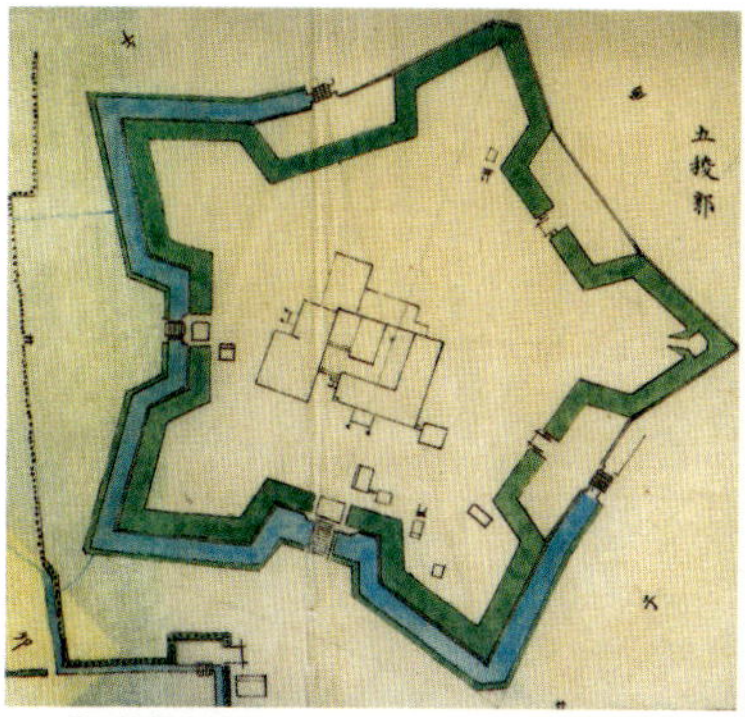

「五稜郭古絵図」（明治初期の『田野口村誌』所収）

龍岡城空撮（佐久市教育委員会提供）　稜堡形式の星形が今も残る、北海道五稜郭と並ぶ洋式築城遺構である。

龍岡城唯一の現存遺構・お台所

国史跡

龍岡城

元治元年（一八六四）、本領を信濃田野口に移した三河奥殿藩主松平乗謨は、新たに城を築いた。その構造は洋式の稜堡で、設計は乗謨が自ら行なった。形状が星形となることにより龍岡五稜郭と呼ばれている。西洋のように都市を守る稜堡ではなく、居城として築かれたのは実に日本的である。石垣には刎出を持ち、周囲には水堀が巡るが、一部分水堀が途切れており、この城が未完成に終わっていることを物語っている。

（明治初期の『田野口村誌』所収） 明治四年の城の建物の破却命令にともない、ほとんどの建物が破却されたが、御殿の一部であったお台所だけが小学校の校舎として破却を免れた。

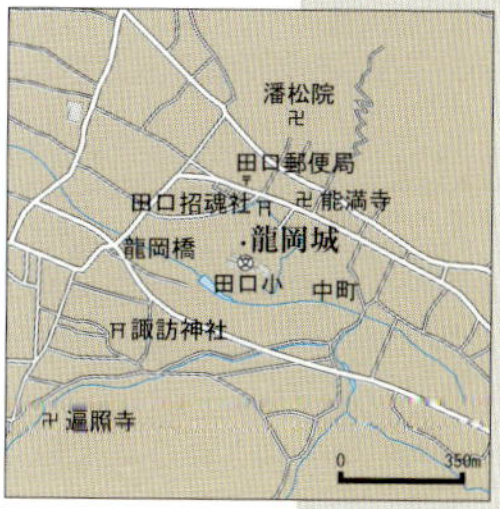

◉見どころ

田野口藩の陣屋として築かれたので、城の周囲には武家屋敷が構えられていた。さらに北方二〇〇メートルの地点には大手門が構えられていたが、その構造は桝形であった。現在その石垣が残されている。

大手門桝形の石垣（写真／中井　均）

（写真／佐久市教育委員会提供）

●築城年／元治元年（1864）　●築城主／松平（大給）乗謨　●所在地／長野県佐久市田口
●交　通／ＪＲ小海線臼田駅下車

松代城空撮（長野市教育委員会提供）

国史跡

松代城

武田氏の北信濃攻略の拠点として築かれた海津城が前身。武田氏滅亡後は森長可をはじめ短期間に数多くの城主が入城した。元和八年（一六二二）に真田信之が十万石で入れ置かれ、明治維新まで真田氏歴代の居城となった。松代城の構造は千曲川を背後に本丸、二の丸、三の丸を重ねて配置する梯郭式の縄張である。曲輪はほとんどが土塁によって築かれており、石垣は本丸と内堀の一部および虎口部分に用いられているのみである。

平成14年に復元された太鼓門と太鼓門前橋（長野市役所提供）

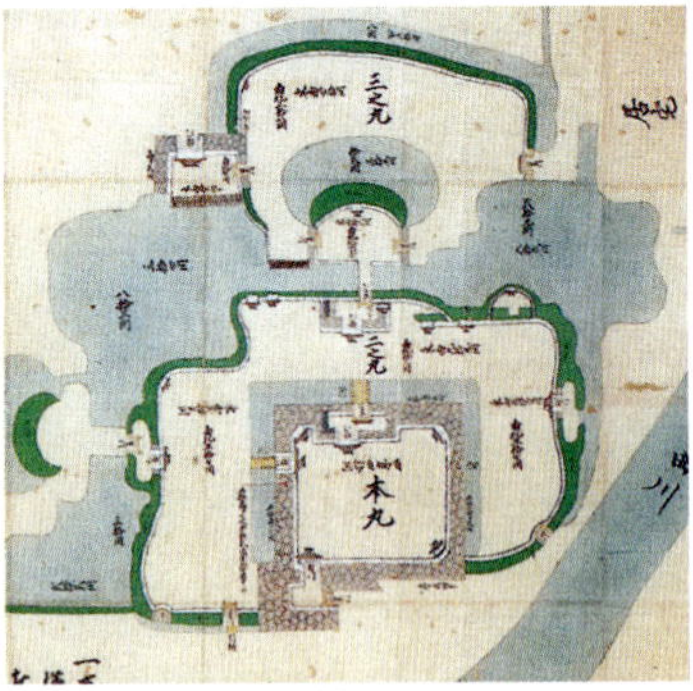

「信濃國川中嶋松代城図」（長野県立歴史館蔵）

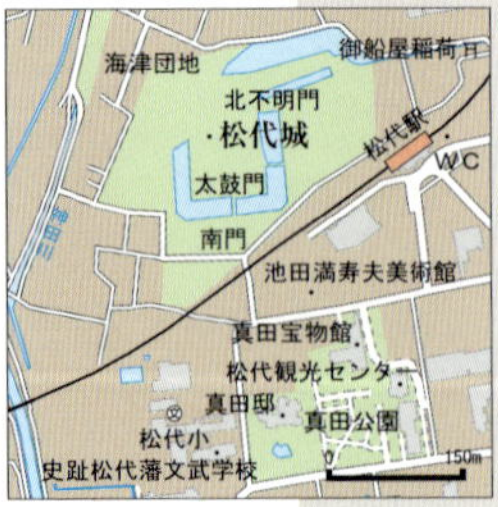

◎見どころ

松代城では二の丸南門と、東側石場門の正面に構えられた丸馬出の存在が注目される。武田氏時代の海津城の遺構といわれるが、近世松代城に見事に整合しており、近世に設けられた可能性もある。残念ながら現存しない。

太鼓門と太鼓門前橋（写真／長野市役所提供）

●築城年／永禄3年（1560）　●築城主／武田信玄　●所在地／長野県長野市松代町
●交　通／長野電鉄屋代線松代駅下車。徒歩5分

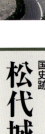

三の門（国重文）

天守台石垣（写真／中井 均）

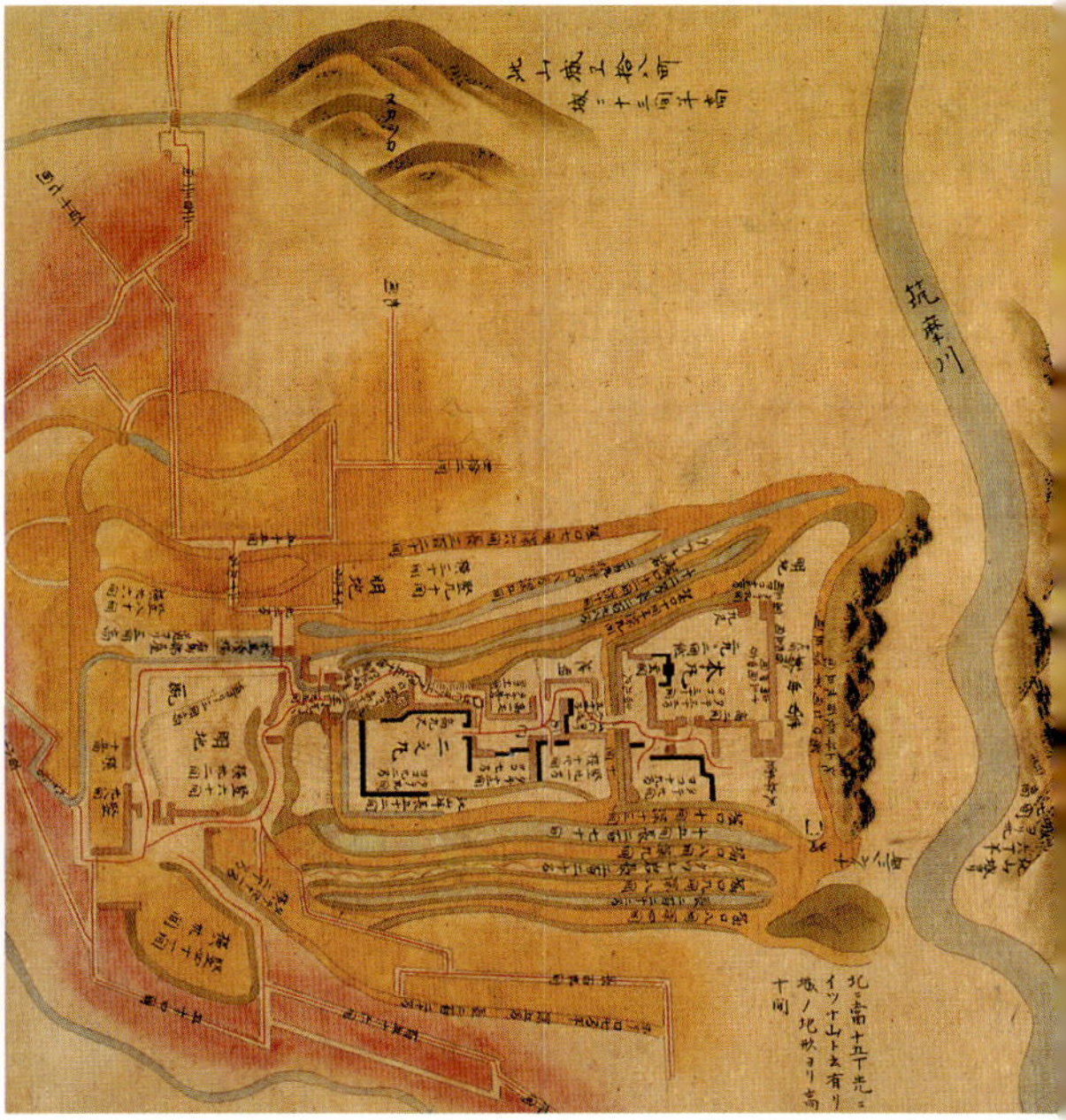

「小諸城絵図」（前田育徳会蔵）

国重文

小諸城

小諸に最初に築城したのは武田信玄であった。武田氏滅亡後の天正十八年（一五九〇）には仙石秀久が小田原城攻めの戦功により小諸城主となった。徳川家康領に接する豊臣政権の最前線として秀久により大改修が施され、三重の天守や二の丸、黒門、大手門などが造営された。その構造は穴城と呼ばれているように、城は城下町よりも低い位置に構えられている。その弱点を克服するように巨大な空堀が三重四重に巡らされている。

大正期に撮影された三の門（国重文） 明和二年（一七六五）に再建された門。明治十三年に本丸に懐古神社を建立、三の門以内の城内を懐古園とした。

◎見どころ

大手門は慶長十八年（一六一三）に仙石秀久によって造営された。櫓門としては最古のものである。長らく民家となっていたが、平成二十年に創建当時の姿に修理された。

大手門（国重文） 通称瓦門という。

（写真／小諸市役所提供）

●築城年／天正18年（1590） ●築城主／仙石秀久 ●所在地／長野県小諸市古城
●交 通／しなの鉄道小諸駅下車。徒歩1分

上田城空撮（写真／中田眞澄） 本丸・二の丸が上田城跡公園になっている

上田城

国史跡・県重文・市重文

信濃先方衆として信濃攻略に活躍した真田氏が、武田氏滅亡後に築いたのが上田城である。天正十三年（一五八五）に真田領となっていた上野沼田領の北条氏への差出を拒否したため、徳川家康は真田昌幸の立て籠もる上田城攻めを開始した。しかし昌幸の巧みな戦術に翻弄され大敗を喫してしまう。さらに慶長五年（一六〇〇）には関ヶ原に向かう徳川秀忠を食い止めた。合戦後上田城は徳川幕府により徹底的に破壊されてしまった。その後城主となった真田信之は三の丸に屋敷を構え、さらに仙石忠政により大改修が施された。

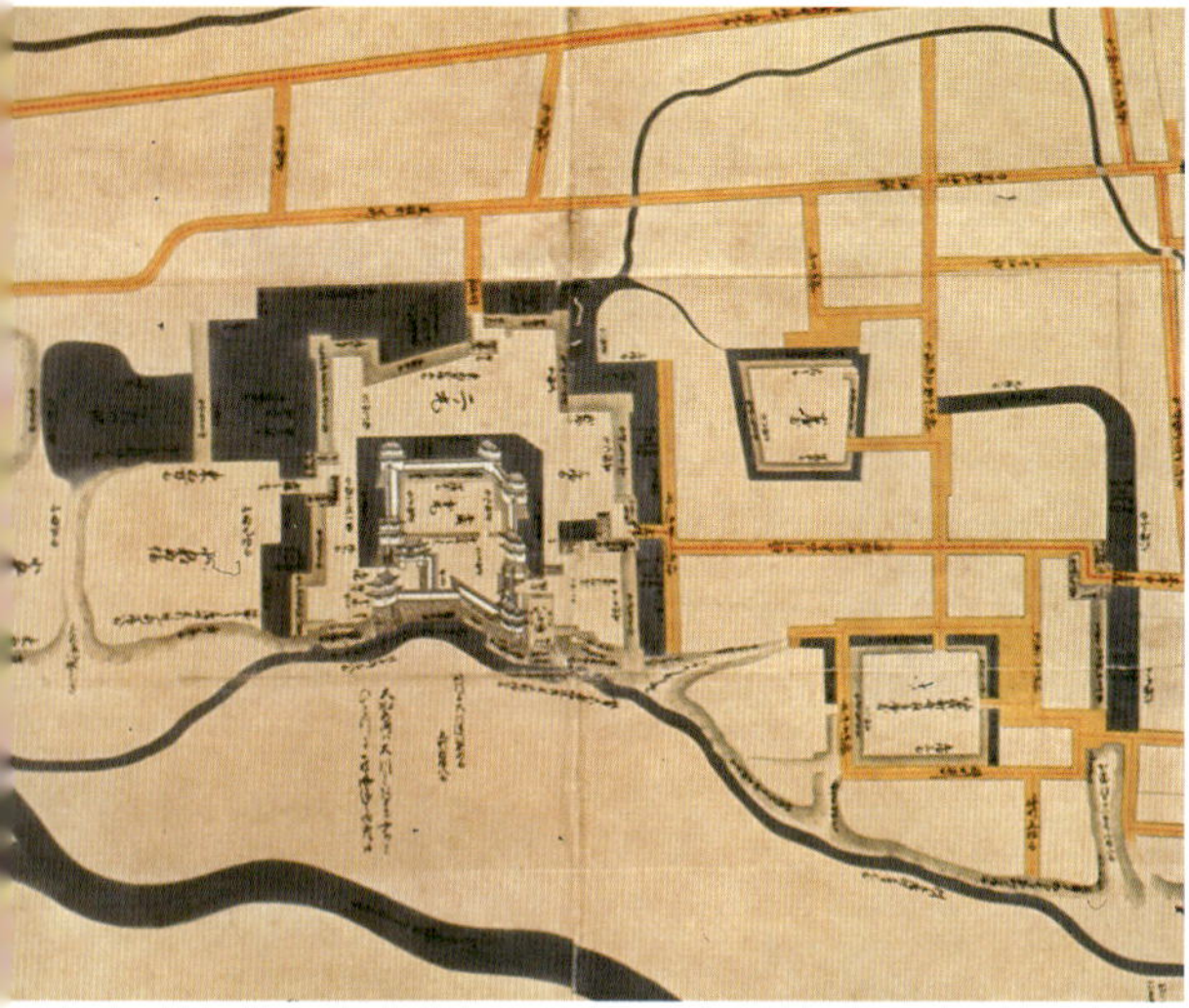

「上田城絵図」（正保城絵図／国立公文書館内閣文庫蔵）

●築城年／寛永３年（1626） ●築城主／仙石忠政 ●所在地／長野県上田市二の丸
●交　通／ＪＲ長野新幹線上田駅下車。徒歩１０分

本丸東虎口櫓門と北櫓・南櫓（上田市立博物館提供）　中央の櫓門は平成６年に復元された。櫓門の右側が南櫓、左側は北櫓（いずれも県重文）。２つの櫓は廃城後、市内に移築されていたが、昭和前期に現在地に再移築されている。

明治期に撮影された本丸東虎口（宮内庁書陵部蔵）

西櫓（県重文）（上田市立博物館提供）　寛永三年（一六二六）に建てられた櫓。明治七年の建物払い下げ、取り壊しの際に藩主居館とともに唯一残された櫓。

◉見どころ

本丸には隅櫓が構えられただけで、内部には一切建物が建てられていない。さらに本丸を囲む二の丸には桝形が構えられているにも関わらず櫓、門など建物はまったく建てられなかった。このため城下に藩邸となる方形の御屋形が設けられ、周囲には水堀が巡らされていた。現在高等学校の敷地となっており、表門が残されているとともに、土塁や水堀がほぼ当時のまま残されている。

藩主居館の表玄関（写真／中田眞澄）
移築され本陽寺玄関となっている。

岐阜城天守　昭和31年に復興された。

市史跡

岐阜城

美濃を攻略した織田信長は斎藤道三の居城稲葉山城を改修して居城とし、名を岐阜城と改めた。天正三年（一五七五）家督を信忠に譲り、翌年安土城を築くと岐阜城も信忠に譲られた。関ヶ原合戦時の城主は織田秀信で、西軍に属していたため東軍池田輝政によって攻め落とされ廃城となった。金華山山頂に詰城が構えられたが、中心はむしろ山麓であり、信長の居館も山麓の谷筋に構えられ、居館の前面には重臣たちの屋敷が建ち並んでいた。

岐阜城空撮

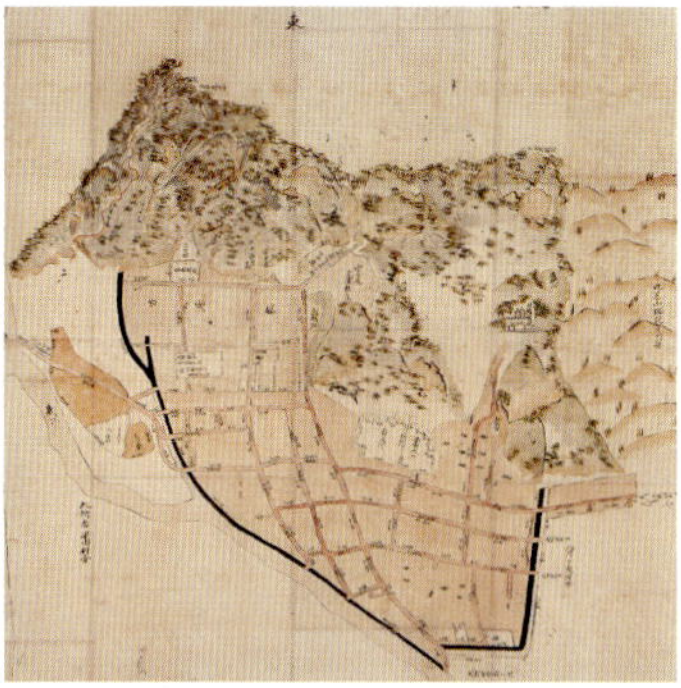

「濃州厚見郡岐阜図」（名古屋市蓬左文庫蔵）

◉見どころ

山麓の信長居館では発掘によって桝形状の虎口が検出されている。ルイス・フロイスが石の塀と報告した通り、巨石を並べた石列が見つかり、現在保存整備されており見学できる。

整備された桝形虎口の巨石列（写真／中井　均）

（写真／岐阜市役所提供）

●築城年／天文年間（1532～55）　●築城主／斎藤道三　●所在地／岐阜県岐阜市金華山
●交　通／ＪＲ東海道本線岐阜駅下車。バス岐阜公園歴史博物館前下車。ロープウェー。

県中跡

岩村城

戦国時代の岩村城は織田、武田の争奪戦の舞台となり、遠山景任の妻である織田信長の叔母が一時城主となった。慶長六年(一六〇一)に松平家乗が入城し、石垣による近世城郭へと整備された。標高七一三メートルの城山山頂に本丸、二の丸、八幡曲輪、出丸、東曲輪、長局、帯曲輪が構えられた。それぞれの曲輪には櫓や塀が塁線上に築かれたが、曲輪内には一切建物が設けられなかった。一方、藩主の屋敷は山麓に建てた。

岩村城空撮　本丸をはじめ、東曲輪・二の丸・出丸・八幡曲輪・追手門・土岐門・一の門などの石垣が見事に残っている。

追手門から二の丸へ向かう大手道　両側は家臣団屋敷地。

本丸北東面の六段の石垣　壮大な石垣を巧みに構えていた。光景は岩村城の魅力のひとつ。

太鼓櫓・表御門　明治14年に全焼した藩主邸の表御門付近が平成12年に復元された。

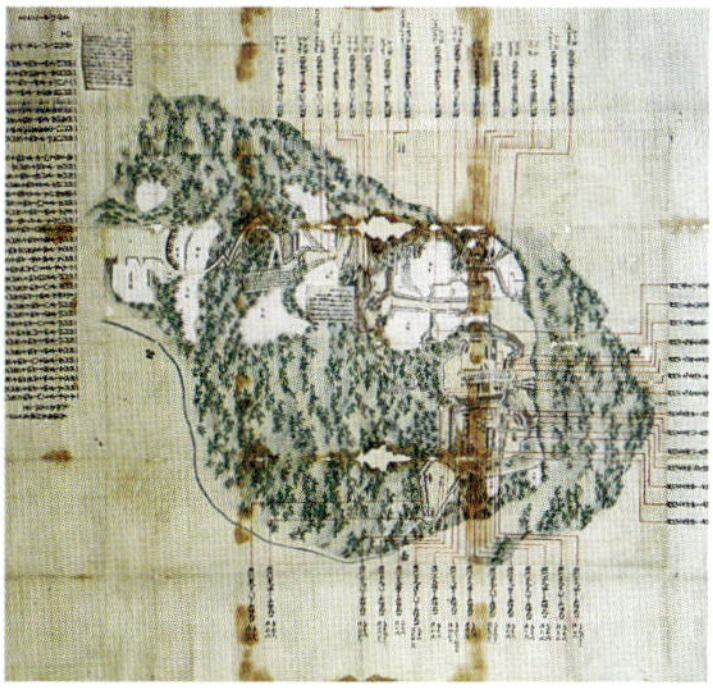

「享保三年岩邑城絵図」(恵那市教育委員会提供)

◉見どころ

追手門の前面には空堀が設けられ、畳橋と呼ばれる木橋が架けられており、追手門の脇には天守に相当する三重櫓が構えられていた。現在その石垣が残されている。

追手門跡(写真／中井 均)

(写真／恵那市教育委員会提供)

●築城年／慶長6年(1601)　●築城主／松平家乗　●所在地／岐阜県恵那市岩村町
●交　通／明知鉄道岩村駅下車。徒歩30分

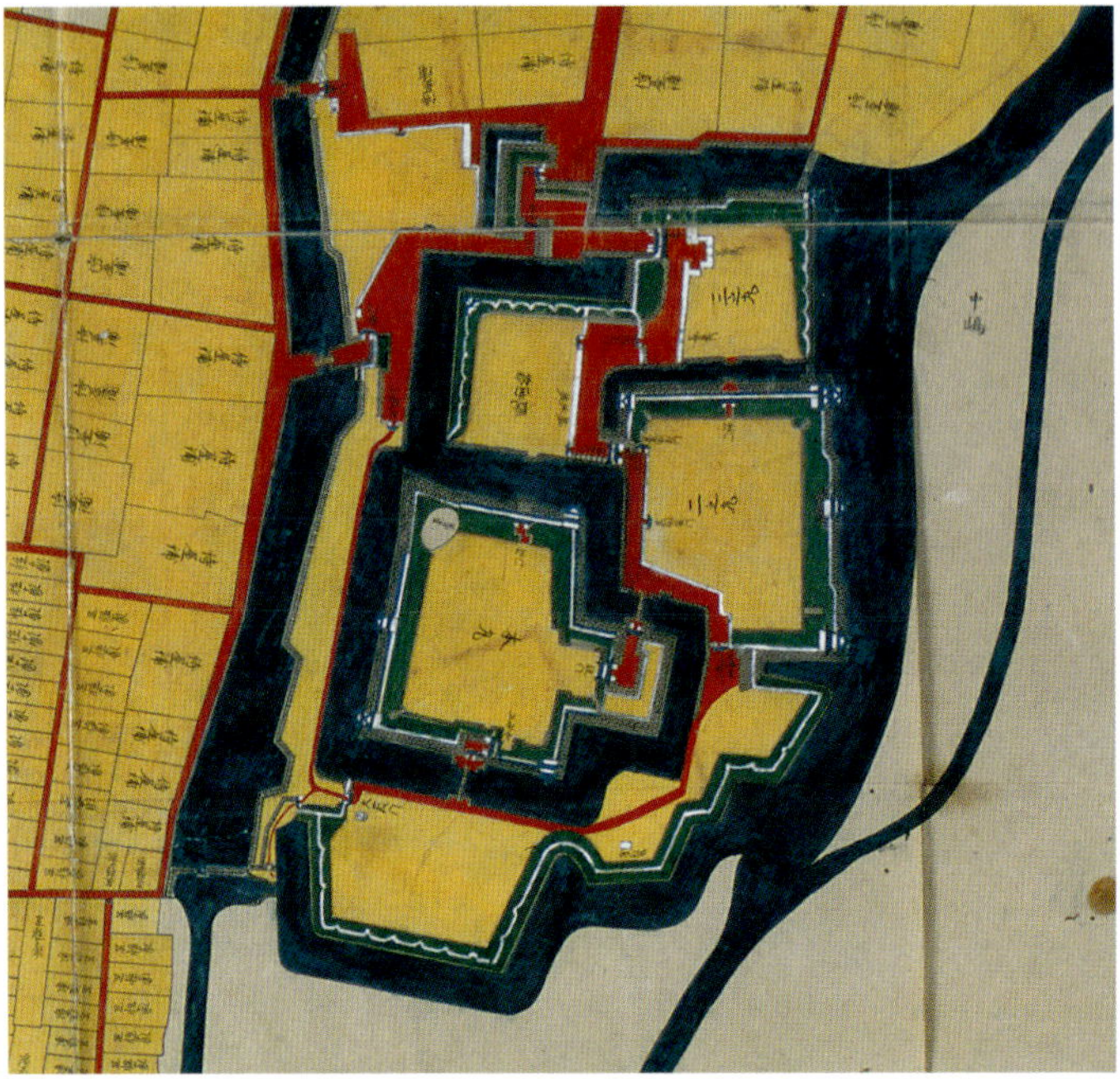

「美濃国加納城下町絵図」（東京大学史料編纂所蔵）

本丸南面石垣

本丸南東部石垣　約５メートルの高石垣である。

国史跡

加納城

近世の加納城は慶長六年（一六〇一）に関ヶ原合戦に勝利した徳川家康が江戸への帰路に岐阜に立ち寄り新たに築城を命じたもので、その縄張は家康自らが行なったという。築城に東山道、北陸道の大名に助役が命じられた天下普請であった。初代城主には家康の娘婿奥平信昌が任じられ、江戸時代を通じて譜代大名の居城であり続けた。方形の本丸には出枡形が凸形に付く徳川幕府の特徴的な形状で、この本丸を中心に四つの曲輪を配置する梯郭式の縄張となる。

加納城空撮　本丸周辺は加納公園となっている。

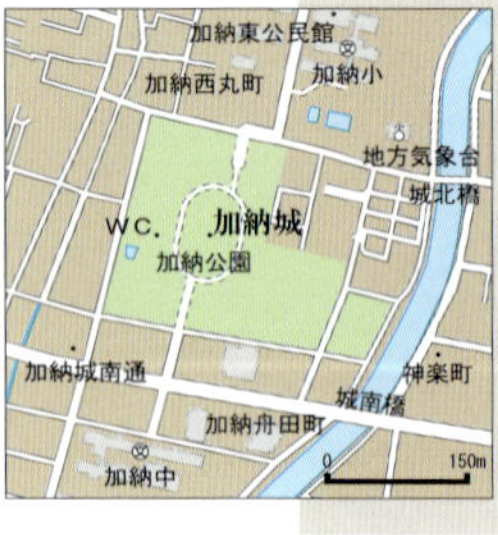

◉見どころ

加納城跡は大半が市街地となり、本丸の石垣が残るのみである。石垣の石材にはチャートが用いられているが、チャートは整形が困難なため城郭石垣にはほとんど用いられておらず、大変珍しい。

本丸北東石垣（写真／中井　均）

（写真／岐阜市役所提供）

●築城年／慶長６年（1601）　●築城主／徳川家康　●所在地／岐阜県岐阜市加納丸の内
●交　通／ＪＲ東海道本線岐阜駅下車。バス加納中学校前下車。徒歩５分

「苗木城絵図享保三年頃」(中津川市苗木遠山史料館蔵)

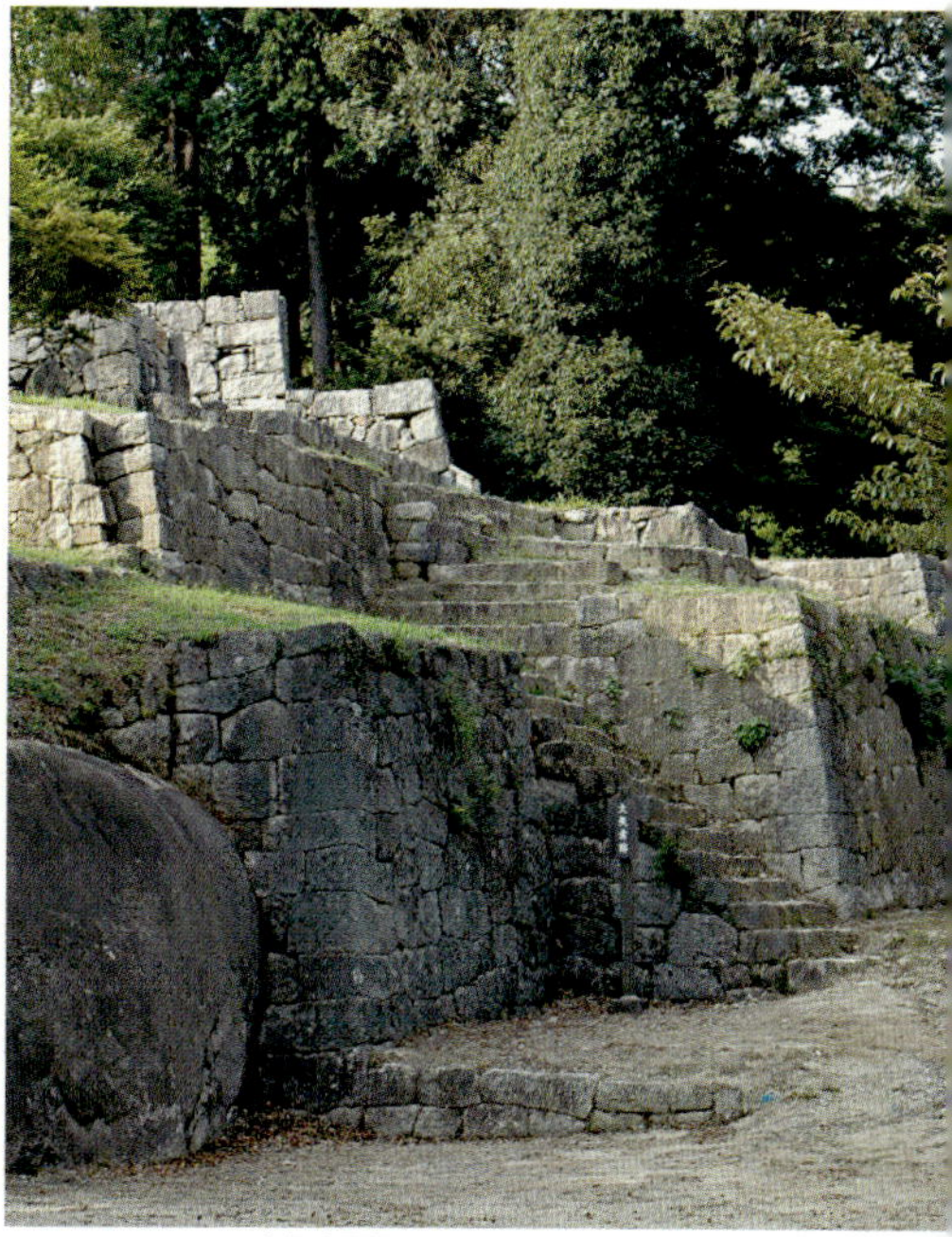

大矢倉石垣(中津川市役所提供)

国史跡

苗木城

源頼朝の重臣加藤景廉を祖とする遠山一族の居城であったが、金山城主森長可に攻め落とされた。関ヶ原合戦では遠山氏が西軍方であった苗木城を奪取し、戦後家康より父祖伝来の城として安堵された。城は木曽川に突出した高森山に築かれており、自然に露頭した岩盤に石垣を組み合わせて曲輪を設けている。山頂の本丸はわずか四〇〇平方メートルにすぎず、そこに天守、台所、居間、次の間、千畳敷などが構えられていた。

二の丸御殿跡(写真/中井 均)

苗木城遠望(写真/中井 均)

●見どころ

天守台は本丸に露頭している岩盤そのものを利用しており、懸造りによる三階建てで屋根は板葺、壁も板張であった。岩盤には天守を支える柱穴が彫り込まれている。

天守台の巨石(写真/中井 均)

●築城年/天文年間(1532～1554) ●築城主/遠山直廉 ●所在地/岐阜県中津川市苗木
●交　通/ＪＲ中央本線中津川駅下車。バス苗木城下車

大垣城天守　昭和34年に外観復元された現在の天守。

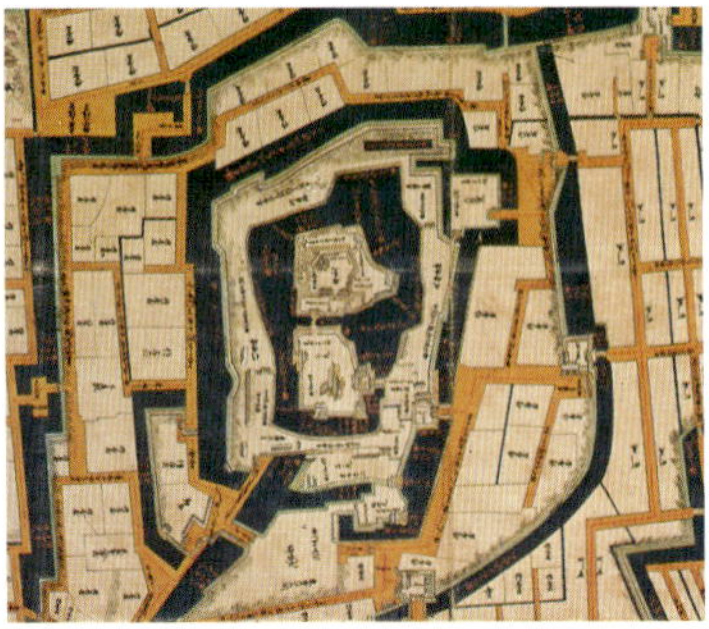

「美濃国大垣城絵図」
（正保城絵図／国立公文書館内閣文庫蔵）

大垣城空撮（写真／松井　久）

市史跡

大垣城

関ヶ原合戦に際して石田三成は大垣城に入り、一時西軍の本営となった。合戦後石川康通が入城し、三代にわたって普請を完成させた。寛永十二年（一六三五）に戸田氏鉄が十万石で封じられ、以後明治まで戸田氏の居城となった。美濃平野の中央に築かれた平城で、二段に築かれた本丸と二の丸が連郭で配され、それを取り囲むように三の丸、外郭が輪郭で巡る構造となる。幅の広い水堀を三、四重に巡らせた姿はまさに水の城であった。

大正期に撮影された大垣城天守
（大垣市立図書館蔵）

西門　昭和60年に復元された。

◉見どころ

本丸上段の北西隅には四重四階の層塔型天守が構えられていた。天守建築で四重構造は大変珍しい。国宝に指定されていたが太平洋戦争中に惜しくも空襲で焼失してしまった。現在のものは昭和三十四年に復元されたものであるが、四重天守の様子を知ることができる好例である。

大垣城天守（写真／中井　均）

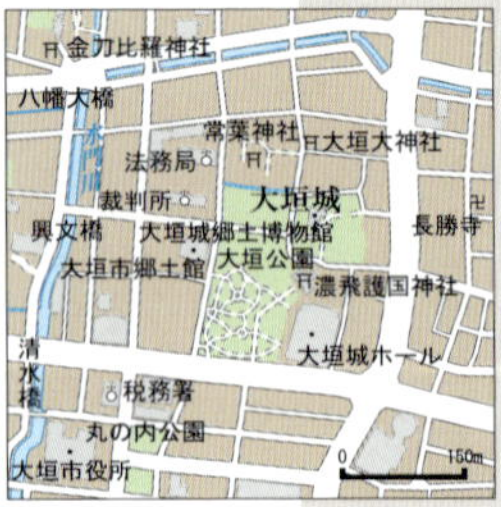

（写真／大垣市役所提供）

●築城年／慶長6年（1601）　●築城主／石川康通　●所在地／岐阜県大垣市郭町
●交　通／ＪＲ東海道本線大垣駅下車。徒歩10分

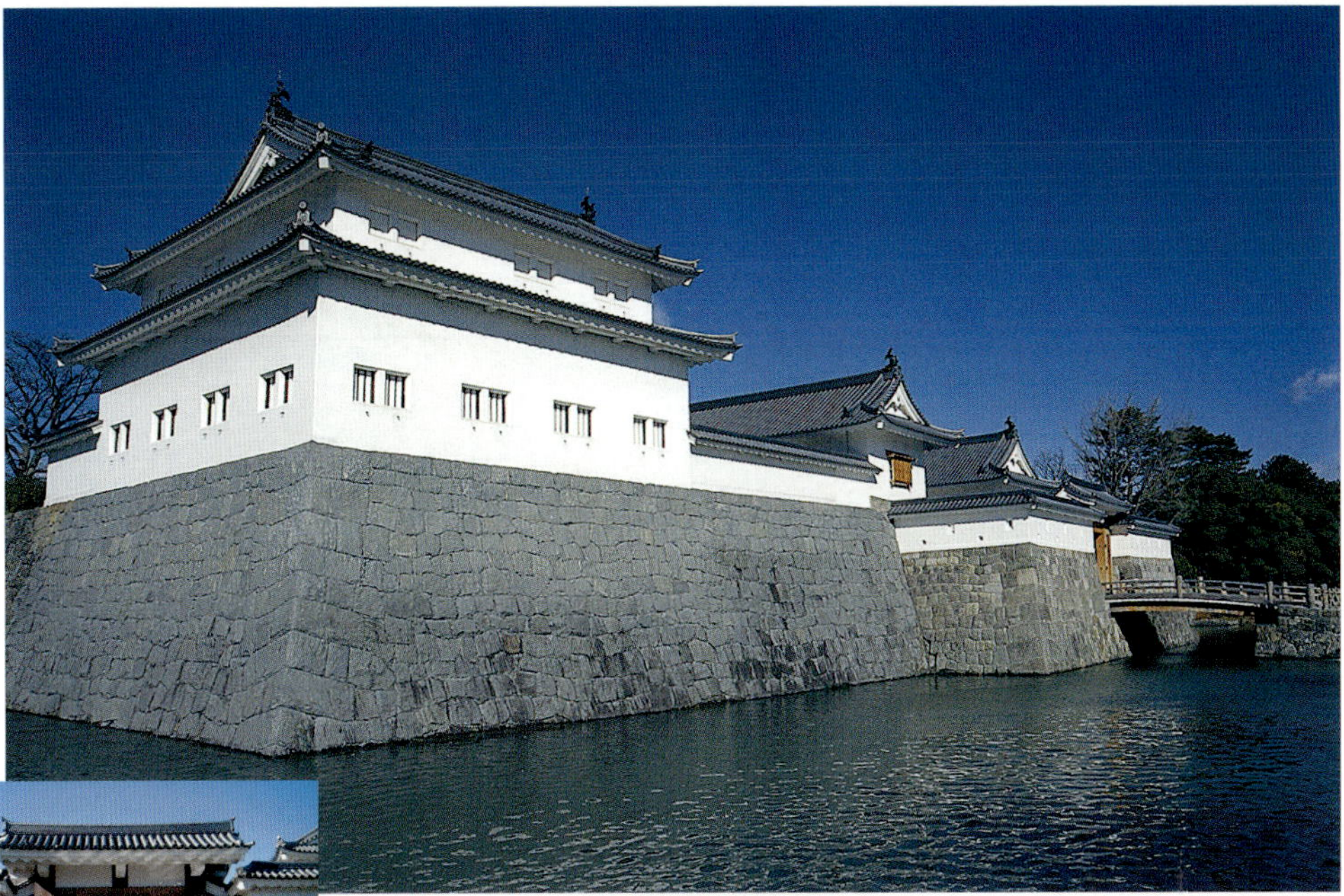

二の丸巽櫓と東御門桝形　平成８年に復元された。

駿府城

駿府とはその名の通り、駿河の府中として守護今川氏の守護館が置かれていた。その地を徳川家康は居城とし、さらに秀忠に将軍職を譲ると駿府城を隠居城とした。現在見ることのできる構造はこのときに築かれたものである。その構造は本丸、二の丸、三の丸を回字形に配置する典型的な輪郭式の縄張となる。本丸には本丸御殿と天守が造営され、三の丸には家臣団屋敷が建ち並んでいた。幕府直轄領時代には三の丸に城代屋敷が置かれた。

二の丸東御門入り口

本丸内の紅葉山庭園

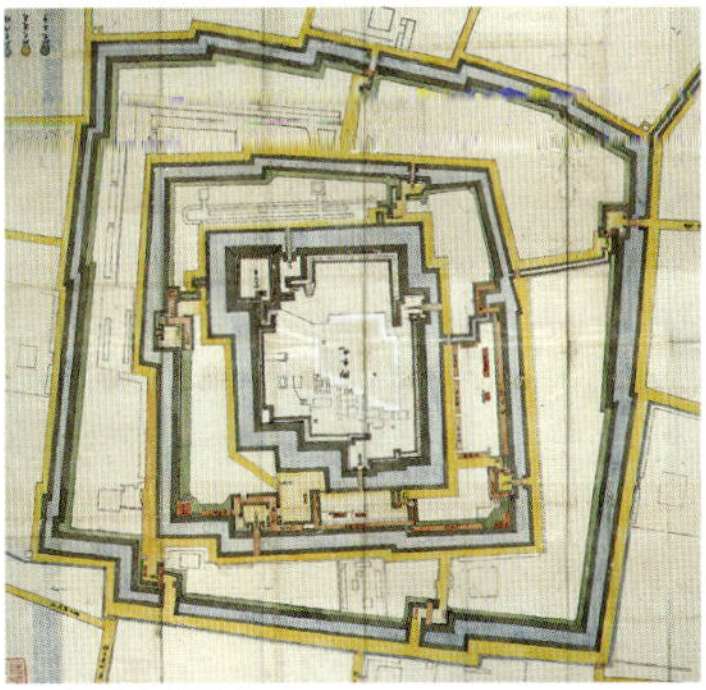

「駿府御城郭之圖」（筑波大学附属図書館蔵）

◉見どころ

本丸の堀は埋め立てられているが、二の丸と三の丸の堀はほぼ残されている。石垣については明治の積み直しも目立つが、櫓台や桝形などはよく残り、東御門と巽櫓は木造で復元されている。

二の丸東御門桝形全景

（写真／静岡観光コンベンション協会提供）

●築城年／天正13年（1585）　●築城主／徳川家康　●所在地／静岡県静岡市葵区追手町
●交　通／ＪＲ東海道本線・東海道新幹線静岡駅下車。徒歩10分

掛川城天守　天守は嘉永7年（1854）に地震により崩壊したままでいたが、平成6年に復元された。

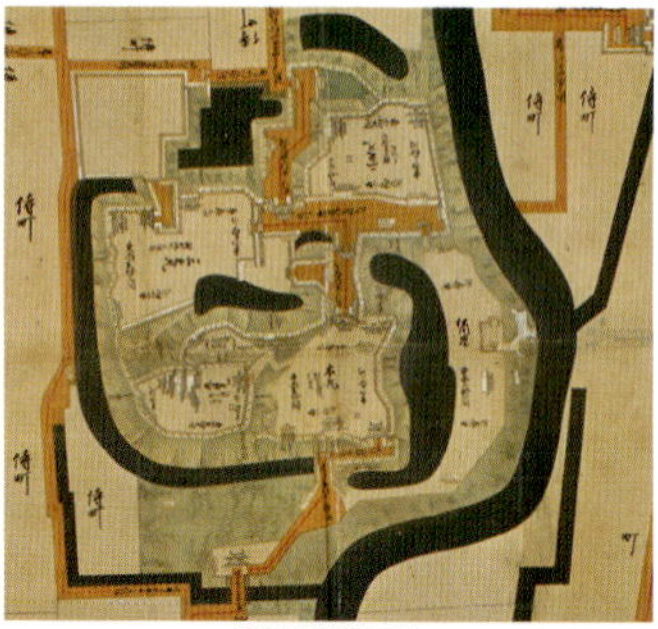

「掛川城絵図」
（正保城絵図／国立公文書館内閣文庫蔵）

掛川城空撮（写真／中田眞澄）　本丸・二の丸周辺は掛川城公園となっている。

本丸に移築された太鼓櫓（市重文）　嘉永7年（1854）の地震後に造営されたもので、三の丸から現在地に移築された。

復元大手門

掛川城

国重文・県史跡・市重文

掛川城は戦国時代に今川氏の遠江支配の拠点として築かれ、のちに徳川家康の有するところとなる。天正十八年（一五九〇）に家康が関東に移されると山内一豊が五万石で入城し、天守を築くなど近世城郭へと大改修を施した。城は逆川に突出した丘陵全体を利用して天守丸を本丸より一段高く築き、東山麓に二の丸、三の丸が構えられ、内堀、十露盤堀、乾堀、松尾池が巡っていた。また大手門が逆川対岸の城下に桝形を構えて配されていた。

明治三十四年頃撮影の二の丸・三の丸
（関七郎氏蔵）

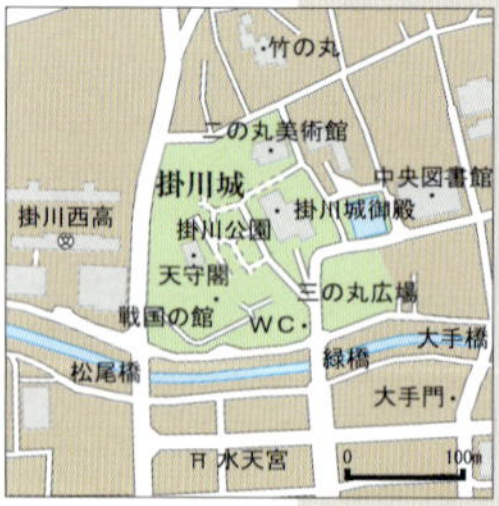

◎見どころ

城跡には二の丸御殿が現存している。幕末に再建された御殿であり、大名御殿としては質素な造りとなっている。しかし現存する城郭の御殿として貴重なもので重要文化財に指定されている。

二の丸御殿外観（国重文）

（写真／掛川市教育委員会提供）

●築城年／天正18年（1590）頃　●築城主／山内一豊　●所在地／静岡県掛川市掛川
●交　通／JR東海道本線・東海道新幹線掛川駅下車。徒歩5分

岡崎城天守（岡崎市役所提供）　廃藩後の明治初期に天守は解体されていたが、昭和34年に天守・付櫓・井戸櫓が外観復元された。

岡崎城空撮（写真／中田眞澄）　本丸・二の丸は岡崎公園となる。本丸には復元天守や巽櫓を模して建てられた巽閣ほか、二の丸には三河武士のやかた家康館がある。

「岡崎城図」（岡崎市美術博物館蔵）

市史跡

岡崎城

安城松平（徳川）清康が岡崎に本拠を移し、本格的な城郭が構えられた。徳川家康が関東に移封されると岡崎城には豊臣大名の田中吉政が入城する。吉政は城の整備を行ない天守を築き、惣構の堀を設け、東海道を城下に引き入れた。その縄張は乙川に突出した丘陵の先端に本丸を、それに続く丘陵上に二の丸、三の丸を梯郭式に配した構造となる。さらに曲輪間には小曲輪が迷路のように設けられていた。また丸馬出が多用されており、丸馬出が徳川氏築城の特徴であることを示している。

明治初期に撮影された岡崎城天守（岡崎市教育委員会蔵）

◉見どころ

半島状の丘陵の最先端に構えられた岡崎城の本丸を北方に続く丘陵より切断して独立させるために深い堀切が設けられていた。戦国時代に西郷青海入道が築いたことから青海堀の名が残されている。

青海堀（写真／中井　均）

●築城年／天正19年（1591）　●築城主／田中吉政　●所在地／愛知県岡崎市康生町
●交　通／名鉄名古屋本線東岡崎駅下車。徒歩10分

名古屋城空撮（写真／中田眞澄） 本丸・二の丸・御深井丸・西の丸の石垣、堀がほぼ完全に現存している。

旧二の丸東二の門（国重文）
本丸東二の門跡に移築されている。

二の丸大手二の門（国重文）
二の丸の大手である西鉄門の二の門。

国史跡・国重文

名古屋城

名古屋城は古くは那古野城と呼ばれ、大永年間（一五二一～二八）に今川氏親によって築かれた。それを織田信秀が奪取し、信長に与えた。この戦国時代の那古野城は現在の名古屋城の二の丸付近に位置していたといわれている。慶長五年（一六〇〇）の関ヶ原合戦の戦功により尾張清洲城主であった福島正則は安芸の太守として広島城に移り、替わって清洲城には徳川家康の四男松平忠吉が、続いて九男の義直が城主となる。そこで大坂城を超える超弩級の城郭の造営が必要となり、名古屋城が築かれることとなった。天下普請として助役には西国の外様大名を中心に多くの大名家に動員がかけられた。名古屋城の構造は本丸の西方を御深井丸と西の丸で、南東を二の丸で囲み、さらにそれらの前面に広大な三の丸を配置する梯郭式の縄張となる。また本丸の大手と搦手口の前面には巨大な角馬出が構えられ、最強の構えで固められていた。

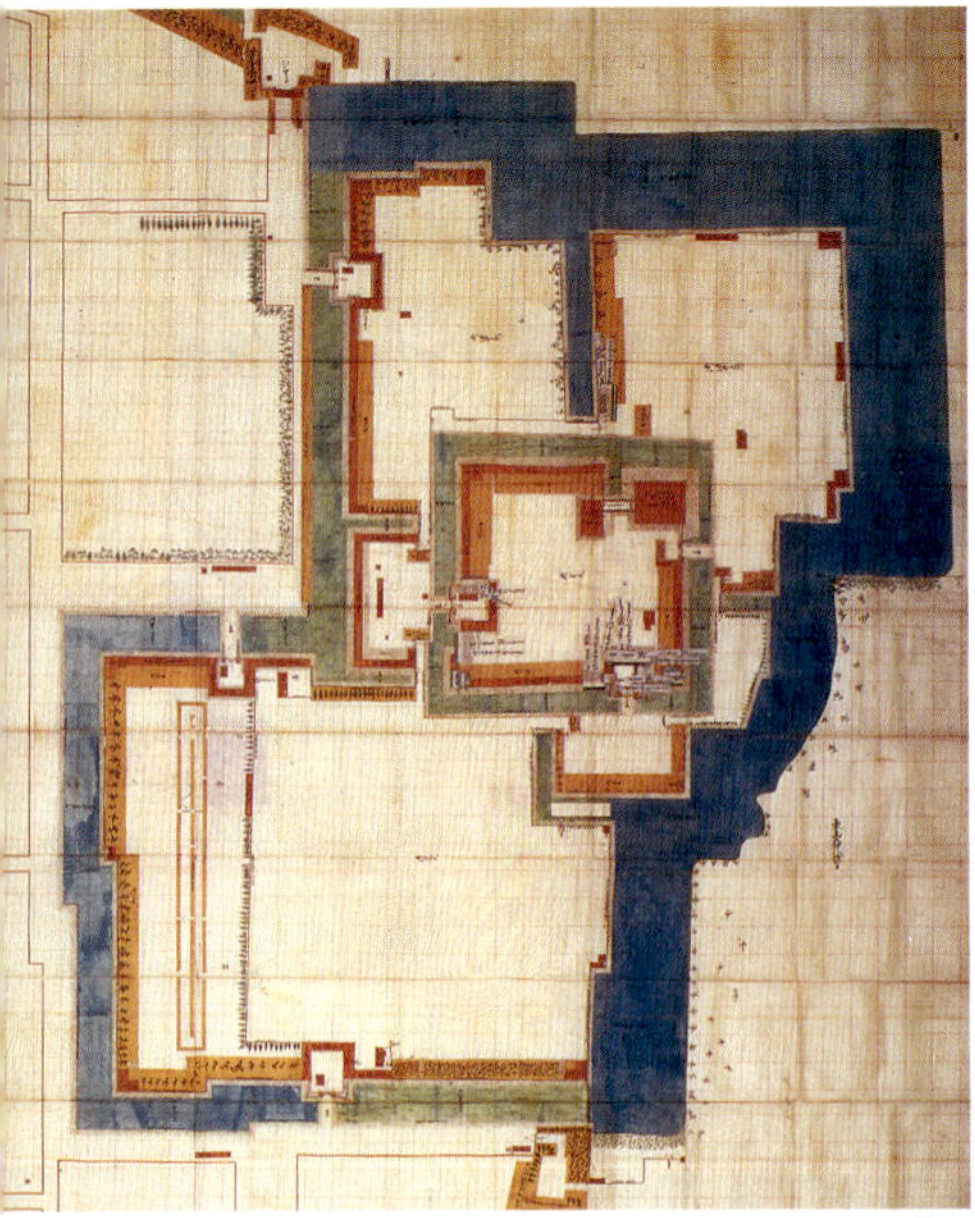

「元禄拾年御城絵図」（名古屋市蓬左文庫蔵）　▶N

●築城年／慶長15年（1610）　●築城主／徳川家康　●所在地／愛知県名古屋市中区本丸
●交　通／ＪＲ東海道本線名古屋駅下車。バス名古屋城正門前下車

本丸の清正石（写真／中井 均）　ここは、黒田長政が担当した石垣で、実は加藤清正とは一切関係がない。清正伝説のひとつである。

本丸未申（西南）**隅櫓**（国重文）**と天守**　ほぼ正方形な本丸の四隅は天守と3棟の隅櫓が設けられ、その四周は多聞櫓が巡っていた。未申隅櫓と天守の間には具足多聞櫓が設けられていた。具足が、惜しくも戦災で焼失した。

御深井丸の西北隅櫓（国重文）　清洲城の小天守を移築したと伝えられる三重三階の櫓で清洲櫓とも呼ばれる。

◎見どころ

名古屋城は天下普請によって築かれた城である。その天守台の石垣普請については加藤清正が自ら進んで受け持ったと伝えられている。その北東隅部には「加藤肥後守　内小代下総」の刻印を施した石を見ることができる。なお本丸東門の桝形内に据えられた巨石は名古屋城内最大のものである。ここは黒田長政の丁場であり、清正とは一切関係がないにも関わらず、この石は清正石と呼ばれており、築城の名手としての清正伝説となっている。

天守台の刻印（写真／中井 均）

（写真／松井 久）

天守と小天守　日本有数の巨大天守（旧国宝）は惜しくも昭和20年5月14日の空襲で焼失、昭和34年外観復元された。

本丸表二の門（国重文）　桝形二の門奥の一の門（櫓門）は戦災で焼失した。

名古屋城正門　戦災により焼失していたが、天守とともに昭和34年に外観復元された。

本丸辰巳隅櫓より本丸御殿を見る（『国宝史蹟 名古屋城』所収） 大守左前に小天守、その前に広がる建物群は御殿。
左手前の門は本丸一の門（櫓門）。

本丸羊申（西南）**隅櫓**（国重文）**と表二の門**（国重文）
外観二重内部三階の辰巳隅櫓は平側七間、妻側六間あり、
弘前城・宇和島城の天守より大きい。

本丸辰巳（東南）**隅櫓**（国重文）**と表二の門**（国重文）
外観二重内部三階、本丸羊申隅櫓と同じ大きさである。
名古屋城は、三重天守級の櫓を隅櫓としていた。

（写真／松井 久）

吉田城復興鉄櫓　昭和29年、本丸鉄櫓跡に三重隅櫓を復興した。

本丸内から見た復興鉄櫓　本丸・二の丸・三の丸の一部が豊橋公園となっている。

市史跡

吉田城

今川義元は今橋城を東三河支配の拠点として城代を置き、名を吉田城と改めた。天正十八年（一五九〇）の徳川家康関東移封に伴い池田輝政が入城し、近世城郭へと改修を行なう。しかしこの改修は関ヶ原合戦で中断し、ついに未完に終わってしまった。豊川を背面に控え、本丸、二の丸、三の丸をコの字状に配置する後堅固となる典型的な梯郭式縄張となる。豊川に面した本丸北面には腰曲輪が設けられ、隅部に川手三重櫓が構えられ、川筋からの攻撃に備えていた。

明治初期に撮影された本丸・腰曲輪
（深井政秀氏蔵）

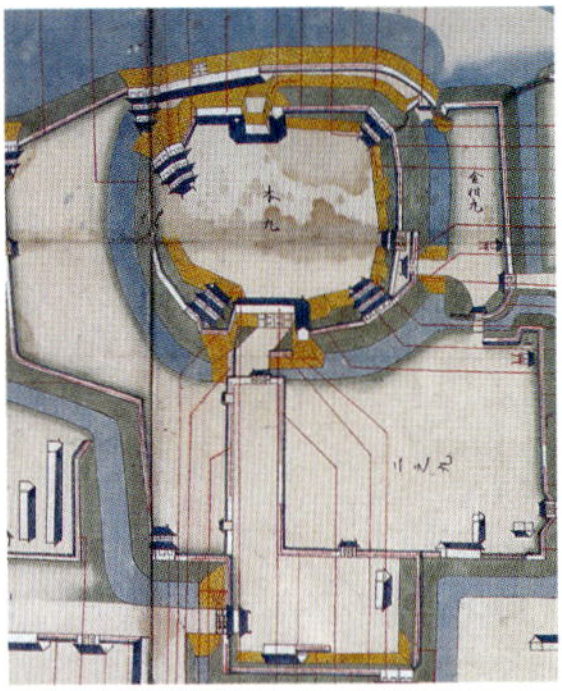

「三河国吉田城絵図」〔地震之節破損之覚〕
（豊橋市美術博物館蔵）

◉見どころ

本丸の北西隅には三重の鉄櫓が配されていた。その櫓台の西辺は空堀となり石垣は高さ七メートルにおよぶ。自然石を積み上げた野面積で、池田輝政によって築かれたものと考えられる。

鉄櫓台の石垣（写真／中井　均）

（写真／豊橋市役所提供）

●築城年／天正18年（1590）　●築城主／池田輝政　●所在地／愛知県豊橋市今橋町
●交　通／ＪＲ東海道本線豊橋駅下車

西尾城復元丑寅櫓
平成８年に推定復元された。

鍮石門　二の丸の大手門。丑寅櫓とともに平成８年に推定復元された。

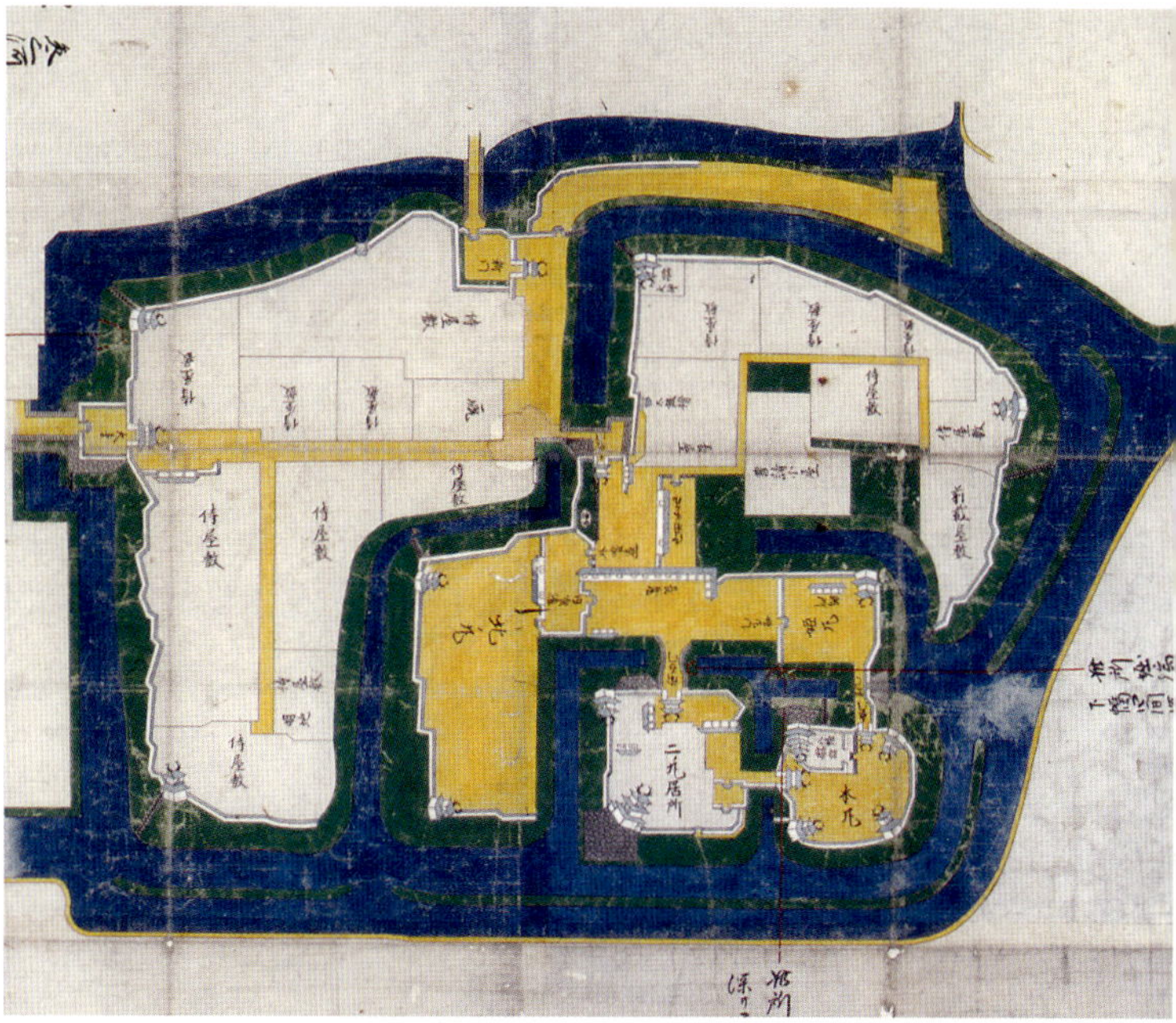

「三河国西尾城図」（西尾市教育委員会蔵）

市史跡

西尾城

天正十八年（一五九〇）に徳川家康が関東に移封されると豊臣大名の田中吉政は岡崎城に入城し、西尾城を支城とした。江戸時代には代々譜代大名の居城となるが、めまぐるしく城主は替わった。本丸を最奥部に構え、その前面に二の丸、北の丸、三の丸が構えられる梯郭式の縄張となる。天守は本丸に構えられず、二の丸に置かれる珍しいものであった。また正保城絵図にはほとんどの塀が「く」の字状に張り出す屏風折れ塀に描かれている。

西尾城復元丑寅櫓　本丸と二の丸の一部が西尾市歴史公園になっている。

◉見どころ

本丸の北東隅には丑寅櫓が構えられていた。その石垣は上下で積み方がまったく違っている。上層は櫓を支え、下層は乱雑で高く見せようとしただけのものだったようだ。

復元櫓を支える高石垣（写真／中井　均）

（写真／西尾市役所提供）

●築城年／天正18年（1590）　●築城主／田中吉政　●所在地／愛知県西尾市錦城町
●交　通／名鉄西尾線西尾駅下車。徒歩約15分

犬山城空撮（写真／中田眞澄）

国宝

犬山城

犬山城の築城については古くより天文六年（一五三七）に織田信康が木下城より現在地に移したと伝えられるが、現在見られる姿の城郭として整備されるのは慶長五年（一六〇〇）の関ヶ原合戦後に入城した小笠原吉次以降のことである。元和三年（一六一七）より徳川家康の命により尾張徳川家の付家老となった成瀬正成が城主となる。慶応四年（一八六八）に明治新政府により諸侯に列せられ犬山藩が成立した。城は木曽川にそそり立つ断崖上に築かれており、天守はその最北端に配され、直下に木曽川が流れている。断崖上には本丸、杉の丸、樅の丸、桐の丸、松の丸が階段状に配置される典型的な後堅固の縄張であった。城の南に延びる台地上には二重の堀が巡らされ、城下町が構えられていた。

「尾張国犬山城絵図」（犬山城白帝文庫蔵）

●築城年／天文6年（1537）　●築城主／織田信康　●所在地／愛知県犬山市大字犬山字北古券
●交　通／名鉄犬山線犬山遊園下車。徒歩10分

犬山城遠望（写真／石田多加幸）　木曽川に望む標高40メートルの丘陵上に建つ犬山城天守は、その姿から「白帝城」の別名をもつ。

天守３階内部

天守３階唐破風の間

天守１階内部

◎見どころ

犬山城天守は三重四階地下二階構造で付櫓が付く。国宝四城のひとつで日本最古の天守といわれ、天文年間建造説や、美濃金山城移築説などが唱えられていたが、解体修理の結果、関ヶ原合戦以後に新造されたことが明らかとなった。三階の唐破風と最上階の廻縁は元和六年（一六二〇）に増築されたもの。また一階の座敷が古式天守の根拠とされてきたが、これも幕末に改修されたことが判明した。

犬山城天守（写真／中井　均）

明治初期撮影の犬山城天守（個人蔵）　写真下中央に本丸東下腰曲輪の丑寅櫓と右端に水の手櫓が見える。
天守以外の大半の建物は明治９年から20年頃までに払い下げられ、取り壊された。

天守地階内部　穴蔵中段（地下一階）の天守一階に向かう入り口。

天守一階の出張りと石落

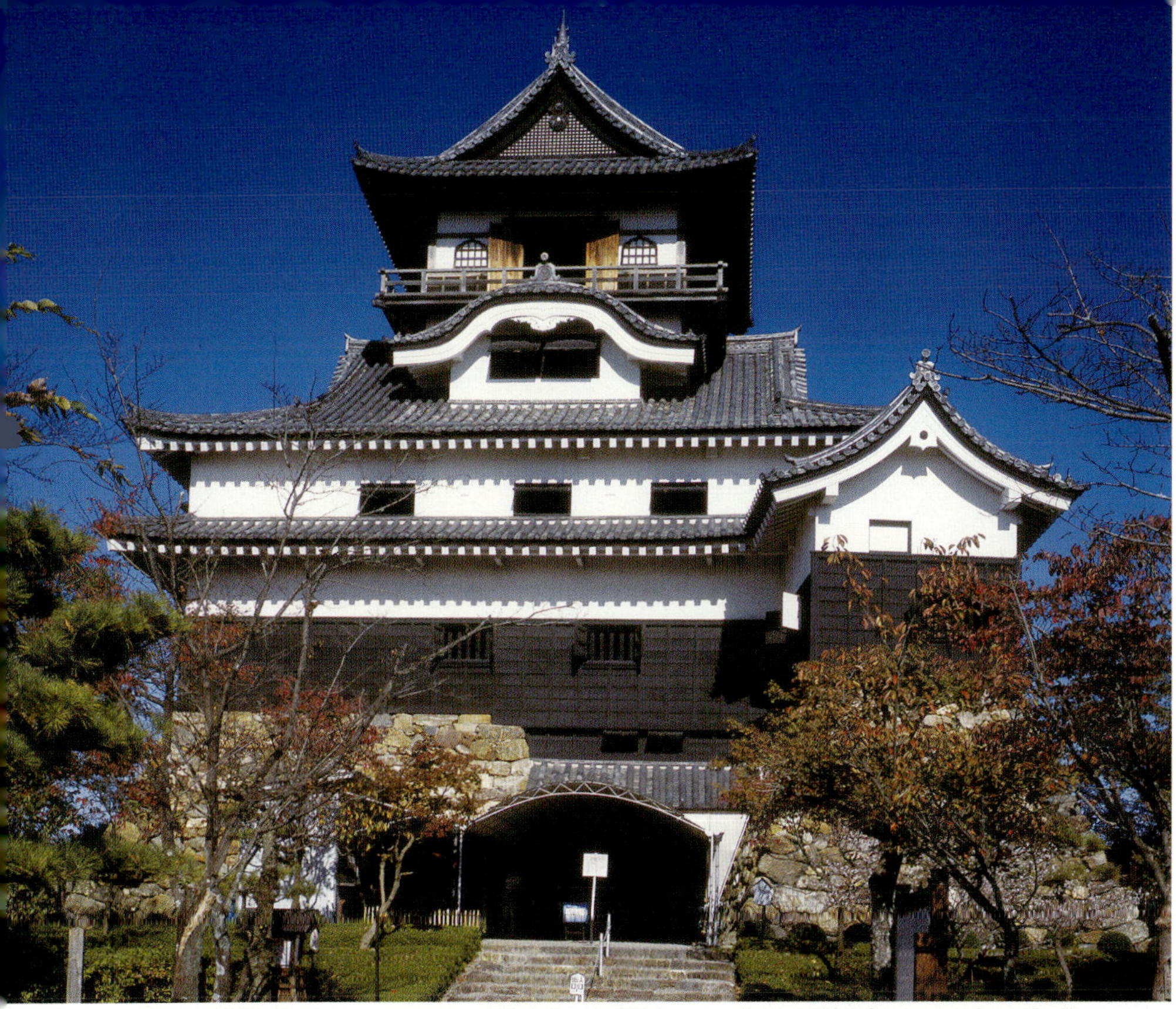

現存犬山城天守（国宝）（写真／石田多加幸）　姫路城・松本城・彦根城とともに数少ない国宝天守である。天守は三重四階、地下二階に付櫓（写真右）が付く。大入母屋の屋根に最上階の望楼が載る、望楼型天守の構造となる。

昭和40年に復興した本丸鉄門（写真／石田多加幸）

犬山城冬景色

（写真／犬山市観光協会提供）

明治初期撮影の本丸東北面（樋口清砂氏蔵） 写真手前が丑寅櫓、多聞櫓を通して奥に見えるのが戌亥櫓。

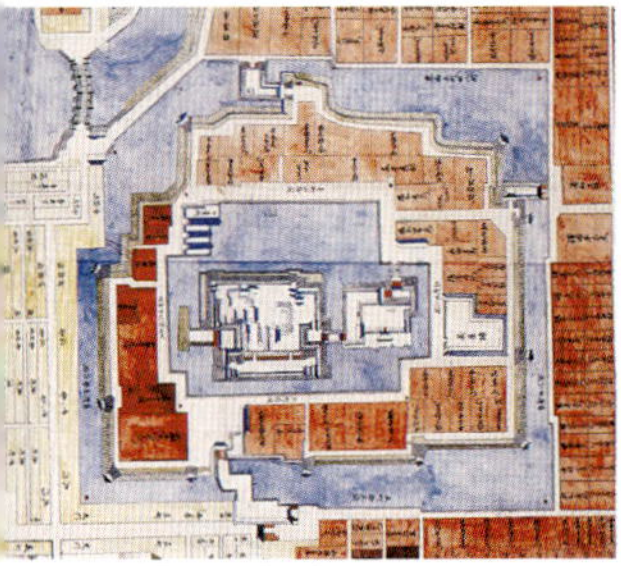

「津城下図」寛永年間（津市教育委員会蔵）

津城戌亥櫓台石垣（津市役所提供） 名築城家として名高い藤堂高虎が築いた石垣の特徴ともいえる反りのない直線的な石垣が続く。

県史跡
津城

織田信良（信包）によって築かれた安濃津城は、慶長十三年（一六〇八）に藤堂高虎が入封し、同十六年より大改修が行なわれ、縄張は一新された。方形の本丸の東西に東の丸と西の丸という馬出機能をもつ小曲輪を配し、それらを巨大な内堀が巡っていた。内堀は本丸の南側では約五十間を測る大規模なものであった。その外周には二の丸が置かれる輪郭式の縄張である。本丸が直線的であるのに対し、二の丸は随所で屈曲し、折れが設けられていた。

津城空撮（三重県史編纂室グループ提供） 本丸・西の丸はお城公園となり、天守台や本丸・西の丸石垣が現存する。昭和33年に本丸東鉄門桝形の多聞櫓跡に模擬三重櫓が建てられた。

◉見どころ

石垣は藤堂高虎の築いたもので、直線的で反りのない特徴をよく現している。本丸の東、南の二面には内堀との間に低い犬走りが設けられていた。これも高虎の石垣の特徴のひとつで、篠山城や今治城にも認められる。

模擬三重櫓（写真／津市役所提供）

●築城年／慶長16年（1611） ●築城主／藤堂高虎 ●所在地／三重県津市丸之内
●交　通／近鉄名古屋線津新町下車。徒歩15分

明治初期撮影の本丸三重櫓（亀山市歴史博物館蔵）　亀山城最大の櫓。天守の代用をしていた。明治４年に破却された。

亀山城空撮（写真／中田眞澄）
本丸周辺は亀山公園になっている。

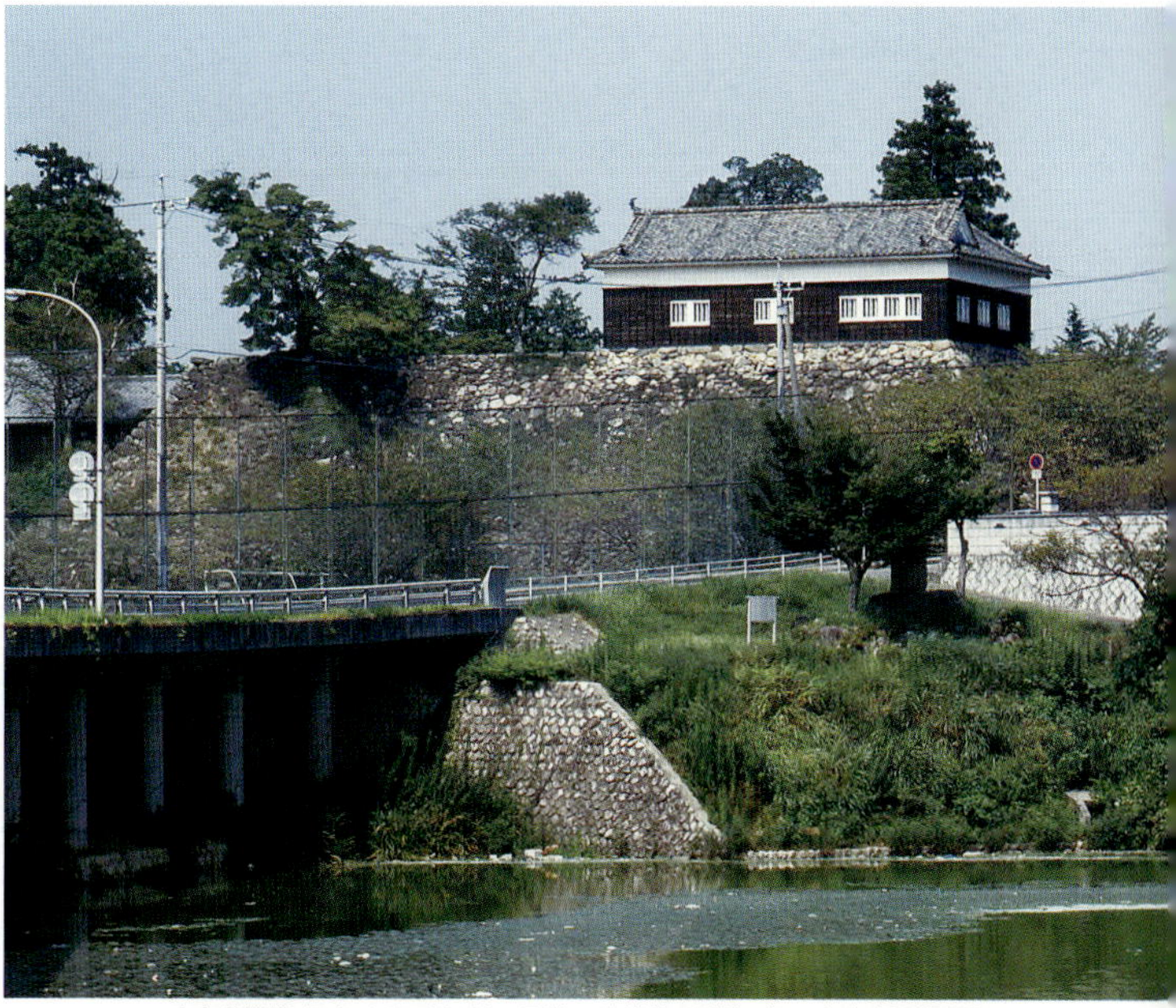

本丸多聞櫓（写真／石田多加幸）　明治の廃城後の明治４年、本丸多聞櫓を除き、本丸三重櫓以下の建物が払い下げられ、取り壊された。亀山城で唯一現存する城郭建造物として県重要文化財に指定されている。

県史跡・県重文

亀山城

東海道鈴鹿関に面した要衝の地である亀山には関氏によって城郭が構えられた。天正十八年（一五九〇）に入城した岡本宗憲は天守を造営するなど近世城郭へと改修した。さらに寛永十三年（一六三六）から本多俊次によって西出丸の新造や、外堀の整備が行なわれ縄張がほぼ確定した。その構造は鈴鹿川北岸の台地上に本丸、二の丸、東三の丸、西出丸が一直線に配置される連郭式の縄張であった。

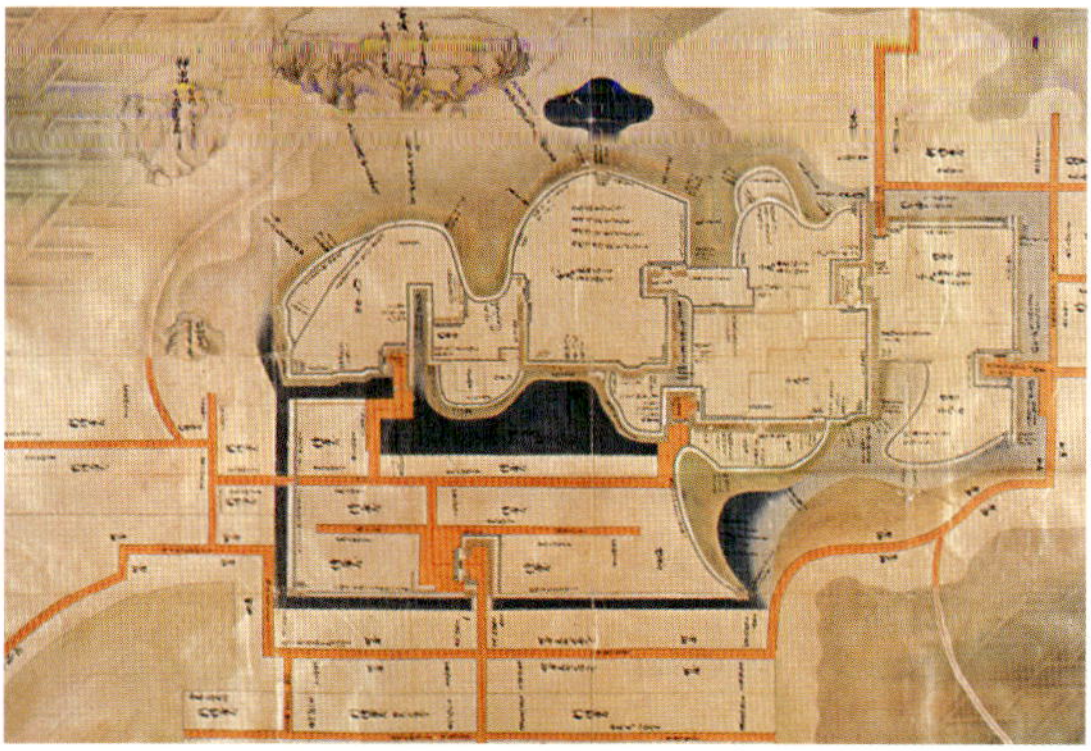

「伊勢亀山城正保城絵図」（正保城絵図／国立公文書館内閣文庫蔵）

●見どころ

亀山城は基本的には土塁によって構築され、門や櫓などの部分にのみ石垣が用いられている。本丸南面の石垣は野面積で本丸多門櫓に対して横矢桝形を設けて横矢を効かせている。

本丸多聞櫓（写真／石田多加幸）

●築城年／天正18年（1590）　●築城主／岡本宗憲　●所在地／三重県亀山市本丸町
●交　通／ＪＲ関西本線亀山駅下車。徒歩10分

伊賀上野城模擬天守　昭和10年に川崎克により模擬天守（伊賀文化産業城）が建てられた。名築城家藤堂高虎が築こうとした五重天守は完成間近に暴風で倒壊、以後再建されることはなかった。

明治後期に撮影された三の丸西大手門
（福井健二氏蔵）

伊賀上野城空撮　本丸とその周辺は上野公園となっている。

「伊賀上野城図」（名張市教育委員会蔵）

国史跡

伊賀上野城

天正十三年（一五八五）に大和郡山より筒井定次が伊賀へ国替えとなり上野城を居城として改修を行ない天守などを造営した。定次が改易されるとその後には藤堂高虎が入城し、自ら縄張を行ない現在の姿へと改修された。高虎が津城へ移った後も廃城とならず城代が置かれた。台地上に本丸を配し、その周囲に内堀を巡らす。さらに山麓に方形に二の丸を構え、その周囲には水堀が巡らされている。この二の丸の東西二か所に大手門が構えられていた。

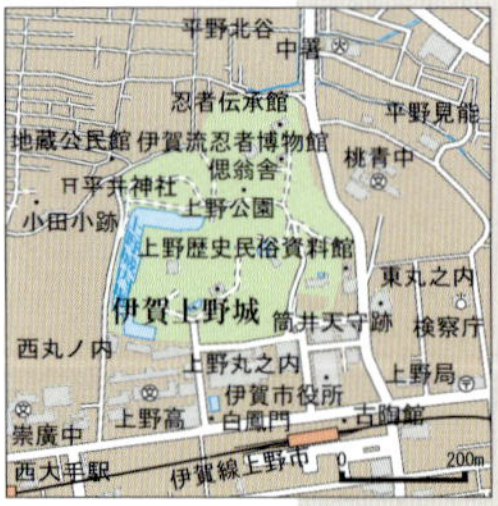

◉見どころ

伊賀上野城の見所といえば何といっても本丸西面の高石垣であろう。高さは二六メートルを測る。築城の名手藤堂高虎の石垣は反りを持たず直線的な勾配を特徴としている。

本丸西面の高石垣（写真／中井　均）

（写真／伊賀文化産業協会提供）

●築城年／天正13年（1585）　●築城主／筒井定次　●所在地／三重県伊賀市上野丸之内
●交　通／近鉄伊賀線上野市駅下車。徒歩10分

県史跡
神戸城

織田信長は伊勢を攻め、三男信孝を神戸氏の養子として神戸氏の家督を継がせた。その神戸氏の居城が神戸城である。信孝は五重天守を造営し、金箔瓦の使用が許された。江戸時代には城主が転々と替わり、最終的にはわずか一万五〇〇〇石で本多氏が城主となる。神戸城は本丸を中心に二の丸、三の丸、西曲輪、南曲輪が梯郭式に配置される構造で、天守は桑名城の隅櫓（神戸櫓）として移されたといわれている。

明治初期に撮影された本丸隅櫓（福井健二氏蔵）天守に代わる城の象徴であった。明治4年の廃城後に取り壊された。

天守台（写真／石田多加幸）天守台付近から金箔瓦が出土することから、天正8年（1580）の織田信孝築城時の天守台の石垣と考えられる。

神戸城空撮（写真／中田眞澄）本丸付近は神戸公園となっている。

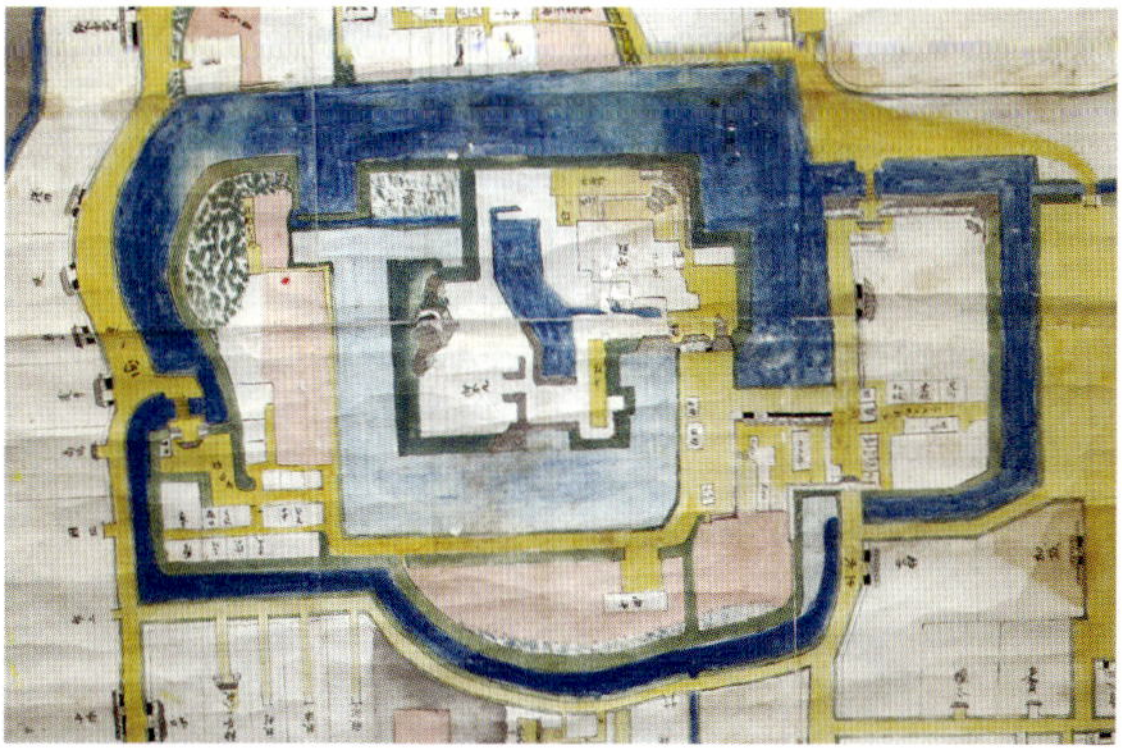
「神戸城絵図」（鈴鹿市教育委員会蔵）

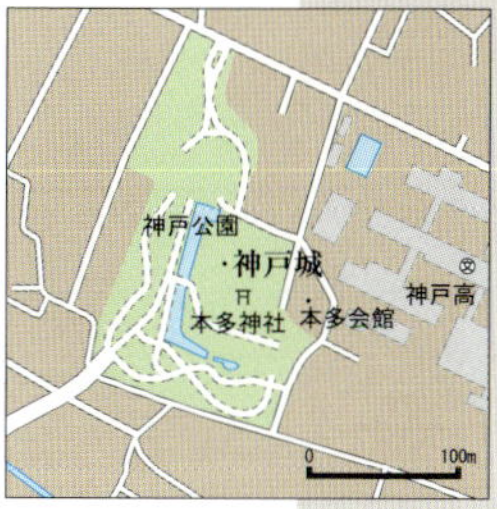

◉見どころ

城跡は大半が破壊されてしまい、わずかに本丸の石垣と堀、土塁の一部が残存しているにすぎない。そのなかで天守台はほぼ完存している。信孝によって築かれたもので河原石を野面に積んだものである。

天守台石垣（写真／石田多加幸）

●築城年／弘治元年頃（1555）●築城主／神戸利盛 ●所在地／三重県鈴鹿市神戸本多町
●交　通／近鉄鈴鹿線鈴鹿市駅下車。徒歩約15分

田丸城高石垣群

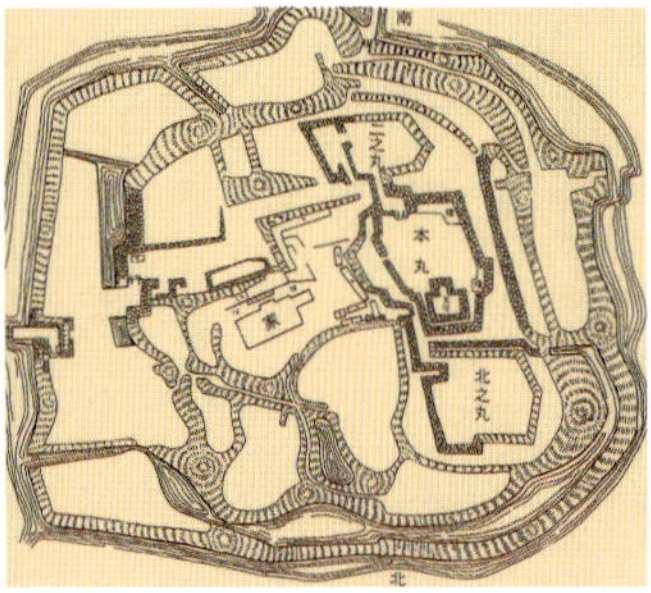

「田丸城宝暦年間図縮写」

田丸城空撮（写真／中田眞澄）

県史跡 田丸城

織田信長は伊勢を攻め、次男信雄を北畠氏の養子として伊勢支配を任せた。その支配の拠点となったのが田丸城である。このとき三重の天守が構えられたという。しかし天正八年（一五八〇）に炎上し、信雄は松ヶ島城に移転してしまった。江戸時代には紀州藩支配となり、田丸城には付家老久野氏が入れ置かれた。田丸城は本丸を中心に両脇に北の丸、二の丸を配置する連郭式で、東側に一段低く三の丸が置かれ、周囲を水堀で固めていた。

昭和三十年頃に撮影された田丸城天守台

田丸城天守台石垣

◉見どころ

本丸の北端には穴蔵を有する天守台が残る。これは織田信雄段階のものではなく、天正十八年（一五九〇）に入城した稲葉重通によって築かれたものと考えられる。

（写真／玉城町教育委員会提供）

●築城年／天正３年（1575）　●築城主／織田（北畠）信雄　●所在地／三重県度会郡玉城町田丸
●交　通／ＪＲ参宮線田丸駅下車。徒歩約５分

明治初期撮影の裏門
（東京国立博物館蔵）

松坂城石垣（松阪市観光協会提供）

松坂城空撮（写真／中田眞澄）　本丸と二の丸は松阪公園となっている。

市史跡
松坂城

天正十二年（一五八四）に伊勢を賜った蒲生氏郷は当初松ヶ島城に入るが、天正十六年に新たな支配の拠点として築いたのが松坂城である。江戸時代には紀州徳川藩領となり、城には代官や城代が置かれた。坂内川に面した独立丘陵を南北に分断し、北側を城域とし、南側は鎮守として八幡宮を置いた。本丸は天守と御殿を置く上段からなる二段構造となり、丘陵中段に隠居丸、二の丸が構えられ、丘陵全体を囲むように下段に三の丸が配されている。

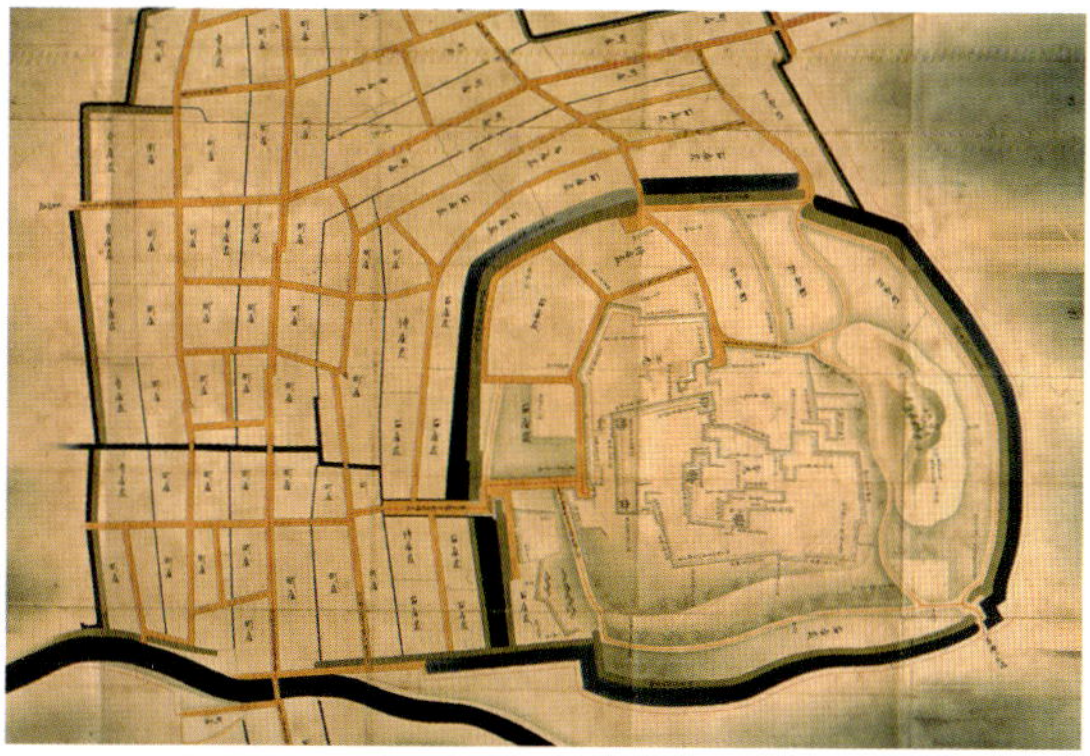

「伊勢国松坂古城之図」（正保城絵図／国立公文書館内閣文庫蔵）

◉見どころ

本丸に一段高く構えられた本丸上段に突出して築かれた天守台は付櫓、敵見櫓と接続する複合天守で、さらに金の間櫓までは多聞櫓によって結ばれていた。その規模は田丸城、神戸城とほぼ同規模である。

松坂城天守台石垣（松阪市役所提供）

●築城年／天正16年（1588）　●築城主／蒲生氏郷　●所在地／三重県松阪市殿町
●交　通／ＪＲ紀勢本線松阪駅下車。バス市民病院前下車

彦根城天守（国宝）　慶長11年（1606）に造営された三重三階、地下一階の望楼型天守。天守の附櫓・多聞櫓も国宝である。

彦根城空撮（彦根市役所提供）　本丸をはじめ西の丸・鐘の丸・太鼓丸など城跡の主要部は金亀公園となっている。

国宝・国特別史跡・国重文

彦根城

関ヶ原合戦の戦功により近江に十八万石を賜った井伊直政は一旦石田三成の居城であった佐和山城に入城する。直政が翌年佐和山城中で没すると、子の直継は慶長八年（一六〇三）より新城の築城にとりかかる。これが彦根城である。築城に際しては公儀より奉行が派遣され、助役に七か国十二の大名が動員された天下普請であった。この慶長年間の築城は大坂城に備えた軍事的なものであった。大坂落城後の元和の築城は表御殿の造営や中堀、城下町など山麓部分の整備であった。その構造は彦根山の頂上に本丸、西の丸、太鼓丸、鐘の丸を一直線に配置し、それらを二本の堀切で切断するという戦国的な縄張であった。山麓には彦根山を取り囲むように内堀が巡らされ、その内側には広大な表御殿や米蔵などが設けられていた。中堀に囲まれた外郭には馬屋、楽々玄宮園、さらに大身の家臣屋敷が配されていた。

明治9年撮影の二の丸佐和口（彦根市立図書館蔵）

●築城年／慶長8年（1603）●築城主／井伊直継、直孝　●所在地／滋賀県彦根市金亀町
●交　通／ＪＲ東海道本線彦根駅下車。徒歩15分

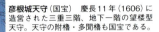

（写真／松井　久）

●見どころ

彦根城の天守は国宝四城のひとつである。この天守は元来大津城の天守であったが、関ヶ原合戦で西軍による大津城攻めにも落ちなかった「目出度い」天守であると、徳川家康から賜ったものである。もちろん大津城の天守をそのまま移築したのではなく、その材木や瓦などを移したもので、解体修理の結果、大津城時代は五重の天守であったことが明らかにされている。現在も柱や梁にホゾ穴などが見られ、転用材を用いていることがよくわかる。

彦根城天守（国宝）（写真／中井　均）

彦根城空撮（写真／中田眞澄）　東南上空から見た彦根城全景。左図の「御城内御絵図」と照らし合わせると城絵図の正確さが伝わる。

彦根城空撮（彦根市役所提供）　写真手前に二の丸佐和口多聞櫓、その奥に昭和六十二年に復元された表御殿、その左上に天秤櫓、その右上に天守が見える。

「御城内御絵図」(彦根城博物館蔵) 文化11年(1814)作成の絵図。城の補修を行なうにあたって幕府に提出した絵図の控えと考えられている。

空堀より見た天秤櫓（国重文）　太鼓丸入り口を守る櫓門。門の左右に二重櫓が付属する。城門へは廊下橋（屋根付きの橋）が架けられていたが、現在は木橋である。

西の丸三重櫓（国重文）**と脇多聞**（国重文）
矩形に続く一重の続櫓（多聞櫓）の隅に三重三階櫓が配されている。

太鼓門及び続櫓（国重文）
本丸に入る最後の関門。

楽々玄宮園より天守遠望　文化10年(1813)、藩主の隠居所として再整備された庭園。

馬屋(国重文)　馬21頭を入れられるよう仕切られている。馬屋の現存遺構は他に例がない(写真／中井　均)。

二の丸佐和口多聞櫓(国重文)　明和8年(1771)に再建された櫓(写真／中井　均)。

(写真／松井　久)

大手道　発掘調査で安土城の大手道が、幅六メートル、直線で百三十メートルの石段が安土山の麓から直線的に伸びることが確認された。ほかの城では見られない特殊な構造であり、特別な目的のための道ではないかと考えられている。大手道の両側には石塁で重臣の屋敷地が構えられている。

国特別史跡

安土城

安土城は天正四年（一五七六）に織田信長によって築かれた。標高一〇六メートルの安土山に築かれた山城である。安土城は城域全てを石垣によって築いたわが国最初の総石垣の城であった。また山頂本丸の中心には五重七階地下一階の天主と呼ばれる高層建築が造営され、さらに天主や城内の建物には金箔瓦が葺かれていた。こうした石垣、天主、瓦という要素は以後の日本の城に大きく影響を及ぼしており、安土城が近世城郭の始祖と呼ばれる由縁である。その構造は山頂に本丸、二の丸、三の丸などの主要部を石垣によって構え、虎口として黒金門、搦手門には桝形を採用している。安土山中腹には摠見寺、信忠邸などが構えられ、信忠邸より一直線に大手道が山麓とを結んでいた。なお、安土築城には中世の寺社造営技術が導入されており、例えば天主の造営には熱田大工の岡部又衛門が、瓦の製作には奈良衆が、障壁画は狩野永徳があたった。天正十年（一五八二）の本能寺の変後放火され灰燼に帰した。築城わずか六年の寿命であった。

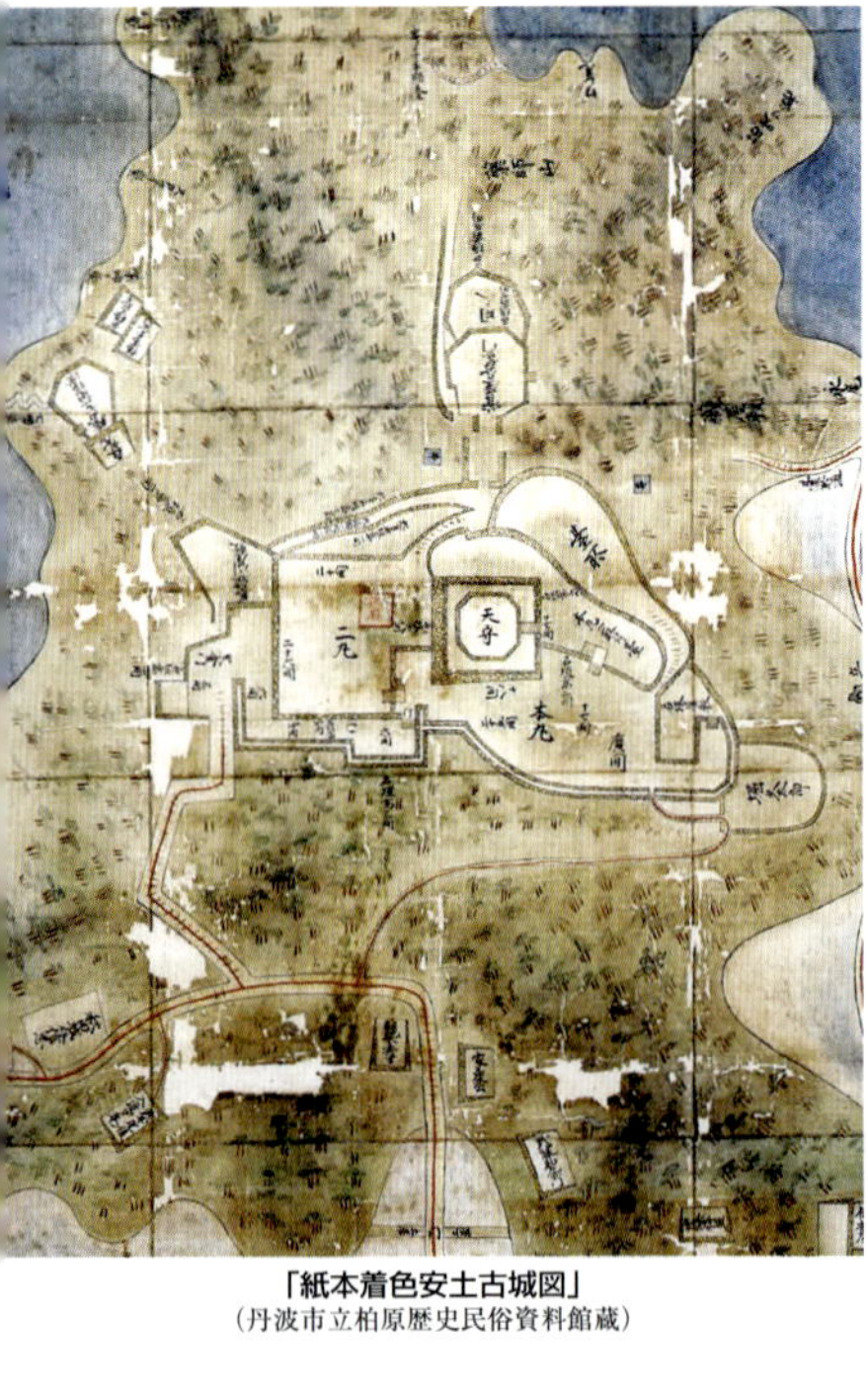

「紙本着色安土古城図」
（丹波市立柏原歴史民俗資料館蔵）

●築城年／天正4年（1576）●築城主／織田信長　●所在地／滋賀県蒲生郡安土町
●交　通／ＪＲ東海道本線（ＪＲ琵琶湖線）安土駅下車。徒歩20分

安土城空撮 城跡の安土山のほとんどは摠見寺の敷地内である。平成元年から20年にかけて発掘調査、整備が行なわれた。安土山の周囲は戦後の干拓によって田地になっているが、かつては琵琶湖の内湖が山の周囲に広がっていた。

◉見どころ

安土城の石垣といえば穴太衆と呼ばれる石積集団によって築かれたといわれているが、現在残されている石垣は一様なものではなく、決してひとつの技術者集団によって築かれたものではないことを示している。二の丸の石垣は横長の粗割石を横位に積み上げている。特に出隅部では長辺と短辺を交互に積み上げる算木積となるが、稜線はいびつである。また近世城郭の出隅部のような反りはまだ出現せず、直線的な勾配となっている。

二の丸の石垣（写真／中井 均）

天主台跡礎石 昭和15年の発掘調査によって検出された礎石。礎石は東西10列、南北10列に配置されているが、中央部に礎石が確認されず、かわりに穴が空いていたことがわかった。しかしその穴が何の遺構なのかは不明である。

（写真／滋賀県教育委員会提供）

昭和30年代に撮影された膳所城本丸跡（大津市歴史博物館提供）

天守跡（写真／中井　均）

膳所城跡遠望（びわこビジターズビューロー提供）

膳所城

関ヶ原合戦直後に大津城に入った徳川家康は本多正信の進言により膳所の地に新城を築いた。城は琵琶湖に突出して築かれた水城で、当初は本丸と二の丸が島状に琵琶湖に浮かんでいた。しかし寛文二年（一六六二）の大地震により甚大な被害を受け、本丸と二の丸を合体させる修築が行なわれた。「膳所城修覆願ヶ所絵図」には下半分に被害状況を描き、上半分に修復後の完成予想図を描く。天守も当初は本丸北端隅に突出していたが、修理後は本丸北辺の中央に位置することとなった。

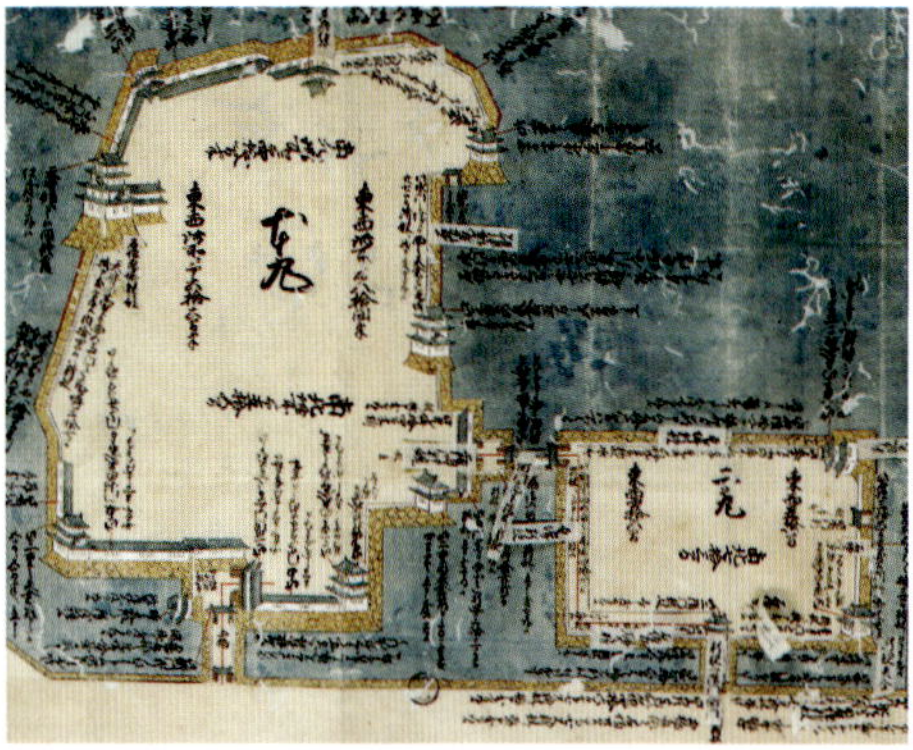

「膳所城修復願ヶ所絵図」（滋賀県立図書館蔵）

●見どころ

明治維新により、膳所城は徹底的に壊されてしまったが、数多くの城門が近隣の寺社に売却され現存している。篠津神社表門は北大手門、膳所神社表門は二の丸北東門でいずれも国の重要文化財に指定されている。

膳所神社に移築された二の丸北東門（写真／中井　均）

●築城年／慶長５年（1600）　●築城主／徳川家康　●所在地／滋賀県大津市本丸町
●交　通／京阪電鉄石山坂本線膳所本町駅下車。徒歩約10分

県史跡

水口城

豊臣政権下では東海道の要衝として水口岡山の山頂に水口城が構えられていた。江戸時代には徳川家光の上洛のため東海道近くに御茶屋御殿と称する宿泊施設が造営された。その作事にあたったのが小堀政一（遠州）で、棟梁を務めたのが幕府大工頭中井正侶であった。構造は城郭そのもので、方形の本丸に出桝形が付き、水堀が巡らされていた。天和二年（一六八二）に加藤明友が入部して水口藩が立藩されるが、将軍の宿泊御殿を居城とするのは恐れ多いとして、水口藩邸は外郭の二の丸に置かれた。

水口城本丸桝形虎口
平成３年に模擬復元された。

昭和46年に撮影された水口城
（写真／中井　均）

水口城空撮（写真／寿福　滋）　本丸は水口高校運動場となり、写真右に見える出桝形に桝形虎口や二重櫓がある。出桝形や本丸の石垣の一部、土塁・堀が現存している。

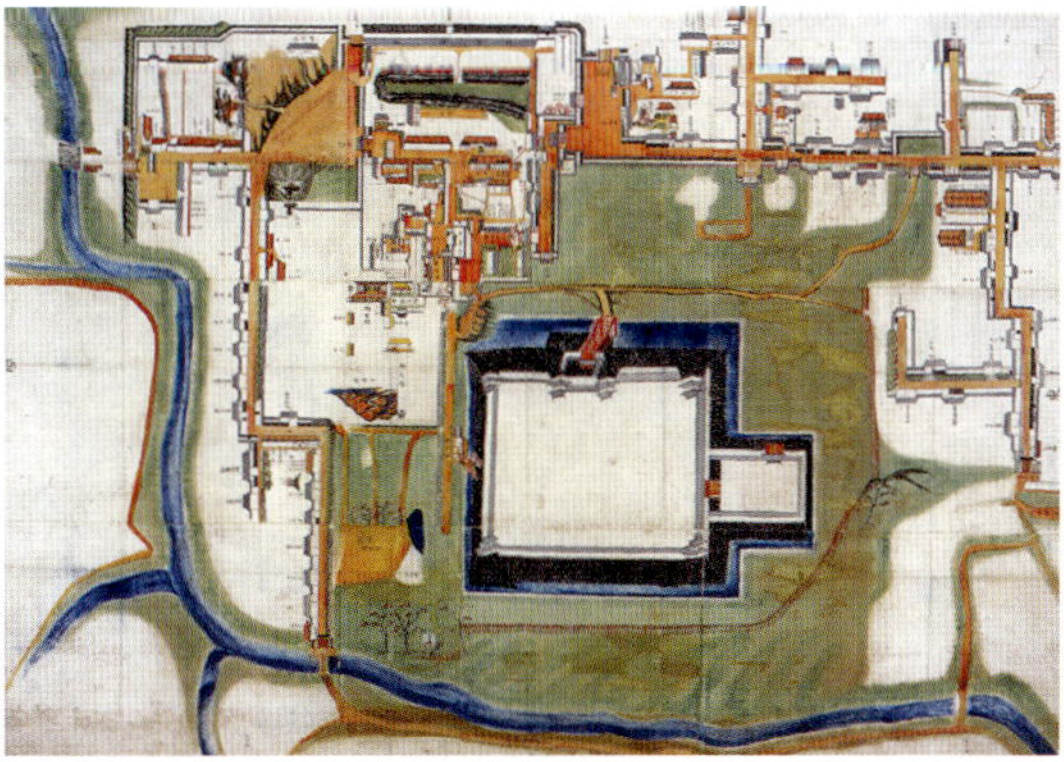

「水口城郭内絵図」（甲賀市水口歴史民俗資料館蔵）

◎見どころ

本丸を凸形として出桝形を構える構造は徳川幕府に関わる城のひとつの特徴で、美濃加納城と瓜二つである。その出桝形の石垣がほぼ残されている。二重櫓が新しく建てられているが、これは模擬櫓で元来は平櫓であった。

模擬復元された二重櫓（写真／中井　均）

（写真／甲賀市役所提供）

●築城年／寛文９年（1669）　●築城主／徳川幕府　●所在地／滋賀県甲賀市水口町本丸
●交　通／近江鉄道水口城南駅下車。徒歩10分

八幡山城本丸虎口

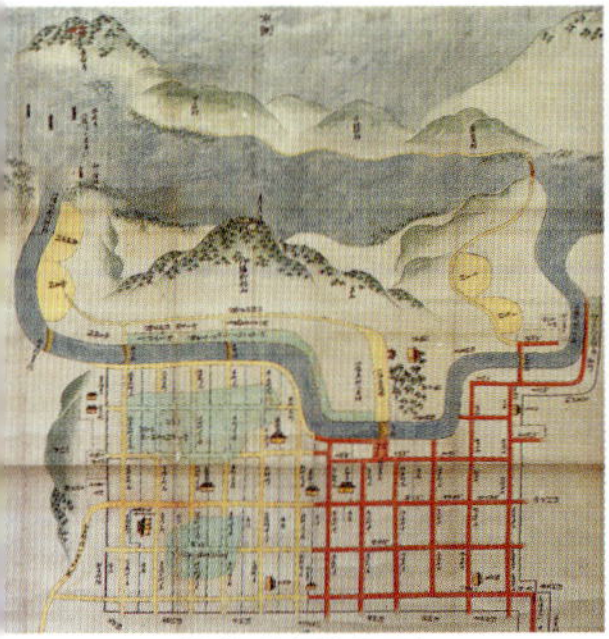

「近江八幡惣絵図」
(近江八幡市立資料館蔵)

八幡山城と城下空撮

八幡山城

八幡山城は豊臣秀吉の甥であり、猶子となった豊臣秀次によって築かれた。秀次が清洲城に移ると京極高次が入城するが、秀次事件の後、高次は大津に移され八幡山城は廃された。鶴翼山の山頂には本丸、二の丸、北の丸、東の丸が総石垣によって築かれている。山麓には巨石を用いた石垣によって秀次居館が置かれ、さらに八幡堀と呼ばれる水堀が巡らされている。城下町はこの八幡堀の外側に構えられ、江戸時代には八幡商人の町として栄えた。

八幡山城二の丸虎口

八幡山城秀次居館虎口

◉見どころ

山麓の秀次居館は総石垣によって築かれており、なかでも正面の虎口は巨石を用いて桝形を構えている。発掘調査によって大量の金箔瓦が出土しており、内部には壮麗な御殿が構えられていた。

秀次居館の桝形石垣(写真/中井　均)

(写真/近江八幡市役所提供)

●築城年/天正13年(1585)　●築城主/豊臣秀次　●所在地/滋賀県近江八幡市宮内町
●交　通/JR東海道線近江八幡駅下車。徒歩30分

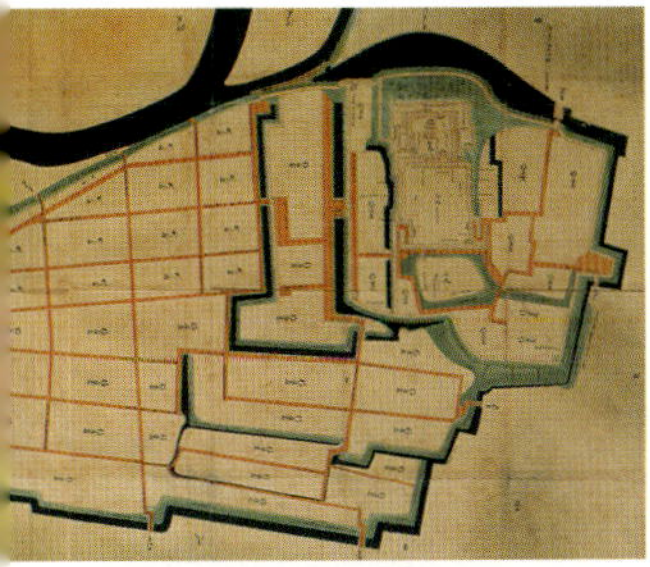

「丹波国福知山平山城絵図」
（正保城絵図／国立公文書館内閣文庫蔵）

福知山城空撮（写真／中田眞澄）
本丸付近は福知山公園となり、石垣が現存する。

福知山城遠望（写真／石田多加幸）

市史跡

福知山城

天正七年（一五七九）に織田信長より丹波攻略を命じられた明智光秀は横山城を占領し、福知山と命名し改修を行なった。光秀は亀山城を居城としており、福知山城には甥の秀満が入れ置かれた。寛文九年（一六六九）に朽木種昌が入封、以後朽木氏歴代が居城し明治を迎えた。城は由良川と土師川の合流点にある丘陵を利用して築かれ、本丸、二の丸、三の丸が連郭式に構えられている。山麓には二、四重に水堀を設けて武家屋敷地とし、丘陵背後は川が自然の堀となっている。

福知山城天守（写真／石田多加幸）　明治六年に天守は取り壊されたが、昭和六十年に小天守・続櫓、翌年に天守が外観復元された。

◎見どころ

石垣は明智光秀による改修によって築かれたもので、石材確保のために社寺から五輪塔、宝篋印塔、石仏、墓石などが多数転用されている。

福知山城（福知山市役所提供）

●築城年／天正７年（1579）　●築城主／明智光秀　●所在地／京都府福知山市内記
●交　通／ＪＲ山陰本線福知山駅下車。徒歩15分

二条城

世界遺産・国宝・国史跡・国特別名勝・国重文

徳川家康は征夷大将軍拝賀の礼のため京の地に新たな築城を開始する。これが二条城である。さらに二代将軍秀忠も二条城で将軍宣下の賀儀を執り行なった。この段階での二条城は現在の二の丸御殿周辺に収まる単郭のものであった。寛永三年（一六二六）には三代将軍家光が後水尾天皇の行幸を迎えるために大々的な改修を行なう。改修は助役として二十一大名が動員された天下普請であり、現在の本丸を二の丸が囲い込む輪郭式の縄張が完成した。二の丸御殿は現存する江戸時代初期の本格的な城郭御殿としては国内唯一のものであり、国宝に指定されている。幕末に慶喜が十五代将軍に就任すると京都が政局に重要な地となったため本丸御殿が再建された。そして慶応三年（一八六七）、慶喜は二の丸御殿大広間で大政奉還を宣言する。このように二条城は江戸幕府の誕生と終焉の城となった。

二の丸御殿（国宝）**と二の丸庭園**（国特別名勝）（元離宮二条城事務所提供）　正面の本瓦葺の大屋根の建物が二の丸御殿大広間、その左は蘇鉄之間、黒書院の建物が連なる。寛永三年（一六二六）の御水尾天皇行幸の際の二の丸御殿の大屋根は柿葺であった。二の丸庭園は家康時代の築城時からの庭園であるが、御水尾天皇行幸の際に一部改修された書院造庭園である。

二の丸御殿遠侍及び車寄（国宝）　正面手前に唐破風を付けた檜皮葺の屋根をもつ車寄（桁行五間、梁間三間）。遠侍の玄関である。その奥に二の丸御殿最大の建物である遠侍（桁行八間、梁間八間）。遠侍の左に式台（屋根がわずかに見える）・大広間と連なる。

二の丸御殿唐門（国重文）（元離宮二条城事務所提供）　前後軒唐破風付、切妻造、檜皮葺の四脚門。二の丸御殿の正門。屋根に付いた唐破風や金箔押しの飾り金具を施した豪華な装飾は桃山文化の美を今に伝える。

●築城年／慶長７年（1602）　●築城主／徳川家康　●所在地／京都府京都市中京区二条城
●交　通／ＪＲ東海道本線・東海道新幹線京都駅下車。バス二条城前下車

二条城空撮（写真／中田眞澄）　東西約500メートル、南北約400メートルの城跡には、現存する建物が多く、その大部分が国宝・国指定重要文化財となっている。平成6年、古都京都の文化財の一つとして世界文化遺産に登録された。

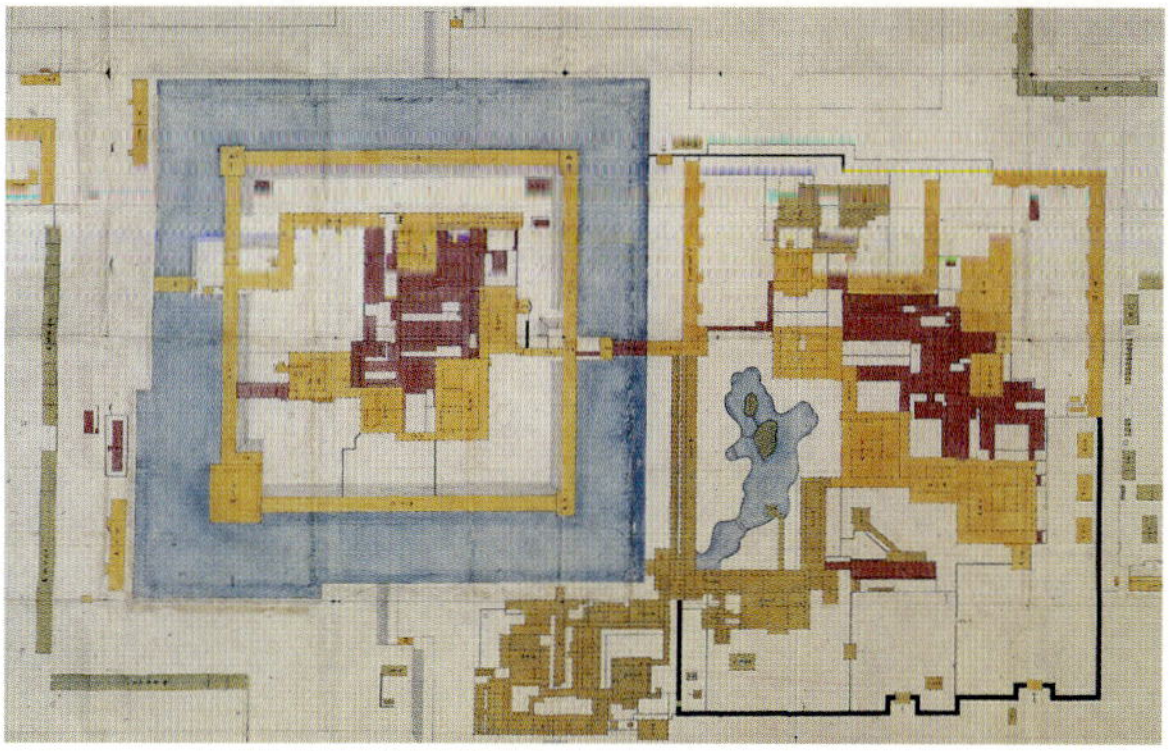

「二條御城中絵図」（京都大学附属図書館蔵）

明治初期に撮影された二条城（小沢健志氏蔵）

◉見どころ

天守は本丸の南西部に張り出して築かれていた。後水尾天皇の行幸に際して行なわれた拡張工事によって伏見城の天守を移築改造したものである。穴蔵をもつ五重の層塔型天守で、歴史上で天皇が行幸した唯一の天守であった。寛延三年（一七五〇）に落雷で焼失し、以後再建されなかった。現在切込接で布積された壮大な天守台が残されている。

本丸天守台（写真／中井　均）

本丸御殿玄関（国重文）　弘化4年（1847）の造営。

本丸御殿（国重文）　桂宮家今出川屋敷の御殿を明治26年から27年に離宮二条城の本丸御殿として移したもので、建物は嘉永2年（1849）に建てられたもの。

東南隅櫓（国重文）**・東南隅櫓北方多聞塀**（国重文）　二重二階櫓。寛永2年から3年（1625～26）頃の造営。本来、城の四隅に隅櫓があったが、天明8年（1788）の大火の際に東北隅・西北隅の両櫓が焼失し、東南隅櫓と西南隅櫓が残っている。

二の丸御殿台所（国重文）**・御清所**（国重文）　遠侍の北に建つ台所（左）・御清所（右）は共に料理のための建物。御清所は公式の儀式の際の料理が賄われた。

西南隅櫓（国重文）（元離宮二条城事務所提供）二重二階櫓。寛永2年から3年（1625～26）頃の造営。

西門（国重文）（元離宮二条城事務所提供）石垣と土塀に挟まれた埋門。寛永2年から3年（1625～26）頃の造営。

東大手門（国重文）　二条城の正門。寛永3年（1626）の御水尾天皇行幸後、単層の門から現在の櫓門形式になった。寛文2年（1662）の再建。

南中仕切門（国重文）　一間門。寛永2年から3年（1625～26）頃の造営。

北大手門（国重文）　入母屋造、本瓦葺の櫓門。寛永2年から3年（1625～26）頃の造営。

北中仕切門（国重文）　一間門。寛永2年から3年（1625～26）頃の造営。

二の丸御殿大広間　一の間　二の間（国宝）（元離宮二条城事務所提供）　二条城内で最も重要な部屋。ここで将軍は諸大名と公式な対面をする。

土蔵（北）（米蔵）（国重文）寛永2年から3年（1625～26）頃の造営。

土蔵（米蔵）（国重文）　土蔵造、門番所付。寛永2年から3年（1625～26）頃の造営。

鳴子門（国重文）（元離宮二条城事務所提供）脇戸付一間門。寛永2年から3年（1625～26）頃の造営。

本丸御門（国重文）　かつては橋廊下と二階廊下があったが、橋廊下は貞享4年（1687）に撤去され、二階廊下は昭和5年に解体された。寛永2年から3年（1625～26）頃の造営。

（写真／中井 均）

土蔵（南）（米蔵）（国重文）寛永2年から3年（1625～26）頃の造営。

桃山門（国重文）　五間一戸、側面三間の門。寛永2年から3年（1625～26）頃の造営。

淀城本丸石垣と内堀（淀観光協会提供）　写真右に見えるのは天守台。淀城の天守台は当初、廃城となった伏見城の天守を移築する計画で築かれた。そのため、天守台はそれに合わせ築かれたが、実際には二条城の天守が移築された。しかし、二条城の天守は伏見城の天守に比べると小規模であり、すでに築かれた天守台では廻りに空白地が生ずるため、天守台の四隅に隅櫓と多聞櫓を廻す特異な形態となった。

淀城

豊臣秀吉が淀君のために建てた淀城は現在の城跡とはまったく別の場所に築かれていた。現在の地に築城されたのは元和九年（一六二三）、松平定綱によるものである。築城に際しては伏見城の石材などが使われた。享保八年（一七二三）に稲葉正邦が入部し、以後稲葉氏十万二〇〇〇石の居城となる。桂川と宇治川に挟まれた要衝に本丸と二の丸を中心に回字形に三の丸、西の丸が取り巻き、三の丸東外方には東曲輪が巨大な馬出曲輪として配されていた。

淀城空撮（写真／中田眞澄）
本丸と本丸の南・西側の内堀が残り、淀城跡公園として整備されている。

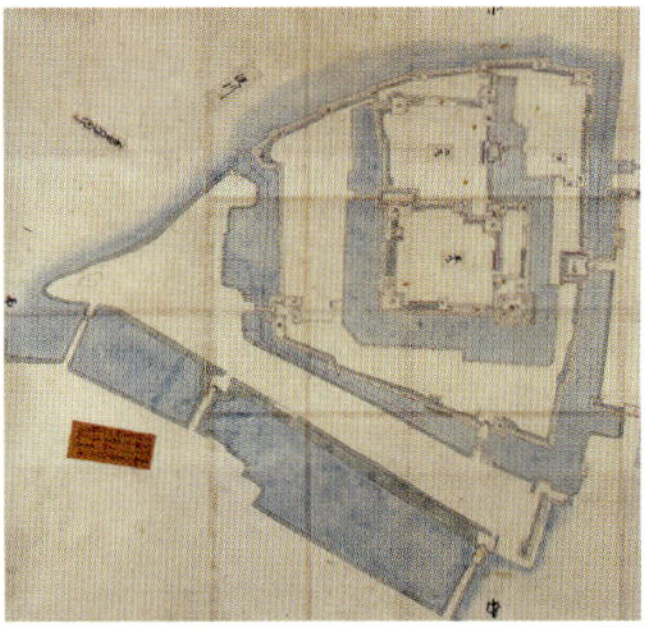

「山城国淀城図」（西尾市教育委員会蔵）

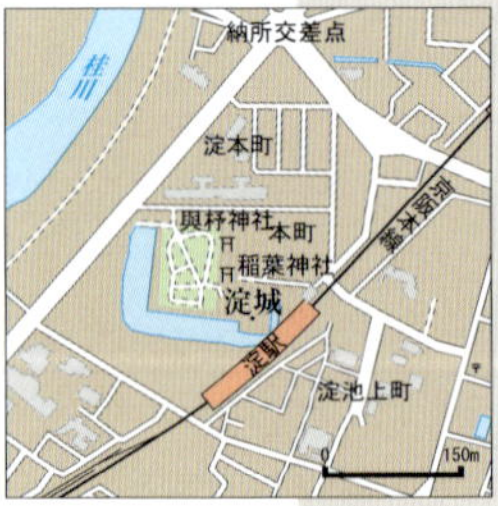

◉見どころ

天守台は本丸南東隅に突出して築かれていた。この天守台には一段低く腰曲輪が付属し数基の櫓が築かれ、天守曲輪を形成していた。五重天守は二条城の旧天守を移築したもの。

淀城天守台（写真／中井　均）

●築城年／元和9年（1623）　●築城主／松平定綱　●所在地／京都府京都市伏見区淀本町
●交　通／京阪電車京阪本線淀駅下車

園部城古写真（南丹市立文化博物館提供）
明治後期に撮影された。

園部城本丸櫓門と巽櫓（南丹市立文化博物館提供）　明治5年、城のほとんどが取り壊され、現存する巽櫓や櫓門、番所の遺構が往時を偲ばせる。巽櫓と櫓門は府重文。

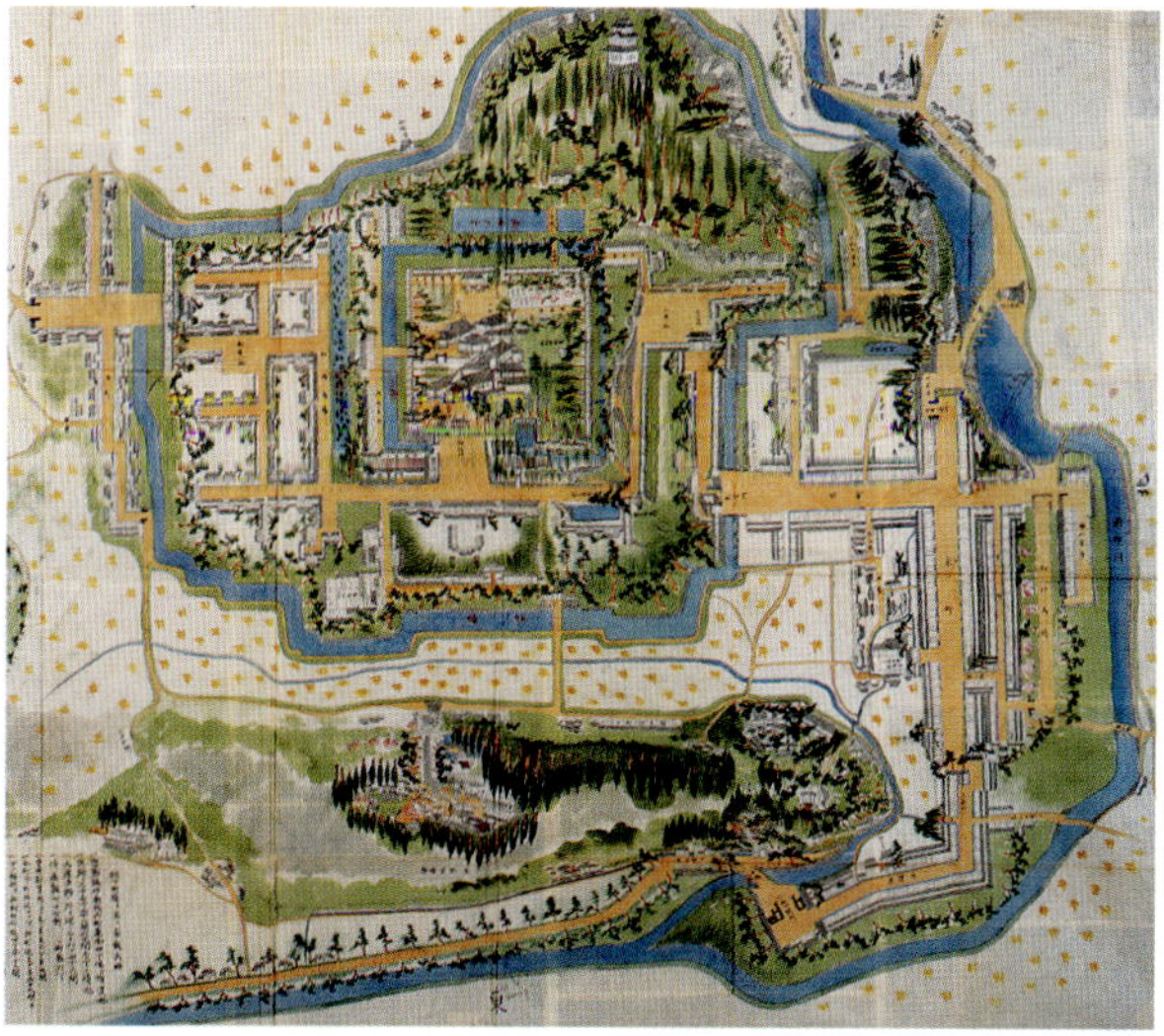

「園部城内明細図」（京都府総合資料館蔵）

府重文・市史跡

園部城

園部城は元来城ではなく陣屋である。元和五年（一六一九）に二万九七〇〇石で入封した小出吉親は無城主大名格であり、城を構えることはできなかった。こうした大名の居所を陣屋と呼んでいる。しかし園部陣屋では背後の小麦山には天守代用の御三階櫓が築かれ、方形の本丸には四基の櫓が構えられるなど城郭の構えであった。慶応四年（一八六八）、薩長軍は万が一の事態に備えて園部を天皇の避難場所と定めて陣屋は大改修が施された。

◎見どころ

現在、園部陣屋には櫓門、巽櫓、塀の一部、番所、石垣、土塁、堀の一部が残る。櫓門と巽櫓は幕末に造営されたもので、狭間は巨大で大砲用に構えられたものである。

巽櫓（写真／中井 均）

●築城年／元和5年（1619）　●築城主／小出吉親　●所在地／京都府南丹市園部町小桜町
●交　通／ＪＲ山陰本線園部駅下車。バス

二の丸六番櫓（国重文）（写真／石田多加幸）　二の丸の南にある櫓。寛永5年（1628）の造営。東側玉造口桝形から西側大手口まで７棟の櫓が建ち並んでいたが、そのうち現存するのは六番櫓と一番櫓の２棟のみである。

国特別史跡・国重文

大坂城

豊臣秀吉が天下人の居城として築城したのが大坂城である。しかし現在の大坂城には秀吉による築城の痕跡は一切認められない。大坂夏の陣で灰燼に帰した大坂城は徳川幕府によって再建されるが、それは秀吉時代の城をすべて埋めてしまい、その上にまったく別の城を築くというものであった。第Ⅰ期工事は元和六年（一六二〇）より開始され、北国、西国三十一か国の大名四十七家に動員がかけられた天下普請による築城であった。この再建工事はⅢ期にわたって実施され、寛永六年（一六二九）に完成した。こうして再建された大坂城は幕府の西国監視の要として譜代大名が大坂城代に任じられた。徳川大坂城の構造は、絵図に伝わる秀吉大坂城の本丸のほぼ直上に長方形の本丸が構えられ、その外周に二の丸と西の丸が構えられる輪郭式の縄張で、二の丸の外郭として寝屋川との間には北の丸が構えられていた。

「大坂御城図」（国立国会図書館蔵）

●築城年／天正11年（1583）、元和6年（1620）　●築城主／豊臣秀吉、徳川幕府　●所在地／大阪府大阪市中央区大阪城
●交　通／ＪＲ大阪環状線大阪城公園駅下車。徒歩10分

大坂城復興天守南面（写真／松井　久）　昭和6年に復興した天守。復興にあたって、徳川幕府が築造した天守台の上に豊臣秀吉築造の天守を模した鉄筋コンクリート製で造られた。

西方より大坂城遠望（写真／松井　久）　西の丸の高石垣上に乾櫓、その奥に天守が見える。

◎見どころ

徳川幕府が威信をかけて秀吉大坂城を凌ぐ築城を行なっただけに、徳川大坂城は超弩級の城郭で、その石垣は壮大である。特に大手、京橋、本丸桜門には三十畳敷となる巨石が用いられている。また二の丸の石垣は高さ三〇メートルを超える日本最大の規模となる。さらに外堀の幅は実に七二メートルを測り、まず敵の攻撃は不可能である。しかしこれは逆に城内からの迎撃もできなくなってしまっている。

桜門桝形の蛸石（写真／中井　均）

本丸東面の櫓群（宮内庁蔵）　本丸高石垣上に手前から馬印櫓、月見櫓、糒櫓。慶応元年（1865）の撮影。

大坂城空撮（写真／中田眞澄）　本丸・二の丸・西の丸は大阪城公園となっている

大手門(国重文)(写真／中田眞澄)　寛永5年(1628)の創建。天明3年(1783)、雷火に遭ったが焼け残り、屋根のみ幕末に改修されている。

金明水井戸屋形(国重文)(写真／松井　久)
寛永3年(1626)造営。

本丸桜門(国重文)(写真／石田多加幸)　慶応4年(1868)1月、桜門は鳥羽・伏見の戦い後の戦火で桝形の多聞櫓もろとも焼失した。その後の明治20年、陸軍大阪鎮台の手で再建された。

二の丸一番櫓（国重文）（写真／石田多加幸）　寛永５年（1628）に造営されたが、寛文８年（1668）に大改造され現在の姿になったもので現存の六番櫓と共通した形式の二重櫓。

焰硝蔵（国重文）（写真／石田多加幸）　花崗岩の切り石造りの建物。現存唯一の石造火薬庫である。貞享２年（1685）の造営。

西の丸乾櫓（国重文）（写真／石田多加幸）　元和６年（1620）の造営。千貫櫓とともに城内で最古の現存建物。

二の丸千貫櫓（国重文）（写真／石田多加幸）　二の丸大手口の脇にある櫓。元和６年（1620）の造営。

本丸にある金蔵（国重文）（写真／石田多加幸）　天保８年（1837）に平屋建てに改築された。「きんぞう」とも「かなぐら」とも呼ばれる。

明石城

国史跡・国重文

明治初期撮影の三の丸太鼓門付近（明石市教育委員会提供）

本丸坤櫓（左・国重文）**と巽櫓**（右・国重文）　本丸の四隅にあった三重櫓のうち、坤櫓と巽櫓が現存する。本丸には天守台が築かれているが、天守は建てられなかった。

坤櫓（国重文）　江戸前期に造営された三重三階の櫓。

明石城空撮　坤櫓と巽櫓の建造物をはじめ本丸・二の丸・東丸の石垣などが現存する。城跡は兵庫県立明石公園となっている。

巽櫓（国重文）　江戸前期に造営された三重三階の櫓。

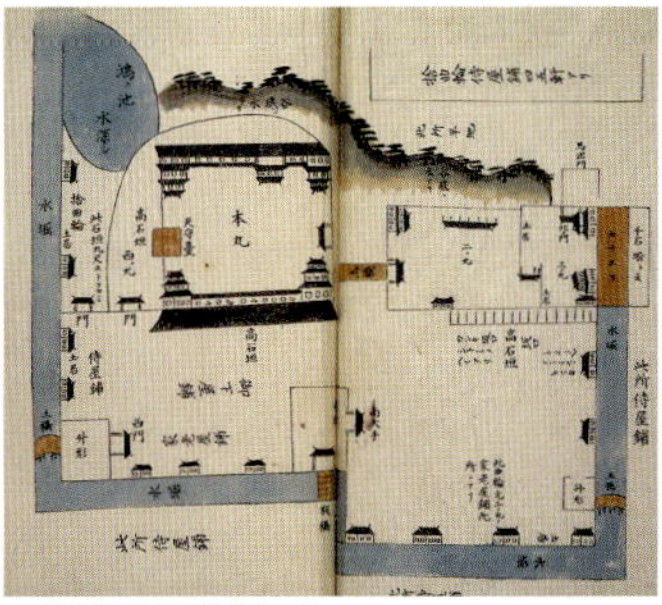

「播磨国明石新城図」（東京大学史料編纂所蔵）

大坂の陣の戦功により小笠原忠真は高山右近の築いた船上城に入城する。しかしその直後に徳川秀忠の命により西国への押さえとして明石築城の命が下る。城主は激しく替わるが常に譜代大名が配された。城は瀬戸内海を見下ろす丘陵に稲荷郭、本丸、二の丸、東の丸が一直線に配置された連郭式の縄張で、南山麓には堀で囲まれた三の丸が配置されていた。城の背面には巨大な剛ノ池があり、ここから水が引かれ桜堀が設けられ城の背面を防御していた。

◉見どころ

本丸の西辺の中央に突出して天守台が構えられている。二〇×二四メートルという巨大なもので五重天守の載る規模である。しかしこの上に天守が築かれることはなかった。

天守台の石垣（写真／中井　均）

（写真／明石市役所・兵庫県園芸・公園協会提供）

●築城年／元和４年（1618）　●築城主／小笠原忠真　●所在地／兵庫県明石市明石公園
●交　通／ＪＲ山陽本線明石駅下車。徒歩５分

姫路城天守群（国宝）　慶長13年（1608）の創建。右の大天守は五重六階・地下一階の望楼型天守。左端の乾小天守は三重四階・地下一階。乾小天守の右に繋がるのはハの渡櫓。外観は二重で内部二階・地下一階からなる。ハの渡櫓の右に繋がるのは西小天守。外観は三重で内部三階・地下二階からなる。西小天守と大天守はニの渡櫓（写真ではわずかに見える）で繋がれ、渡櫓下は天守曲輪への入り口である水の五門がある。

姫路城

世界遺産・国宝・国特別史跡・国重文

播磨国府が置かれた姫路は中世においても府中として播磨の中心的都市であった。天正八年（一五八〇）に中国攻略の拠点として羽柴秀吉が姫路に築城を行なったのは府中を支配下に置くためだったのであろう。現大天守の地下からは秀吉時代の天守台石垣が検出されている。この天守は三重四階の望楼型天守であった。慶長五年（一六〇〇）の関ヶ原合戦の戦功により池田輝政が播磨五十二万石を賜り姫路城に入城し、秀吉の天守を解体して新たな天守を造営した。城下を取り囲む惣構の堀もこの段階に築かれたものである。さらに大坂夏の陣後に入城した本多忠政によって西の丸が造営された。姫路城の縄張は姫山と鷺山という並立する小丘陵を利用した平山城である。姫山には天守を構え、曲輪は複雑に配置されている。一方、鷺山に構えられた西の丸はいたってシンプルな構造を示している。

「姫路侍屋敷図」（姫路市立城郭研究室蔵）

●築城年／天正８年（1580）、慶長６年（1601）　●築城主／羽柴秀吉、池田輝政　●所在地／兵庫県姫路市本町
●交　通／ＪＲ山陽本線姫路駅下車。徒歩15分

姫路城空撮　城跡の主要部は姫路城公園となり、石垣・堀はもちろん建造物も多数現存する。大天守・乾小天守・東小天守・西小天守やイ・ロ・ハ・ニの各渡櫓は国宝に指定され、国の重要文化財は74件におよぶ。平成5年に世界遺産に登録された。

菱の門（国重文）　二の丸の正門で、城内で最も大きい脇戸付櫓門。門の周囲の土塀の菱の門西方土塀・菱の門東方土塀・菱の門南方土塀はいずれも国重文。

◉見どころ

姫路城の天守群は五重六階地下一階の大天守と三重四階の東・乾・西小天守とそれらを繋ぐ二重の渡櫓から構成される連立式天守である。交互に入り交じる屋根の唐破風と千鳥破風、巨大な出格子窓や竪格子窓は美しいだけでなく、集中砲火を浴びせかけることを想定している。さらに籠城戦を想定して大天守の地階には流し台や厠が設けられており、天守が最後の防御施設として築かれたことを物語っている。

イの渡櫓から見た台所（写真／中井　均）

1. 菱の門
2. カの櫓
3. ワの櫓
4. レの渡櫓
5. ヲの櫓
6. タの渡櫓
7. ルの櫓
8. ヨの渡櫓
9. ヌの櫓
10. カの渡櫓
11. 化粧櫓
12. ろの門西南方土塀
13. カの櫓北方土塀
14. 菱の門南方土塀

西の丸遠望　大天守最上階から見た景観。城内の生活空間であった渡櫓が連結した西の丸長局（百間廊下）は侍女たちが住んだと思われる居室が並び、城郭建築に例のない住居的色彩が色濃くでている（写真／松井　久）。

カの櫓（国重文）　西の丸南東端に位置する二重二階の櫓。

菱の門南方土塀（国重文）・**菱の門西方土塀**（国重文）

いの門（国重文）　菱の門をくぐってまっすぐ前にある脇戸付高麗門。菱の門から続く、い・ろ・は・に・ほの門は大手筋上道の門。

カの渡櫓・ヌの櫓・ヨの渡櫓・ルの櫓（いずれも国重文）　居住空間と防備を兼ね備えた工夫が施されている（写真／松井　久）。

ワの櫓（国重文）　西の丸南端に位置する二重二階の櫓。唐破風を設けている。

1. はの門
2. にの門
3. にの門東方上土塀・にの門東方下土塀
4. 水の一門
5. イの渡櫓
6. ロの渡櫓
7. ハの渡櫓
8. ニの渡櫓
9. ホの櫓
10. への渡櫓
11. への門
12. との一門
13. トの櫓
14. との二門
15. 折廻り櫓
16. 備前門
17. 井郭櫓
18. 帯の櫓
19. 帯郭櫓
20. 太鼓櫓
21. りの門
22. 太鼓櫓南方土塀
23. 帯郭櫓北方土塀
24. ぬの門
25. リの二渡櫓
26. リの一渡櫓
27. チの櫓
28. ロの櫓

天守群周辺（写真／中田眞澄）

A. 大天守　B. 西小天守　C. ハの渡櫓　D. 乾小天守
E. ロの渡櫓　F. 東小天守　G. イの渡櫓

との一門（国重文）　搦手口の最後の関門として構えられた櫓門。

にの門（国重文）　にの門の中は薄暗い空間で、敵兵が入ってくると二階から槍や鉄砲で攻撃できる仕組みになっている。

ろの門（国重文）　いの門のさらに奥、二の丸にある脇戸付高麗門。

への門（国重文）　東小天守の下に位置する門で土塀には鉄砲狭間がある。門の左右にある土塀、への門東方土塀・への門西方土塀のいずれも国重文である。

との四門（国重文）　脇戸付高麗門。搦手口の第一関門（写真／松井　久）。

との二門（国重文）　裏口を固める七曲がり石段を上った位置にある脇戸付高麗門。左上にとの一門（櫓門）がある。

備前丸から見た天守群（国宝）　大天守の高さは天守台から15.18メートル、天守台と併せて46.36メートル（いずれも備前丸からの値）である。大天守の左に二の渡櫓と西小天守。二の渡櫓下は天守曲輪への入り口である水の五門がある。大天守へは水の五門から西小天守の地階の水の六門を通って、中庭へ出て大天守地階の入り口に通じる（写真／松井　久）。

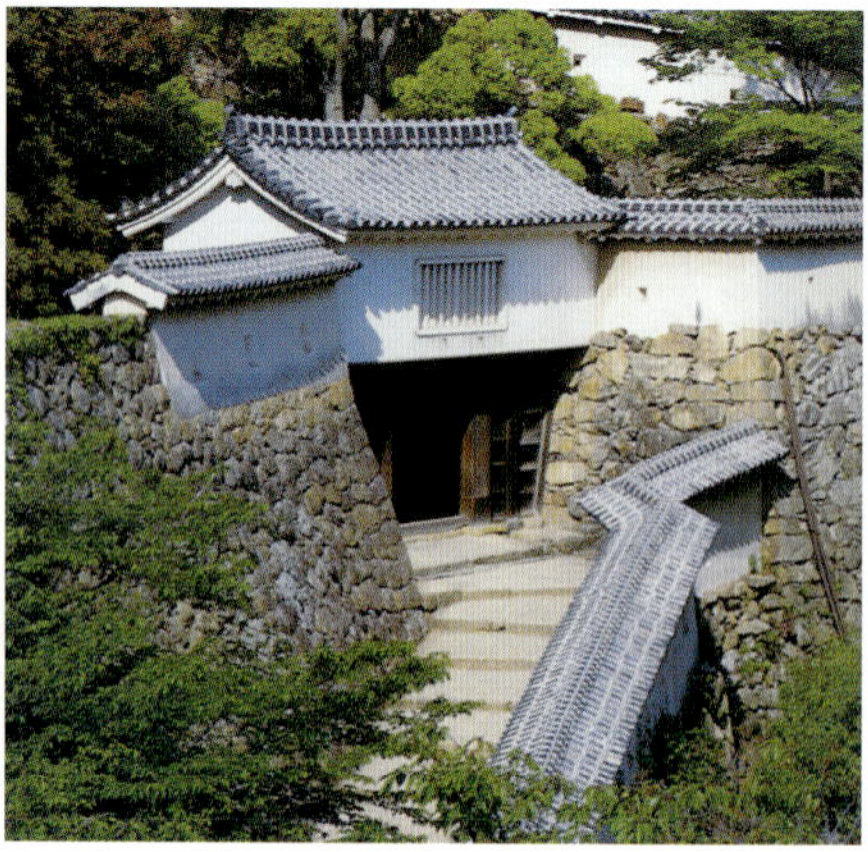

はの門（国重文）　はの門へは坂を上らせ、門をくぐり進むと、すぐ前の下り石段の角を丸くして、足を滑りやすくする工夫がなされている。はの門を挟んだ東土塀・西土塀はいずれも国重文（写真／松井　久）。

ちの門（国重文）・**折廻り櫓**（国重文）　ちの門は本丸東曲輪から備前丸東腰曲輪に通じる関門。二間棟門。折廻櫓は本丸（備前丸）入り口を守る二重二階櫓。

りの門（国重文）・**太鼓櫓**（国重文）　りの門は二の丸腰曲輪（上山里）の北東出入り口となる脇戸付高麗門。りの門の東石垣上に二の丸を守る太鼓櫓がある。

天守群周辺　天守群の手前が備前丸、その手前が二の丸。二の丸の左にぬの門（国重文）。備前丸右下に帯の櫓（国重文）、帯郭櫓（国重文）。備前丸は築城主・池田輝政が住んでいた曲輪で、客と会見する対面所などがあったが、明治15年の火災で焼失した（写真／中田眞澄）。

水の一の門（国重文）**と油塀**（国重文）　天守曲輪に通じる水曲輪の第一関門。乾小天守下の石垣と築地塀に挟まれた潜り戸付の一間棟門。

ぬの門（国重文）**・リの二渡櫓**（国重文）　ぬの門は黒鉄板張の門の上に二階建て櫓を載せた城内最大の門。

折廻り櫓（国重文）　備前門の北側にある二重二階の櫓。本丸（備前丸）入り口を守る。

備前門（国重文）　門の右に大石が埋め込まれている。 築城の際に石不足のために古墳の石棺を転用している。

水の二の門・ニの櫓（国重文）　乾小天守下の石垣とニの櫓石垣とに挟まれた潜り戸付の一間棟門。水の二の門脇の折廻一重櫓がニの櫓。

帯郭櫓（国重文）　本丸東部を防御する井戸曲輪の二重三階の櫓。内部には武者台が設けられている。

帯の櫓（国重文）　帯の櫓の建つ石垣は城内で一番高く、その高さは垂直方向で約23メートルある。物見櫓と数寄屋風建物からなる一重櫓。

井郭櫓（国重文）　搦手口を防備する櫓。井戸の間が設けられ、井筒の周囲には流し、箱樋を設けている。

化粧櫓（国重文）　西の丸長局より天満宮のある男山を遥拝した千姫が、この櫓を休息所としたことから、この櫓を化粧の間または化粧櫓と呼んだ。

北腰曲輪ハ・ニ・への渡櫓とホの櫓（いずれも国重文）　姫路城でも屈指の変形した渡櫓が続く。左からハの櫓は湾曲形平面、ニの櫓は変形平面、ホの櫓は二重の隅櫓で長方形の平面、への渡櫓は変形四辺形の平面をしている。

帯郭櫓北方土塀（国重文）

天守群西面　右の西小天守は三重三階・地下二階からなる。西小天守から左にはしるのはハの渡櫓。左端の乾小天守（三重四階・地下一階）に繋がる。ハの渡櫓屋根上に大天守がのぞく。いずれも国宝（写真／松井　久）。

帯の櫓の埋門（国重文）　井戸曲輪より見た帯の櫓。石垣には井戸曲輪への唯一の出入り口となる穴門（埋門）が設けられている。

ロの渡櫓（国重文）**内部の井戸**　一連の渡櫓は塩櫓とも呼ばれる倉庫。室内は土間で井戸がある。

（写真／姫路市立城郭研究室提供）

篠山城空撮（写真／中田眞澄）　本丸・二の丸は史跡公園となっている。本丸・二の丸の石垣や東馬出や南馬出などが現存する。

国史跡

篠山城

関ヶ原合戦直後、徳川家康は大坂城を牽制する目的で山陰道の要衝篠山の地に築城を命じた。総奉行には池田輝政が命じられ、加藤清正、浅野幸長らが助役として動員された天下普請であった。その縄張は藤堂高虎によるものと伝えられ、本丸の周囲に二の丸が巡らされる極めてシンプルな輪郭式の構造で、二の丸に設けられた三か所の虎口の前面には角馬出が構えられていた。西国の近世城郭に馬出が設けられるのは極めて珍しい。本丸の東端には天守丸が一段高く配され、その南東隅に天守台が置かれたが天守は築かれなかった。

大正10年頃撮影された本丸（篠山市教育委員会蔵）

●築城年／慶長14年（1609）　●築城主／徳川家康　●所在地／兵庫県篠山市北新町
●交　通／ＪＲ福知山線篠山口駅下車。篠山営業所行きバス二階町下車。徒歩３分

「丹波篠山城絵図」（池田家文庫　岡山大学附属図書館蔵）

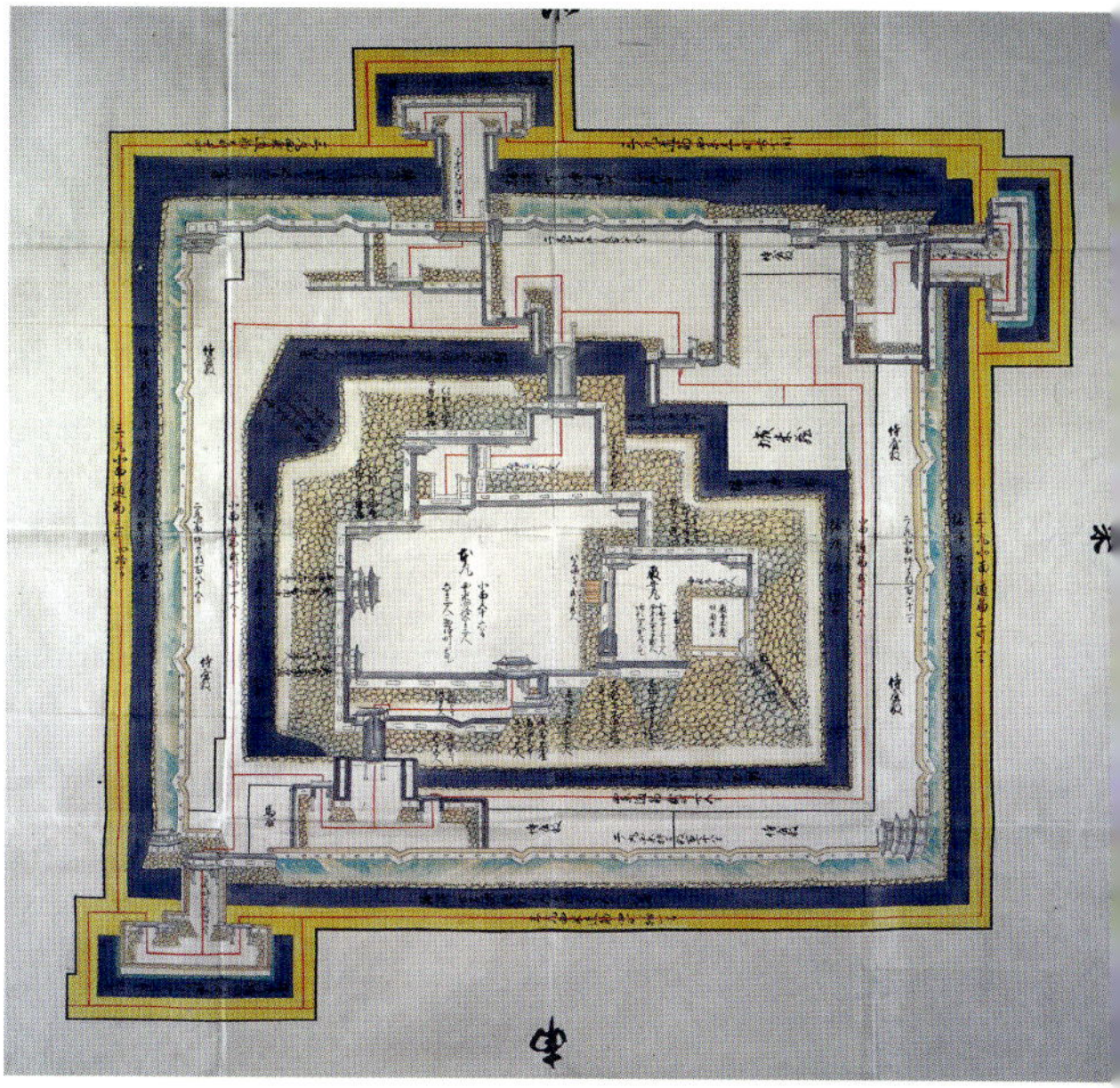

天守台と本丸石垣　本丸の南東隅にある天守台には天守は一度も築かれなかった。

二の丸高石垣　石垣上に見える屋根は大書院。

大書院　大書院は慶長14年（1609）　篠山城築城と同時に創建された。昭和19年に惜しくも焼失したが、平成12年に復元された。また大書院は、現存する同様の建物の中では、京都二条城の二の丸御殿に匹敵する規模の建物である。

◉見どころ

二の丸は後に三の丸となるが、その東と北と南に虎口が設けられ、前面には角馬出が構えられていた。北側の大手馬出と東馬出は石垣によって築かれていた。また南馬出は土塁によって築かれていた。虎口内部は桝形や仕切りによって複雑で堅固な構造となっていた。大手馬出は消滅したが、現在東馬出と南馬出はほぼ完全な形で残されている。

東馬出（写真／中井　均）

（写真／篠山城大書院提供）

明治初期撮影の本丸門（花岳寺蔵）
昭和２年、校舎建設のため本丸門の桝形が撤去された。

赤穂城空撮（写真／中田眞澄）　本丸・二の丸は史跡公園となっている。

三の丸隅櫓（赤穂市役所提供）
昭和30年に外観復元された。

国史跡・国名勝
赤穂城

正保二年（一六四五）、常陸笠間より浅野長直が赤穂へ入封する。その三年後より新城の築城が開始される。縄張は甲州流軍学者近藤正純が行ない、本丸を二の丸が囲い込み、二の丸の北面に三の丸を構えた輪郭式に梯郭式を合体させた構造で、いずれの曲輪も塁線をいたるところで屈曲させて横矢をきかせている。特に本丸は多角形を呈し、まるで稜堡のようである。このように赤穂城は江戸時代の軍学によって築かれた代表的城郭である。

本丸門（赤穂市役所提供）
平成４年から７年にかけて復元された本丸の正門の桝形を構成した高麗門と櫓門。

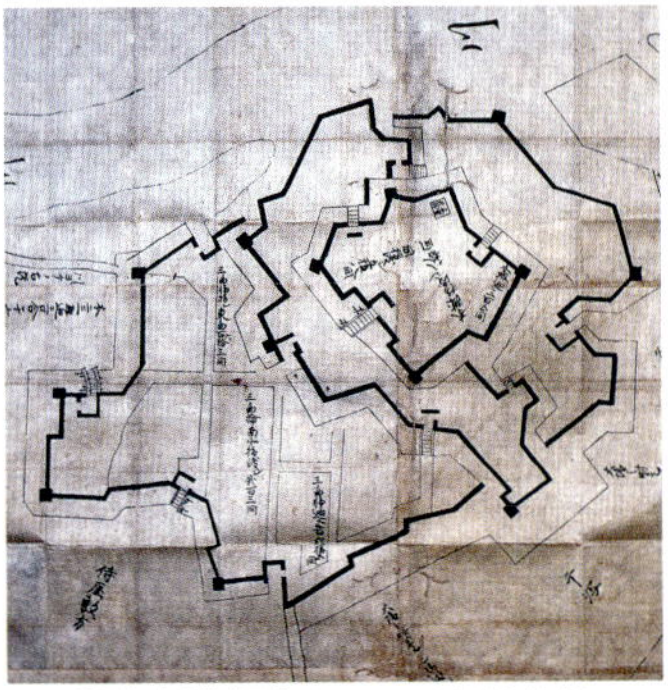

「播磨赤穂城図」（赤穂市立歴史博物館蔵）

◉見どころ

本丸の内部には本丸御殿と天守台が造営された。付櫓を伴う複合式の天守台で、高さ九メートルにおよぶ大規模なものである。しかし天守は建てられなかった。

天守台（写真／中井　均）

●築城年／慶安元年（1648）　●築城主／浅野長直　●所在地／兵庫県赤穂市上仮屋
●交　通／ＪＲ赤穂線播州赤穂駅下車。徒歩15分

虎臥山山頂の本丸跡

竹田城遠望　標高約353メートルの虎臥山の山頂に天守台・本丸・二の丸・三の丸はじめ北千畳・南千畳などの現存する壮大な石垣群は全国でも名高い。

上・「但馬國朝来郡竹田城墟圖」（三康文化研究所附属三康図書館蔵）
下・竹田城空撮　竹田城跡は、天守台を中央に曲輪が放射線状に配されている。関ヶ原合戦の後廃城となるが、現存する石垣は、山城として日本屈指の規模となっている。

国史跡

竹田城

但馬竹田城の築城に関しては山名宗全の家臣太田垣氏によって嘉吉三年（一四四三）に築かれたといわれている。しかし現在残されている石垣遺構は明らかに織豊期に築かれたものであり、文禄・慶長年間に城主となった赤松広秀によるものと考えられる。本丸を中心に南北両翼に広がる尾根上に階段状に曲輪を配置し、それらをすべて石垣によって築き上げた縄張は織豊系城郭の到達点を示している。本丸に構えられた天守台は山麓城下から見上げると正面にあたり、まさに見せるためのシンボルであった。

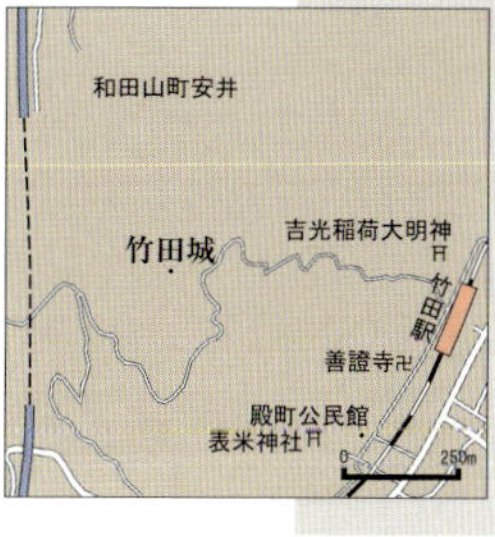

◉見どころ

北千畳より北西部に張り出した尾根上には階段状に築かれた登り石垣が構えられている。登り石垣は文禄・慶長の役の影響を受けた防御施設であり、竹田城の築城年代を知るうえで重要な遺構である。

登り石垣（写真／中井　均）

（写真／朝来市役所提供）

●築城年／文禄・慶長年間（1592～1615）　●築城主／赤松広秀　●所在地／兵庫県朝来市和田山町竹田
●交　通／ＪＲ播但線竹田駅下車。徒歩１時間30分

二の郭虎口の登城橋と登城門　平成６年に復興した。

登城門から本丸西隅櫓を見る

本丸西隅櫓　昭和43年に復興された。明治の廃城令で城の建物は取り壊されたが、堀・石垣などが現存。また城跡の主要部は出石城公園として整備されている。

市史跡

出石城

出石には但馬守護所として此隅山城が築かれていたが、羽柴秀吉の但馬攻めで落城する。その後築かれたのが有子山城である。関ヶ原合戦後に入封した小出吉英は有子山城を廃し、その北山麓に居城を移した。これが出石城である。

その構造は山麓に稲荷曲輪、本丸、二の丸、下の曲輪を階段状に四段に造成し、これらを囲い込むように山下に内堀が巡らされて三の丸を形成していた。辰鼓楼は三の丸北辺中央に構えられた大手門跡の櫓台上に明治四年に建てられたもの。

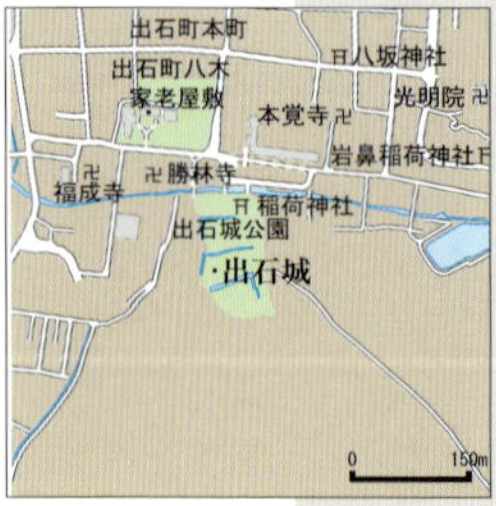

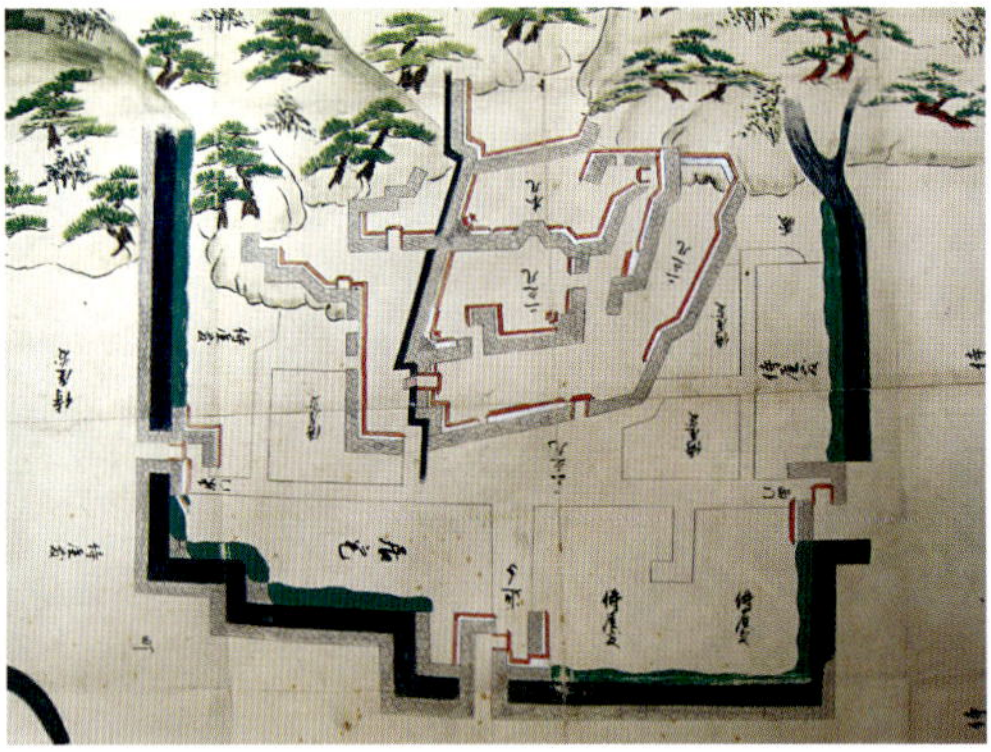

「出石城絵図」（豊岡市教育委員会提供）

●見どころ

出石城の背後に築かれた有子山城には天正八年（一五八〇）に羽柴秀長によって築かれた石垣がほぼ残されている。粗割りの小石材を積み上げており、高さは四メートルを測る。

有子山城の石垣（写真／中井　均）

（写真／豊岡市役所提供）

●築城年／慶長９年（1604）　●築城主／小出吉英　●所在地／兵庫県豊岡市出石町内町
●交　通／ＪＲ山陰本線豊田駅下車。全但バス出石行き終点下車

天守台と模擬天守　天守は昭和3年に建てられた模擬天守。天守台に続く櫓台上からは大阪湾を一望できる。

本丸大石段　南の丸から本丸に登る石段。洲本城の石垣の中でも、本丸を形成する高石垣は見事である。

本丸西側の高石垣

国史跡

洲本城

洲本城は長宗我部氏に備えて淡路に派遣された仙石秀久によって築かれた。さらに天正十三年(一五八五)に淡路を賜った脇坂安治によって山上部の城郭はほぼ完成された。江戸時代に淡路は阿波蜂須賀氏の所領となり、筆頭家老稲田氏が城代に任じられ、山麓部分に居館が築かれた。山上の城郭は総石垣で固められ、その構造は複雑にして壮大である。さらに山城と山麓居館を一体化して防御するため東西に二条の登り石垣が築かれている。

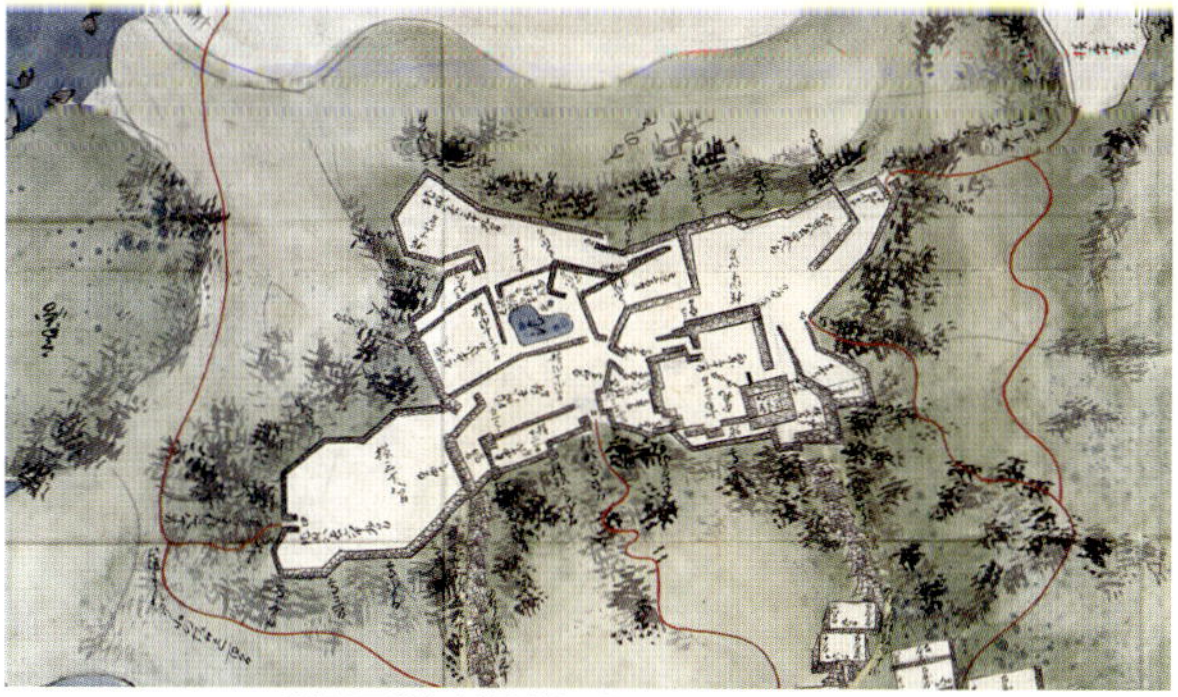

「淡路国洲本之御城絵図」(国文学研究資料館蔵)

◎見どころ

洲本城の天守は本丸北西隅に大天守台と北東隅に小天守台を設け、渡り櫓によって接続する連結式天守である。小天守台の北東隅は大きく隅を欠いているが、これは鬼門除けである。

大きく隅を欠く小天守台の石垣(写真／中井　均)

(写真／洲本市役所提供)

●築城年／天正10年(1582)　●築城主／仙石秀久　●所在地／兵庫県洲本市小路谷
●交　通／大阪・神戸三宮駅下車。淡路交通高速バス洲本バスセンター行き終点下車。徒歩20分

追手門
昭和58年に復元された。

追手向櫓
昭和62年に復元された。

本丸空撮

大和郡山城空撮
天守台、本丸・毘沙門郭・法印郭など城郭中心部の石垣・土塁が現存する。

県史跡

大和郡山城

織田信長の大和一国破城により、郡山城以外の城郭はすべて破却され、大和守護筒井順慶も郡山城に移った。筒井氏が伊賀に移封されると豊臣秀長が大和、和泉、紀伊一〇〇万石の太守として郡山城を居城としたため、大改修が行なわれた。さらに増田長盛が城主となると外堀の普請が行なわれ、ほぼ現在の姿に整備された。城は西京丘陵の南端に築かれ、その構造は本丸の周囲に毘沙門郭、法印郭、二の丸、麒麟郭などを配した輪郭式の縄張となっている。

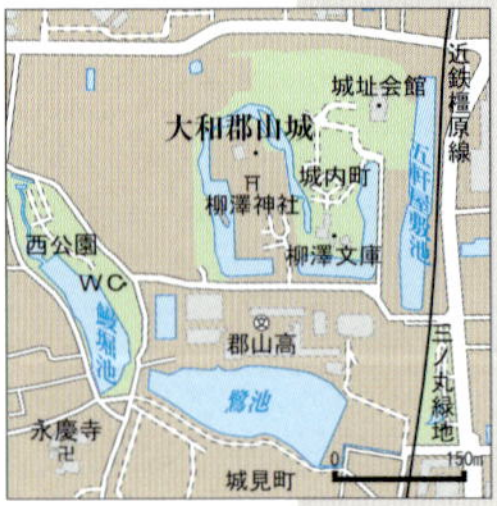

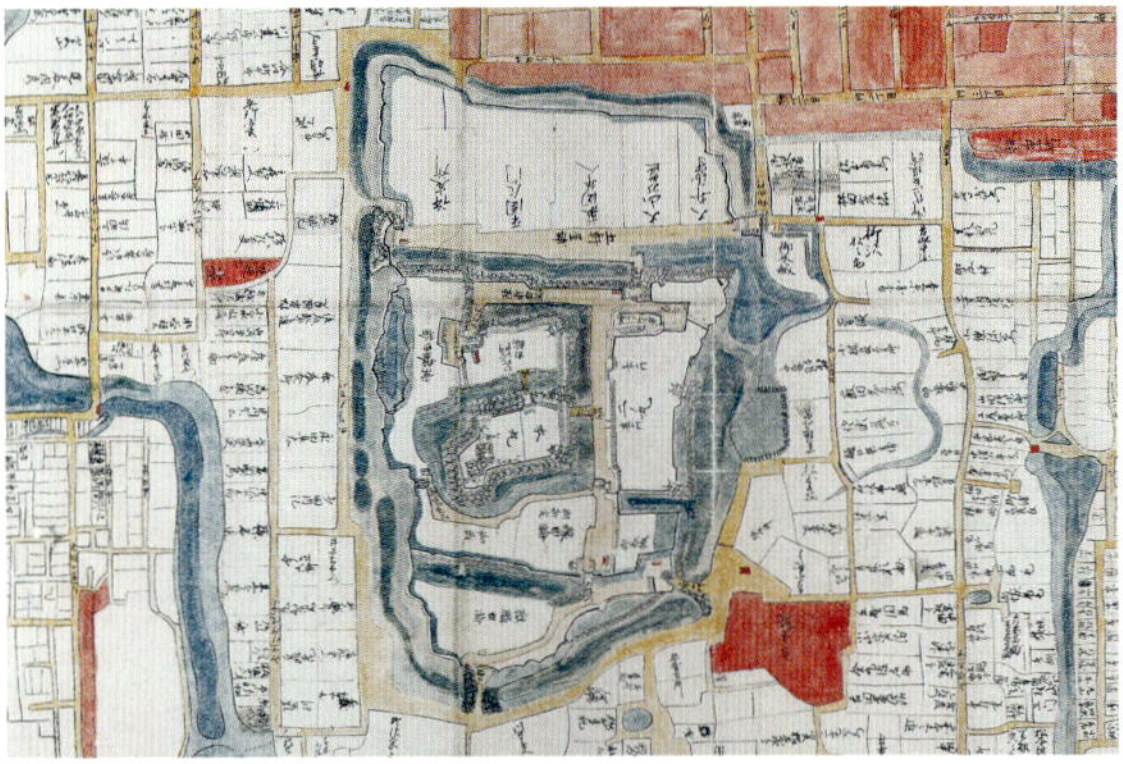

「安政年間和州郡山藩家中図」（柳沢文庫保存会蔵）

天守台の石垣にされた石仏

◎見どころ

大和郡山城の石垣には多くの石仏、五輪塔、宝篋印塔などが転用されている。特に天守台の石垣には集中して用いられており、なかには平城京羅城門の礎石と伝えられる巨大な礎石まで用いられている。

（写真提供／大和郡山市役所・大和郡山市教育委員会提供）

●築城年／天正8年（1580）　●築城主／筒井順慶　●所在地／奈良県大和郡山市城内町
●交　通／近鉄橿原線大和郡山駅下車。徒歩3分

国史跡

高取城

日本三大山城に数えられる高取城の創建は南北朝時代といわれている。しかしその実態が明らかとなるのは永正八年（一五一一）頃に越智氏の拠点となってからである。豊臣秀長の大和支配では重要な支城となり、近世城郭へと整備された。城内は十一区画に分けられ、二の門、吉野口門、壺阪口門より内側を城内と称し、それより外側の山城部分を郭内と称した。

本丸虎口石垣（写真／石田多加幸）

明治初年頃に撮影された二の丸
竹櫓と十五間多聞櫓、太鼓櫓、新櫓を見上げたところ（高取町教育委員会蔵）

二の丸太鼓櫓石垣

移築されて現存する高取城二の門（写真／中井 均） 明治6年、城の建物は民間に払い下げられたが、このとき小嶋寺に二の門が移築された。

「和州高取城図」
（正保城絵図／国立公文書館内閣文庫蔵）

◉見どころ

高取城は中世の山城と同じように城郭の外周部の尾根を切断する堀切が設けられている。特に本丸南東尾根に位置する赤土郭の先端にはみろく堀切と呼ばれる巨大な堀切が設けられていた。

みろく堀切（写真／中井 均）

●築城年／天正13年（1585） ●築城主／豊臣秀長 ●所在地／奈良県高市郡高取町
●交　通／近鉄吉野線壺阪山駅下車。壺阪寺行きバス壺阪寺前下車。徒歩40分

和歌山城

国史跡・国名勝・国重文・市重文

二の丸古写真（個人蔵）

岡口門（国重文）
（和歌山城管理事務所提供）

天守遠望（写真／松井 久） 和歌山城天守は昭和10年に国宝に指定されていたが、惜しくも昭和20年に戦災で焼失。昭和33年、三重三階の大天守をはじめ小天守・隅櫓などの天守曲輪の建物が外観復元された。

和歌山城空撮（和歌山市役所提供） 天守曲輪をはじめ本丸・二の丸ほか城の主要部の石垣が現存し、和歌山城公園となっている。写真右の広い水堀（東堀）に面した岡口門と土塀は現存（国重文）。

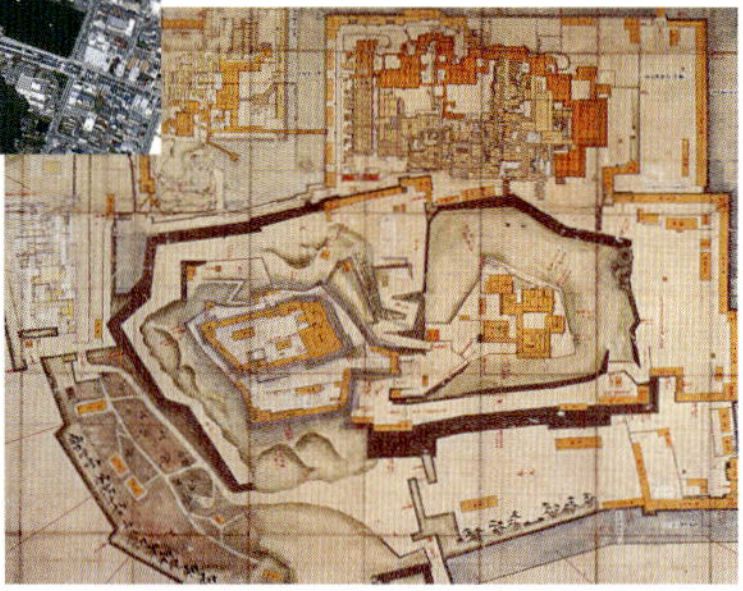
「御城内惣御繪圖」（和歌山県立図書館蔵）

豊臣秀長は大和、和泉、紀伊三国一〇〇万石の太守となり、紀伊支配の拠点として和歌山城を築き、桑山重晴を置いた。関ヶ原合戦の戦功により浅野幸長が和歌山に入城すると本丸、二の丸を築き天守を造営した。さらに元和五年（一六一九）に入城した徳川頼宣によって山麓部が整備された。城は典型的な平山城で、山上に本丸と天守曲輪が並立し、山麓に二の丸、砂の丸、南の丸、御蔵の丸が配置され、その周囲に内堀が巡らされていた。豊臣、浅野時代は現在の岡口門が大手であったが、徳川時代に北東の一の橋口が大手となった。

◉見どころ

和歌山城では紀州の緑泥片岩を用いた豊臣時代と浅野前期の野面積石垣と、和泉砂岩を用いた浅野時代と徳川時代の打込接の石垣と、花崗岩を用いた徳川時代の切込接の石垣を一度に見学することができる。

野面積石垣（写真／中井 均）

●築城年／天正13年（1585） ●築城主／豊臣秀長 ●所在地／和歌山県和歌山市一番丁
●交　通／ＪＲ紀勢本線和歌山駅下車。和歌山バス公園前下車。徒歩10分

国史跡

新宮城

和歌山城主浅野幸長の次男忠吉が分封され、熊野川の河口に突出した丹鶴山に新宮城を築く。しかし工事途中で国替えとなり、代わって紀伊に入封した徳川氏の付家老水野重央、重良によって完成した。元和の一国一城令後も存続が許された数少ない事例のひとつである。慶応四年（一八六八）に明治新政府により独立が認められ新宮藩が立藩された。山上に本丸、鐘の丸、松の丸、出丸を配し、西山麓に二の丸が置かれ、松の丸直下の熊野川に面して蔵と舟入が構えられていた。

新宮城古写真
（新宮市教育委員会提供）

水ノ手郭港湾部

本丸入り口の桝形の石垣

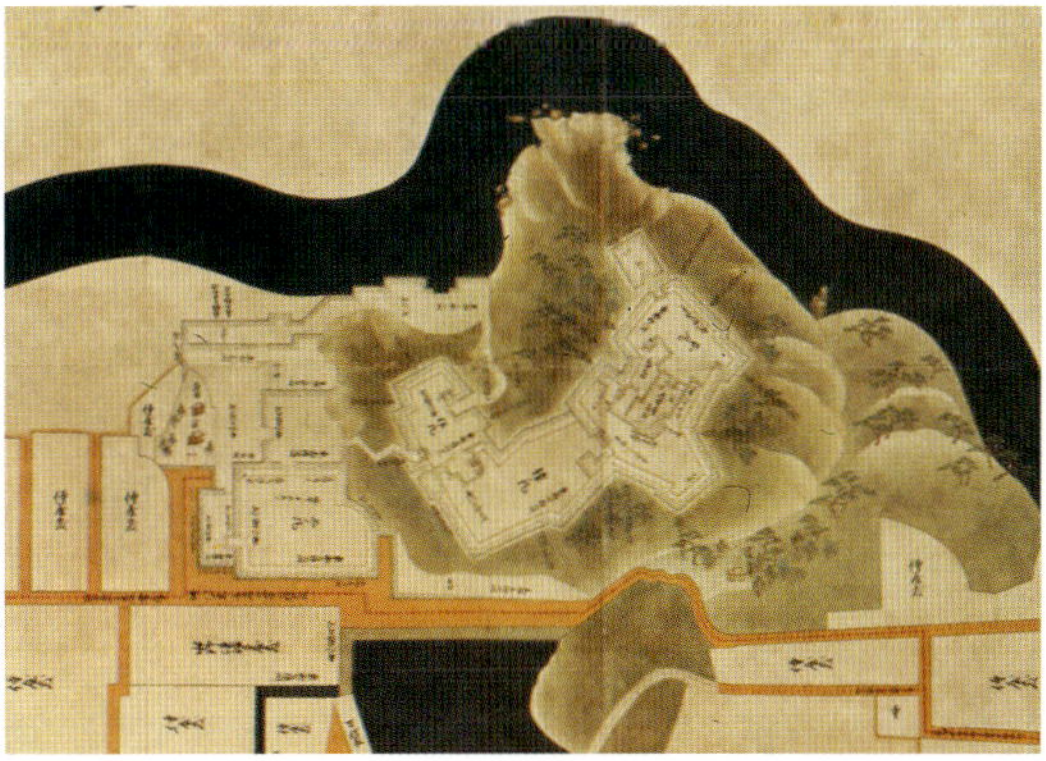

「紀伊国新宮城之図」
（正保城絵図／国立公文書館内閣文庫蔵）

●見どころ

新宮城の北西山麓、熊野川に面して数段にわたって小曲輪が構えられている。これらはすべて炭倉であった。この炭は熊野の特産品として集荷され、ここから舟に積まれて出荷されたのである。

炭倉の発掘調査

（写真／新宮市役所提供）

●築城年／元和4年（1618） ●築城主／浅野忠吉 ●所在地／和歌山県新宮市新宮字丹鶴
●交　通／ＪＲ紀勢本線新宮駅下車。徒歩約15分

国史跡

鳥取城

毛利氏の最前線となった鳥取城は吉川経家によって守られていたが、天正九年（一五八一）羽柴秀吉の兵糧攻めによって落城した。その後豊臣大名の宮部継潤らが入れ置かれ、久松山の山頂を石垣造りの城に改修した。関ヶ原合戦後に入城した池田長吉は城の中心を南山麓に移し、天球丸、二の丸、三の丸などを新たに築いた。山上に二重の天守が存在したが、山麓の二の丸には天守代行の御三階櫓が構えられていた。

内堀から山上の丸・二の丸を望む（写真／細田隆博）　内堀の奥に二の丸三階櫓台と石垣群が見える。

明治初期に撮影された二の丸三階櫓（鳥取市教育委員会蔵）　明治12年に解体撤去された。

千代川河岸から久松山（鳥取城）・本陣山（太閤ヶ平）を望む（写真／細田隆博）　久松山上の山上の丸と山下の天球丸・二の丸・三の丸の石垣・堀の大部分が現存する。太閤ヶ平は天正9年（1581）、羽柴秀吉が鳥取城攻めの際に本陣を置いた場所である。

「鳥取城修覆願図」
延宝8年（1680）
（鳥取県立博物館蔵）

天球丸石垣（写真／細田隆博）
三の丸と山上の丸の間の曲輪。天球丸は鳥取藩初代藩主池田長吉の姉・天球院が暮らしたことに由来する。

◉見どころ

久松山の山頂に構えられた山上の丸は本丸、二の丸、三の丸から構成される。本丸北西隅に天守が造営された。当初三重であったが、池田長吉によって二重に改修された。現在その天守台が残されている。ここからは日本海を望むことができる。

天守台石垣（写真／中井　均）

●築城年／慶長7年（1602）　●築城主／池田長吉　●所在地／鳥取県鳥取市東町
●交　通／JR山陰本線鳥取駅下車。バス日赤県庁前下車。徒歩5分

大天守台石垣
（写真／石田多加幸）

中海より望んだ米子城（写真／石田多加幸）

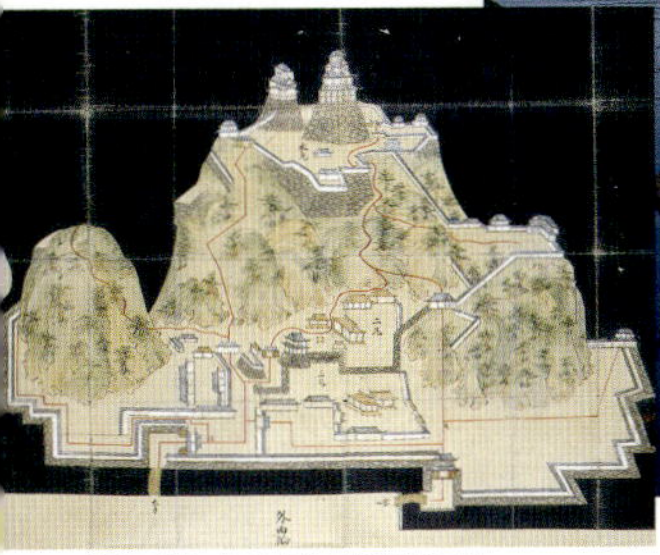

「米子城石垣語修覆御願絵図」
寛文７年（1667）（鳥取県立博物館蔵）

市史跡

米子城

米子城は伯耆の拠点として天正十九年（一五九一）に吉川広家によって築かれた。しかし工事途中で、関ヶ原合戦により岩国へ移されてしまう。替わって入城した中村一忠によって築城工事は完成した。江戸時代に因幡・伯耆二か国の太守となった池田光仲は家老荒尾成利に米子城を預け、伯耆は荒尾氏による自分手政治に任された。中海に面した湊山の山頂に本丸を、丸山に内膳丸を置き、山麓に二の丸、三の丸が配されていた。本丸には四重五階の大天守と三重四階の小天守が並立して築かれていた。

明治初期に撮影された天守（山陰歴史館蔵）　写真左上に四重五階の望楼型天守が見える。明治十三年頃、天守以下の建物が取り壊された。

◎見どころ

三の丸から二の丸にいたる前面には巨大な外枡形が構えられており、その石垣が現存している。この枡形には一の門が設けられておらず、外部とは開口する構造となっている。

二の丸表門の外枡形（写真／中井　均）

●築城年／天正１９年（1591）　●築城主／吉川広家　●所在地／鳥取県米子市久米町
●交　通／ＪＲ山陰本線米子駅下車。徒歩１０分

松江城空撮（写真／中田眞澄）　本丸・二の丸は城山公園となっている。標高約28メートルの亀田山の高所に天守、本丸を配置した松江城の縄張の形をよくとどめている。

松江城

国史跡・国重文

関ヶ原合戦の戦功により出雲・隠岐の太守となった堀尾吉晴、忠氏父子は一旦月山富田城に入城する。しかし富田城は領国の東に偏った山中に位置していたため、新たな居城として築城されたのが松江城である。堀尾氏絶家の後、京極忠高が入城するが嗣子なく絶家となり、松平直政が松本より入城し、以後明治維新まで十代の居城となった。宍道湖に面した亀田山に本丸と腰曲輪を重層的に構え、いずれも石垣塁線に折れを多用している。本丸の南には二の丸上段が配され、東山麓には二の丸下段が配され、亀田山を囲い込むように内堀が巡らされていた。二の丸上ノ段の南側には方形の三の丸が構えられているが、これは同時期に築かれたものではなく、後に藩邸機能を移すために設けられたものである。

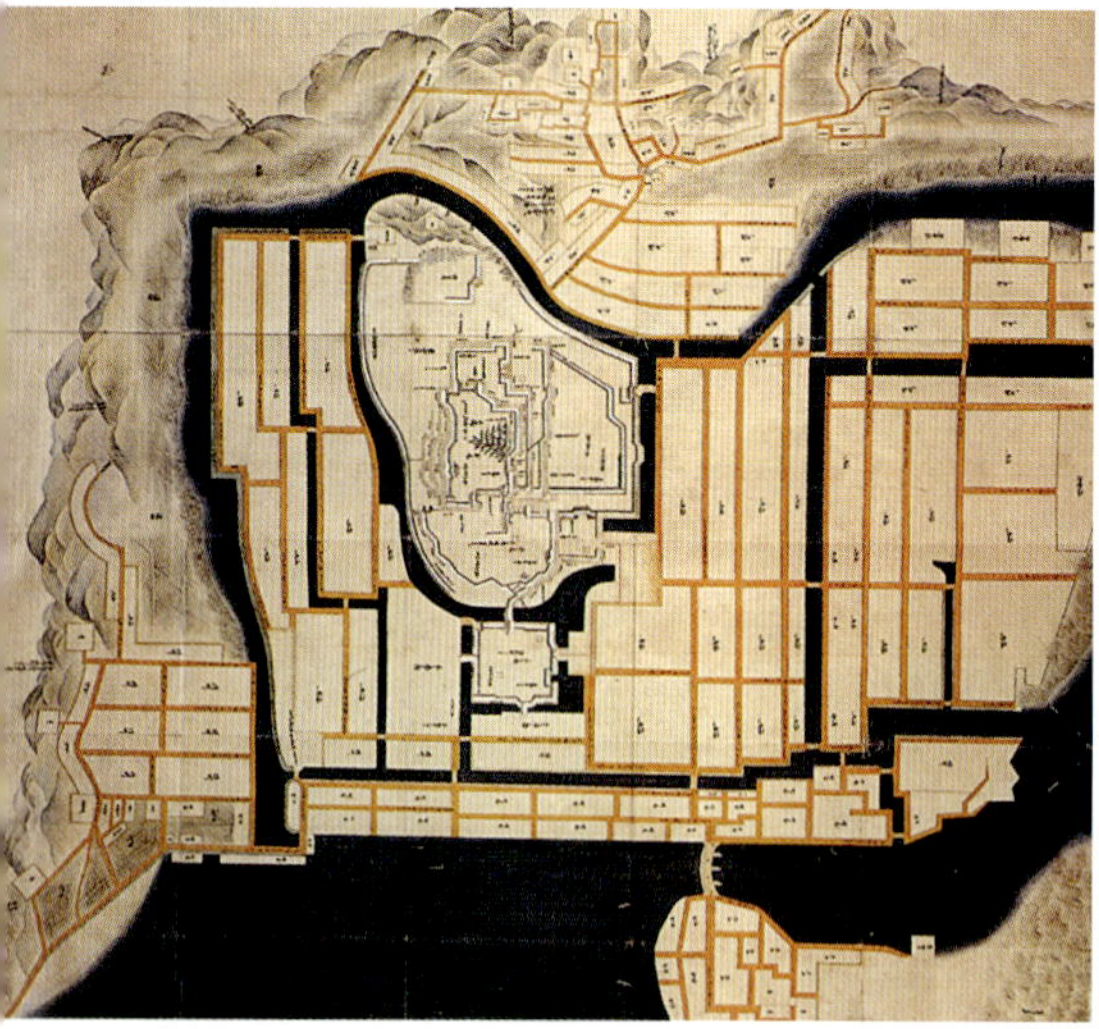

「出雲国松江城絵図」（正保城絵図／国立公文書館内閣文庫蔵）

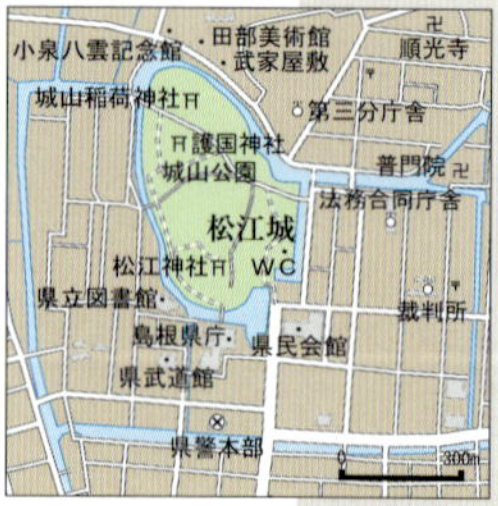

●築城年／慶長12年（1607）　●築城主／堀尾吉晴　●所在地／島根県松江市殿町
●交　通／ＪＲ山陰本線松江駅下車。バス松江城（大手前）下車

松江城天守（国重文）　造営は慶長16年（1611）、四重五階・地下一階の望楼型天守。

天守内部の寄木柱　一本の松柱の外側に板を接ぎ合わせ、鎹で打ちつけ、金輪で締めて太い柱にしている。この寄木柱のほうが、力学的に普通の柱より強い。

天守の桐の階段　防火防腐のために桐の板を使用。板の厚さ約一〇センチメートル、幅一・六メートルの階段が各階に設けられている。

◉見どころ

現存十二天守のひとつである松江城の天守は慶長十六年（一六一一）に堀尾忠晴によって築かれたもので、付櫓を設けた複合式天守である。その構造は四重五階地下一階の望楼型で、外観は全面板張となる。二重目に石落を張り出して構え、一重目の屋根の軒裏に石の落とし口が設けられている。付櫓には鉄砲狭間を付けた石落が両脇に設けられている。なお、天守一重目と二重目には七十七か所にものぼる鉄砲狭間が設けられるなど実戦本位の天守であった。

天守付櫓（写真／中井 均）

松江城二の丸高石垣を望む
平成13年、二の丸高石垣上に二重櫓の南櫓（左）、一重櫓の中櫓（中）と太鼓櫓（右）の３基の櫓が復元された。

明治初期に撮影された二の丸御殿と天守
中央二の丸高石垣上の大屋根が二の丸御殿。その右に中櫓、御殿左の二重櫓が南櫓。明治8年、天守以下の建物の払い下げ、取り壊し処分が下されたが、天守のみの保存が認められた。

復元太鼓櫓　平成13年に完成した一重櫓。

復元中櫓　平成13年に完成した一重櫓。

（写真／松江市役所提供）

本丸から望む二の丸
石垣に囲まれた二の丸が整備されている。

花ノ壇から見た月山
発掘調査をもとに復元された尼子氏時代の復元建物。

月山富田城空撮
近年、石垣や建物の整備が進められている。

国史跡

月山富田城

月山富田城の創設は詳らかではないが、出雲守護代尼子経久の頃には尼子氏の居城として機能していた。現在残る石垣は尼子氏時代のものではなく、尼子氏滅亡後に入城した吉川広家、さらに関ヶ原合戦後に入城した堀尾吉晴時代に築かれたものである。月山の頂上に本丸、二の丸、三の丸を一直線に構え、中腹に山中御殿と称する広大な曲輪が置かれ、ここが居館部に相当する。月山の東側尾根から谷筋には数多くの曲輪が累々と築かれているが、これらは尼子氏時代に築かれたものと考えられる。

「富田月山城古絵図」（島根県立図書館蔵）

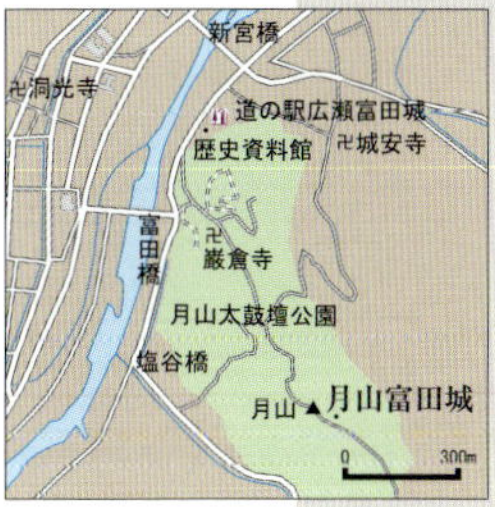

◉見どころ

山中御殿の石垣（写真／中井　均）

山中御殿は広さ約三〇〇〇平方メートルにおよぶ広大な曲輪で、発掘調査の結果、巨大な礎石建物が確認されている。曲輪は石垣によって築かれ、御子守口と塩谷口に虎口が構えられていた。

（写真／安来市教育委員会提供）

●築城年／慶長５年（1600）　●築城主／堀尾吉晴　●所在地／島根県安来市広瀬町富田
●交　通／ＪＲ山陰本線松江駅下車。バス広瀬下車

津和野城遠望　標高367メートル、比高200メートルの霊亀山山頂に設けられた本丸・二の丸・三の丸・腰曲輪の石垣は完全といえるほど現存している。往時には三重天守がそびえていたが、貞享3年(1686)に落雷で焼失した。

右・津和野城空撮　山下の津和野川と城下町が一望できる。

左・本丸跡　石垣群。右から三の丸、一段上がって天守台、さらに上がって本丸、本丸右の虎口を下りると三の丸である。

国史跡

津和野城

鎌倉時代末より吉見氏歴代の居城であったが、関ヶ原合戦の結果、吉見氏は毛利氏に従い萩へ移り、替わって津和野へは坂崎出羽守成正が入城した。この成正によって石垣が築かれ、天守が造営されるなど、近世城郭へと整備された。また、それまで西山麓が大手であったが、東山麓に改められた。成正が千姫騒動で改易されると、亀井政矩が城主となり明治まで続いた。亀井氏は東山麓に新居館を構えて藩邸とした。

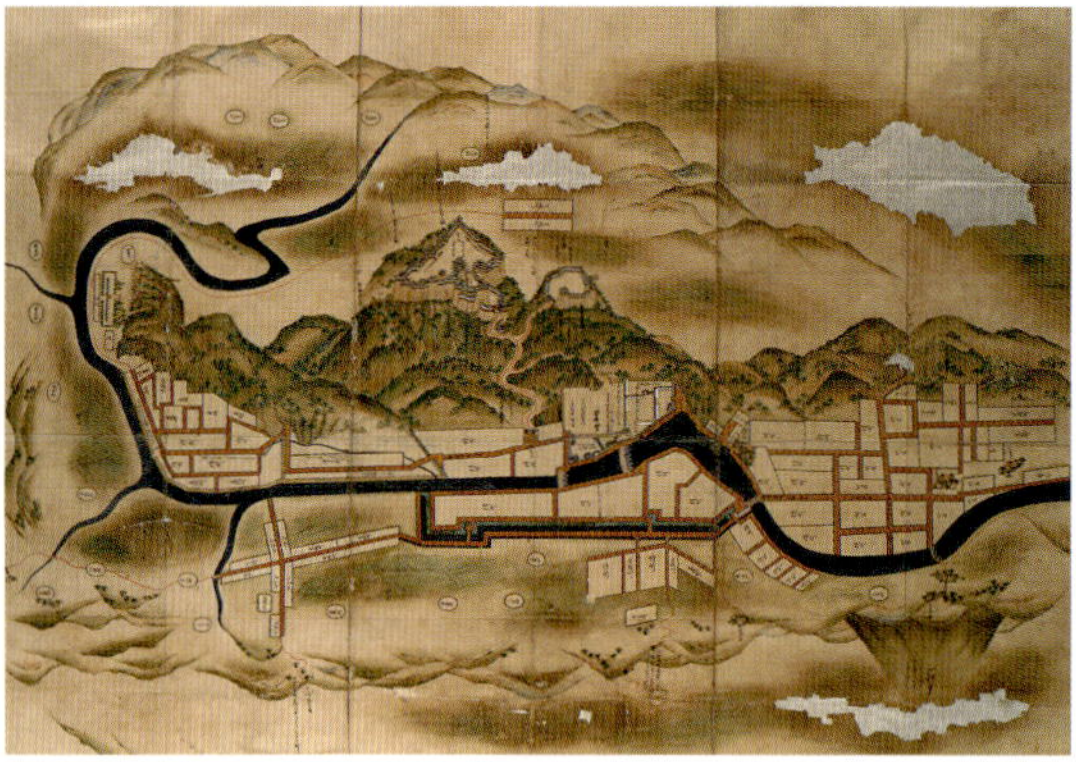

「津和野城絵図」（正保城絵図／国立公文書館内閣文庫蔵）

◉見どころ

山上には坂崎成正によって築かれた石垣がほぼ完存している。山麓御殿には隅櫓として築かれた馬場先櫓と、物見櫓と称する外観一重、内部二階となる壮大な多聞櫓が残されている。

馬場先櫓

（写真／津和野町役場提供）

●築城年／慶長6年（1601）　●築城主／坂崎成正　●所在地／島根県鹿足郡津和野町
●交　通／ＪＲ山口線津和野駅下車。バス津和野高校前下車

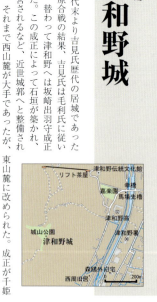

国史跡

津山城

関ヶ原合戦の戦功により森忠政に美作が与えられた。その居城として新たに築かれたのが津山城である。鶴山を三段、もしくは四段の石垣によって築かれた典型的な平山城で、こうした構造は一二三段と呼ばれている。天守は破風の付かない五重五階地下一階の層塔型天守で、明治まで偉容を誇っていた。櫓は二重櫓二十五基、平櫓二十五基、多聞櫓十基、計六十基が石垣上に累々と建ち並んでいた。まさに日本一の平山城であった。

津山城空撮　城郭の主要部分である本丸・二の丸・三の丸を中心とした範囲は鶴山公園となっている。

「古ノ方美作津城」（国立国会図書館蔵）

備中櫓　60を数える津山城の櫓の中で最大級の規模の櫓。天守に次いで象徴の高い建物といわれる。明治6年に天以下の建物が払い下げられ、その後取壊されたが、平成17年に復元された。

明治初期の津山城　天守を中心とした天守曲輪・本丸には大小の櫓31棟・門15棟を連ね、内側の平坦面に約70の部屋を有する御殿を構えていた。

◎見どころ

本丸の東面は斜面を石垣にするだけではなく、本丸内側にも壁のように立ち上がる長大な石塁が構えられ、この石塁にいち早く駆け上るため、合雁木と呼ばれる石段が設けられている。

合雁木石段（写真／中井　均）

（写真／津山弥生の里文化財センター提供）

●築城年／慶長９年（1604）　●築城主／森忠政　●所在地／岡山県津山市山下
●交　通／ＪＲ津山線津山駅下車。徒歩15分

岡山城空撮（写真／中田眞澄）　岡山城本丸は史跡公園・烏公園。旭川をはさんで対岸は日本三大庭園として知られる後楽園。旭川さくらみちなどを含めた一帯は、桜の名所でもある。本丸跡には天守をはじめ不明門、廊下門、六十一雁木上門、周囲の塀などが復元されている。

国史跡・国重文

岡山城

当初岡山城は戦国大名宇喜多直家によって石山と呼ばれる小丘陵に構えられた小規模な城郭であったが、その子秀家は有力な豊臣大名として大改修を行ない、本丸に高石垣を組み、金箔瓦に飾られた五重六階の壮大な天守を造営するなど、近世城郭としての体裁を整えた。関ヶ原合戦後は小早川秀秋が入城し、外堀を掘って三の丸外曲輪の整備を行なっている。また秀秋の後に岡山城主となった池田忠継、忠雄らによる整備によりほぼ現在見られる構造として完成した。旭川が大きく迂回する丘陵に三段に築造された本丸を構え、その周囲には内堀が巡らされていた。

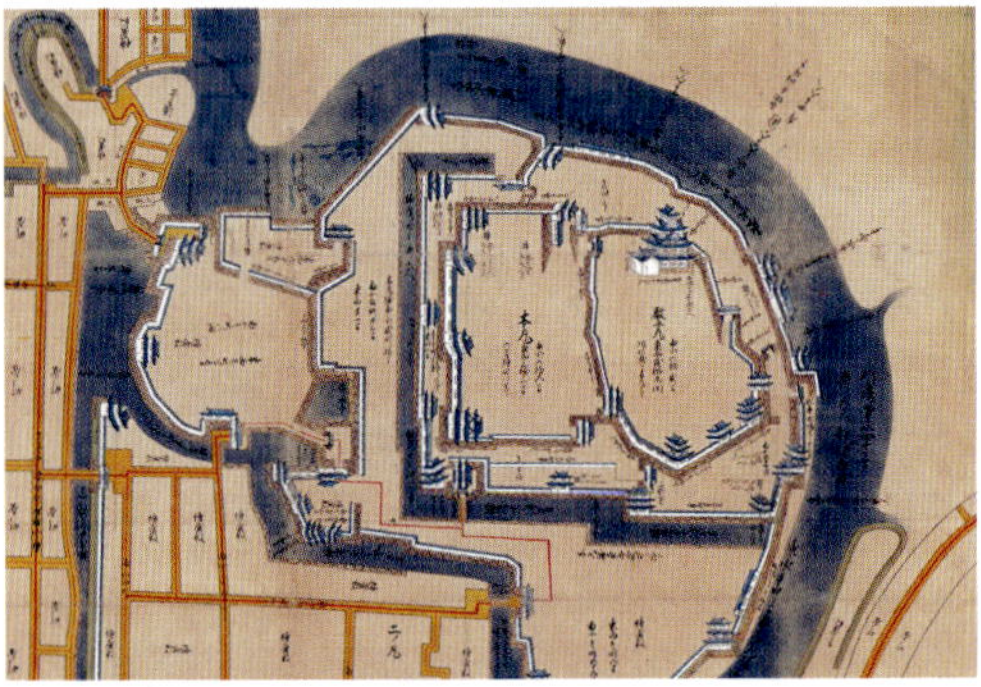

「備前国岡山城絵図」（正保城絵図／池田家文庫／岡山大学附属図書館蔵）

明治初期に撮影された岡山城（岡山城事務所蔵）

●築城年／天正18年（1590）　●築城主／宇喜多秀家　●所在地／岡山県岡山市丸の内
●交　通／ＪＲ山陽本線岡山駅下車。徒歩20分

左・外観復元天守　天守が現存していた時は国宝に指定されていたが、昭和20年、市街地空襲で惜しくも天守・石山門を焼失した。昭和41年に外観復元された。

下・六十一雁木門と要害門　旭川河岸から本丸本段へ直接上がる通用門。本来と異なる薬医門形式で昭和41年に再建された。

西丸西手櫓（国重文）文禄三年～慶長二年（一五九四～九七）造営。

不明門　表書院から本段に通じる石段の入り口に設けた渡櫓門。昭和四十一年に外観復元された。

廊下門　昭和四十一年に外観復元された表書院の通用門。

月見櫓（国重文）岡山城本丸内で戦火を免れた唯一の建物。池田忠雄が岡山城主時代の元和年間から寛永九年（一六一五～三二）造営の二重二階・一部地階の隅櫓。

◎見どころ

内堀の西側は二の丸内屋敷と呼ばれ、階段状に曲輪が配されている。これはこの周辺が石山を下地とするためである。本丸に一番近い曲輪は江戸時代池田家の祖廟のあった場所である。ここには現在も見事な割石による打込接の高石垣が残されている。以前は直家の本丸遺構として紹介されてきたが、その構造は明らかに池田氏時代の石垣である。本丸と並立する小丘陵を防御するために築かれた石垣である。

祖廟の高石垣（写真／中井　均）

（写真／岡山市教育委員会提供）

天守（国重文）　天和元年から三年（一六八一〜八三）に造営。標高四八〇メートルの臥牛山頂上付近に建つ天守は、山城として唯一現存する天守である。二重二階の層塔型天守は昭和初期に腐朽のため半ば倒壊しかけたが、昭和五年から数回に分けて部分修理・解体修理を経て今日の姿となった。

国史跡・国重文

備中松山城

備中松山城が築かれた臥牛山には大松山と、小松山の二つの峰があり、戦国時代に三村氏が居城としたのは大松山である。関ヶ原合戦の後、西国目付として備中代官が置かれ、小堀正次、政一（遠州）父子が赴任し、修築が進められた。さらにその後城主となった水谷勝隆の整備によりほぼ松山城の普請は完成した。現存する天守も水谷氏によって造営されたものと考えられる。この近世松山城は小松山に本丸、二の丸、三の丸を階段状に配した構造で、大松山との間には巨大な堀切が設けられている。天守は現存十二天守のひとつで二重二階構造となり、一階には暖を取るための囲炉裏が設けられている。また二階には宝剣を祀った御社壇と呼ばれる一室が設けられている。

昭和初期に撮影された天守（高梁市教育委員会蔵）
老朽化が激しく、無惨な姿であった。

三の平櫓東土塀（国重文）　天和元年から三年（一六八一〜八三）に造営。四角い鉄砲狭間と丸い鉄砲狭間を備えた現存の土塀。

●築城年／元弘年間（1331〜1334）、慶長10年（1605）　●築城主／高橋宗康、小堀正次・政一　●所在地／岡山県高梁市内山下
●交　通／ＪＲ伯備線備中高梁駅下車。徒歩20分

備中松山城空撮　平成6年から本丸の五の平櫓・六の平櫓・本丸南門（表門）・本丸腕木門（裏門）・本丸路地門・土塀などが復元されている（高梁市教育委員会提供）。

「松山城本丸立絵図」
（池田家文庫／岡山大学附属図書館蔵）

六の平櫓（左）・**南御門**（中）・**五の平櫓**　明治六年、城の建物は払い下げられ、天守以外は放置され腐朽倒壊したが、平成九年に本丸の二つの建物が復元された。

二重櫓（国重文）　天和元年から3年（1681〜83）に造営。

◉見どころ

大松山の山中に四面を石垣によって築かれた大池と呼ばれるプールがある。築城当初には覆屋が架けられ、落ち葉などが入らないように管理された、飲料水用の貯水池である。

大池（写真／中井　均）

（写真／中田眞澄）

広島城空撮（写真／竹重満憲） 本丸・二の丸の石垣、内堀が現存する。平成4年から二の丸表門・表門橋が復元され、平成6年には二の丸平櫓・多聞櫓・太鼓櫓が復元された。

国史跡

広島城

毛利輝元は天正十六年（一五八八）に上洛し、豊臣秀吉に謁見する。そして翌年より突然広島城の築城にとりかかる。毛利氏にとっての聖地吉田郡山城を廃してまでの築城であり、おそらく上洛の際に見学した聚楽第や大坂城が大きく影響したことはまちがいない。その築城は太田川の河口のデルタ地帯であり、当時「島普請」と称された。関ヶ原合戦で敗れた輝元に代わって福島正則が入城し、北側と西側に外郭を造営し、ほぼ縄張は完成した。正則の改易後には浅野長晟が城主となり、明治まで浅野氏歴代の居城となった。

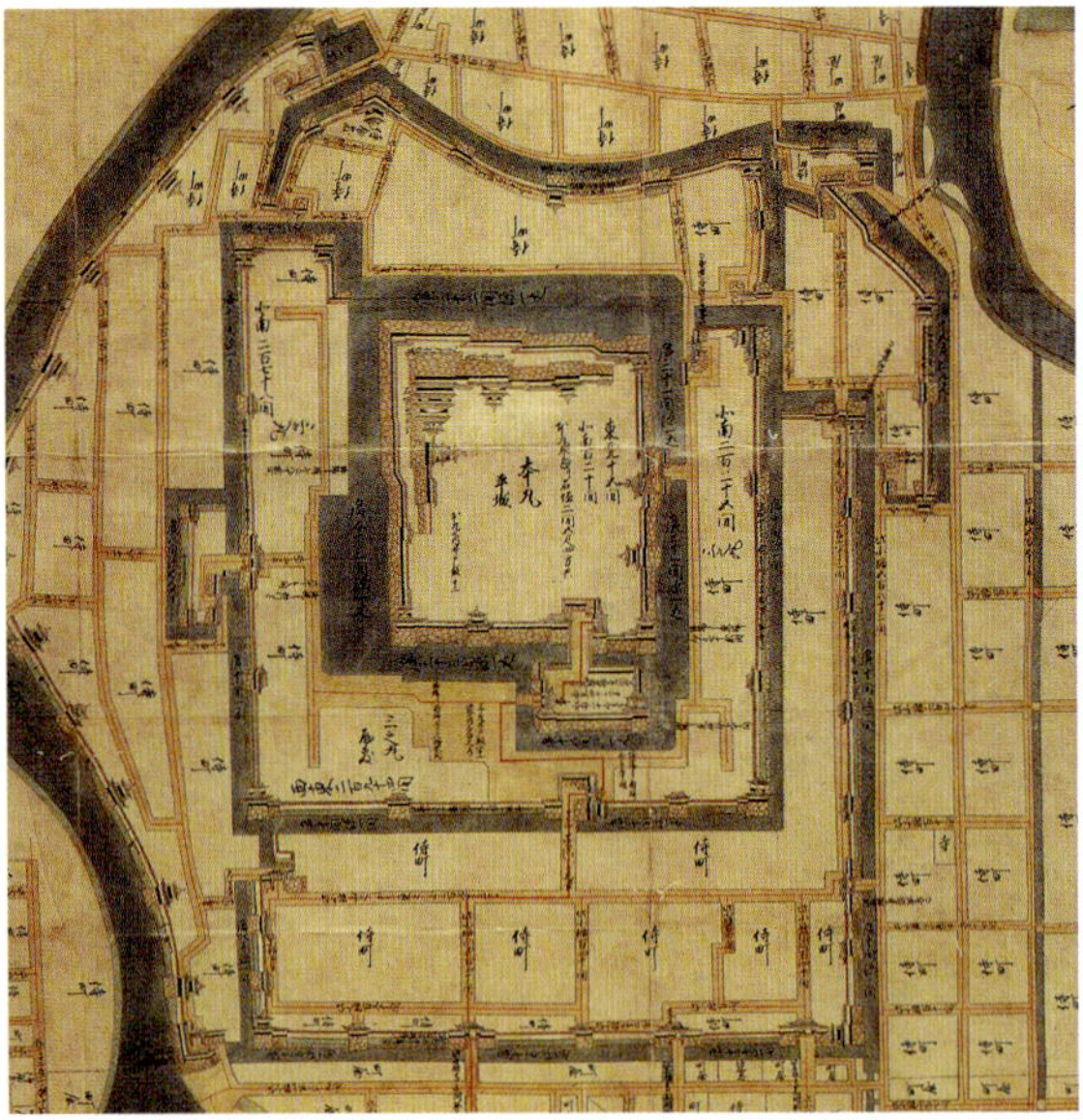

「安芸国広島城所絵図」（正保城絵図／国立公文書館内閣文庫蔵）

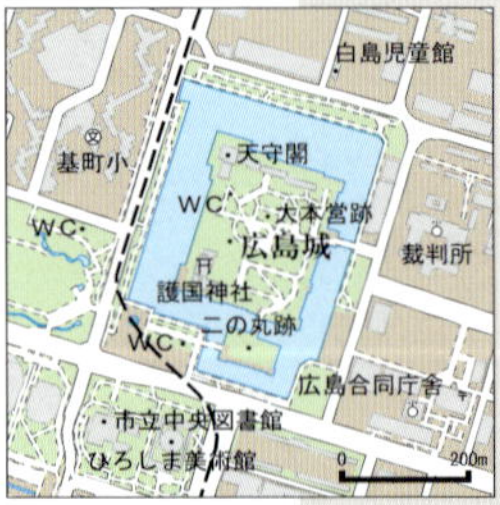

●築城年／天正17年（1589） ●築城主／毛利輝元 ●所在地／広島県広島市中区基町
●交　通／JR山陽本線・山陽新幹線広島駅下車。広島電鉄市内線紙屋町下車。徒歩15分

戦災前に撮影された天守東面（写真／来本雅之氏蔵）　天守下方の切妻造りの渡櫓は東小天守と結んでいた。

広島城天守遠望　昭和6年に天守は国宝に指定されたが、昭和20年の原爆投下で焼失。昭和33年に外観復元された。

表御門　平成4年に復元された。

◉見どころ

広島城の縄張は秀吉の聚楽第に倣ったもので、長方形の巨大な本丸の正面虎口を防御するように角馬出の二の丸が設けられている。二の丸には正面の表御門と、南西隅に平櫓が、南東隅に太鼓櫓が配され、それらを結ぶように南面と東面には長大な多聞櫓が巡らされていた。これらの大半は明治以後も残されていたが、昭和二十年の原爆投下により失われてしまった。現在のものは古写真などをもとに平成六年に木造で再建されたものである。

復元された二の丸（写真／中井　均）

（写真／広島市文化財団広島城提供）

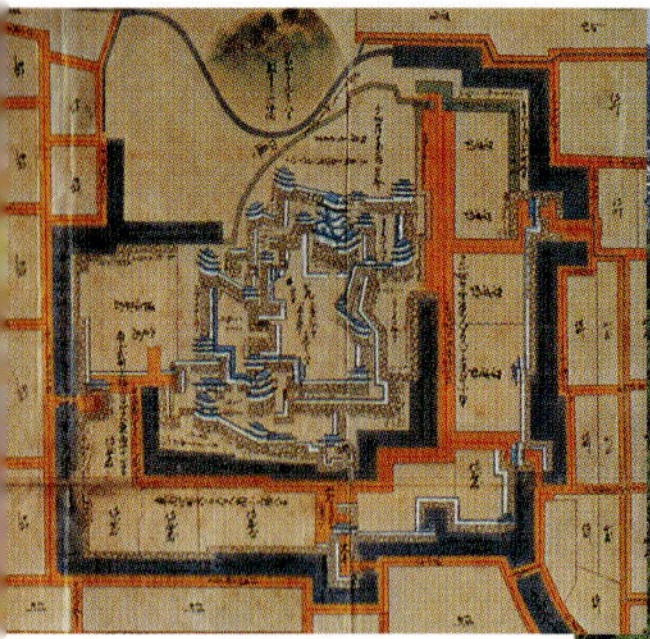

「福山城絵図」
（正保城絵図／国立公文書館内閣文庫蔵）

外観復元された福山城天守　昭和６年に天守は国宝に指定されたが、昭和20年の戦災で焼失。昭和41年に外観復元された。

筋鉄御門（国重文）　元和時代（1615～24）造営。本丸御殿近くにある本丸正門（櫓門）。伏見櫓とともに伏見城からの移築といわれる。

福山城

国史跡・国重文・市重文

元和五年（一六一九）に福島正則は広島城の無断修築により改易されると、安芸には浅野長晟が封ぜられ、備後には水野勝成が入封し、その居城として築かれたのが福山城である。西国の外様大名領国のなかに打たれた楔として水野氏絶家後も松平氏、阿部氏と譜代大名が配された。城は常興寺山を利用した平山城で、本丸の下段に帯曲輪のように二の丸、三の丸が輪郭式に配され、東、南、西の三方には二重に水堀が巡らされていた。ただし、城の北方には人工的な防御施設は設けられず、自然の河川や沼地を利用したにすぎない。

明治六年撮影の福山城（写真／小畠軍治氏蔵／園尾裕氏提供）取り壊し中の福山城。右から天守、鏡櫓、月見櫓、御湯殿、筋鉄御門、伏見櫓が確認できる。

◎見どころ

福山築城にあたっては伏見城や神辺城から櫓や門などが移築されている。その代表的な建物が伏見櫓である。三重三階の望楼型の巨大な櫓で、梁に「松ノ丸ノ東やぐら」の墨書があり、伏見城から移築されたものであることがわかる。

伏見櫓（国重文）

●築城年／元和６年（1620）　●築城主／水野勝成　●所在地／広島県福山市丸之内
●交　通／ＪＲ山陽本線・山陽新幹線福山駅下車。徒歩５分

福山城空撮（写真／中田眞澄）　本丸・二の丸は史跡公園となり、石垣・堀や伏見櫓・筋鉄門・鐘櫓などが現存する。

（写真／福山市役所提供）

本丸天守台を望む　天守台には一度も天守は築かれなかったが、多聞櫓で連結した二重隅櫓が築かれていた。

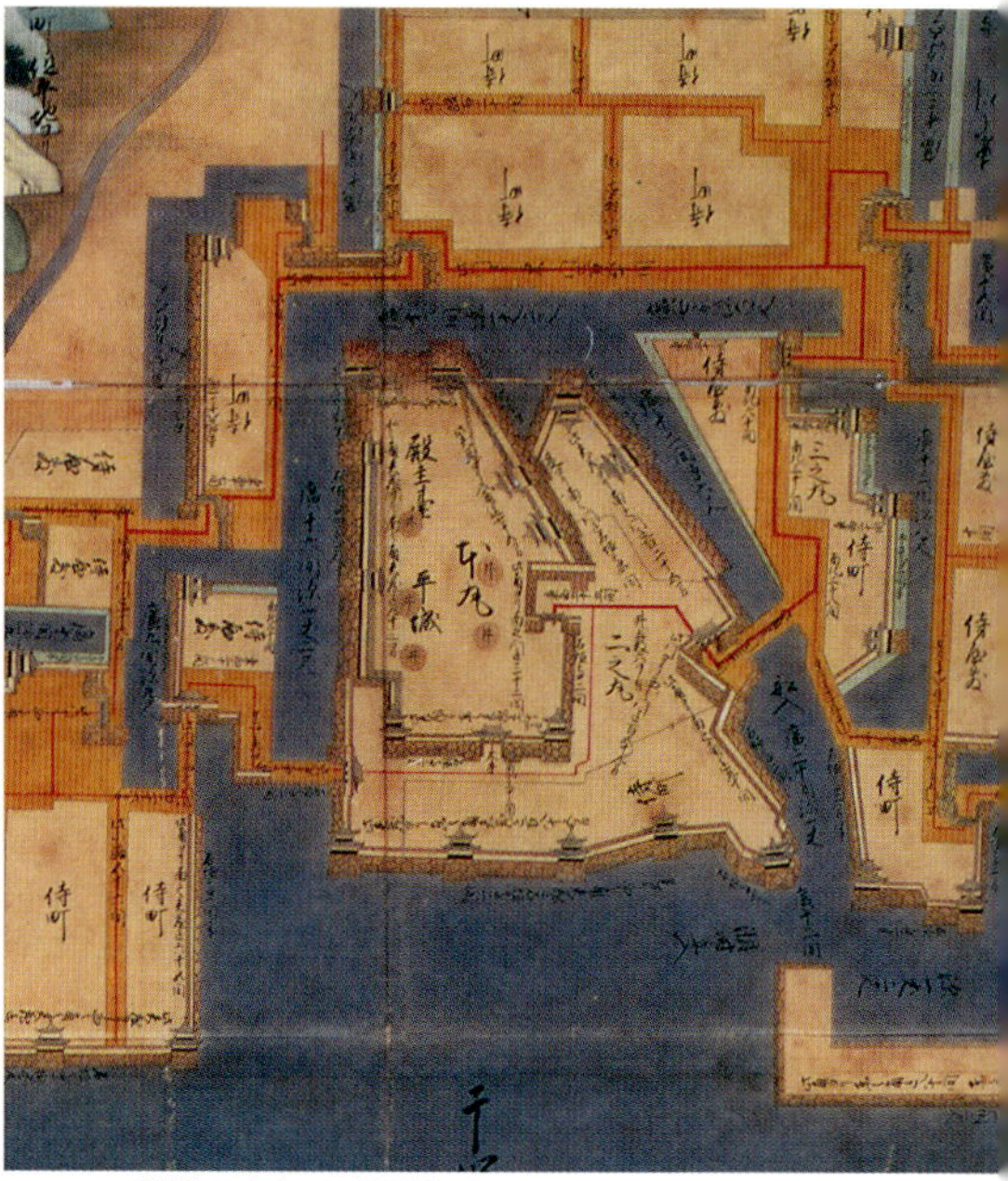

「備後国之内三原城所絵図」（正保城絵図／国立公文書館内閣文庫蔵）

明治初期に撮影された本丸（写真／三原歴史民俗資料館蔵）

本丸天守台石垣

本丸天守台

国史跡

三原城

三原城は毛利水軍の拠点として小早川隆景によって築かれた。豊臣政権下、隆景は筑前に移されるが、家督を秀秋に譲ると三原城を隠居城とし、大改修を行なった。江戸時代には広島藩領となるが、一国一城令後も存続が許され、広島藩の支城として筆頭家老浅野忠吉の家が代々城主を務めた。沼田川河口に浮かぶ島を利用し、海に突出して本丸と二の丸が築かれた。

◉見どころ

二の丸の南東に突出して築かれた船入櫓の石垣が市街地のなかに奇跡的に残されている。周囲にはわずかに船入の堀も残る。櫓台の南東隅の基底部では海岸の岩礁を利用して石垣を積んだ構造がよくわかる。

船入櫓石垣（写真／中井　均）

（写真／三原市役所提供）

●築城年／永禄10年（1567）　●築城主／小早川隆景　●所在地／広島県三原市城町
●交　通／ＪＲ山陽本線三原駅下車

錦雲閣（写真／中井　均）
明治18年に居館跡に吉香神社を遷座して、公園として開放された際に旧畳矢倉の位置に建てられた絵馬堂。市の登録有形文化財。

復興天守　昭和37年に外観復元された。本来の天守台と違う位置に築かれている。

岩国城空撮（写真／中田眞澄）　山上の石垣・空堀が現存する。

岩国城

関ヶ原合戦の敗北により毛利氏の一族である吉川広家も出雲・伯耆十二万石から周防の内四万石に減封となった。そこで新たに居城として築いたのが岩国城である。関ヶ原合戦後の築城であるにもかかわらず山城を築き、山麓に御土居と称する居館を構えた。しかし元和の一国一城令により山城はわずか七年で破却されてしまう。御土居は吉川氏の屋敷として存続するが、吉川氏が大名ではなくなってしまう。ようやく正式に大名に列せられ岩国藩が立藩されたのは慶応四年（一八六八）のことである。

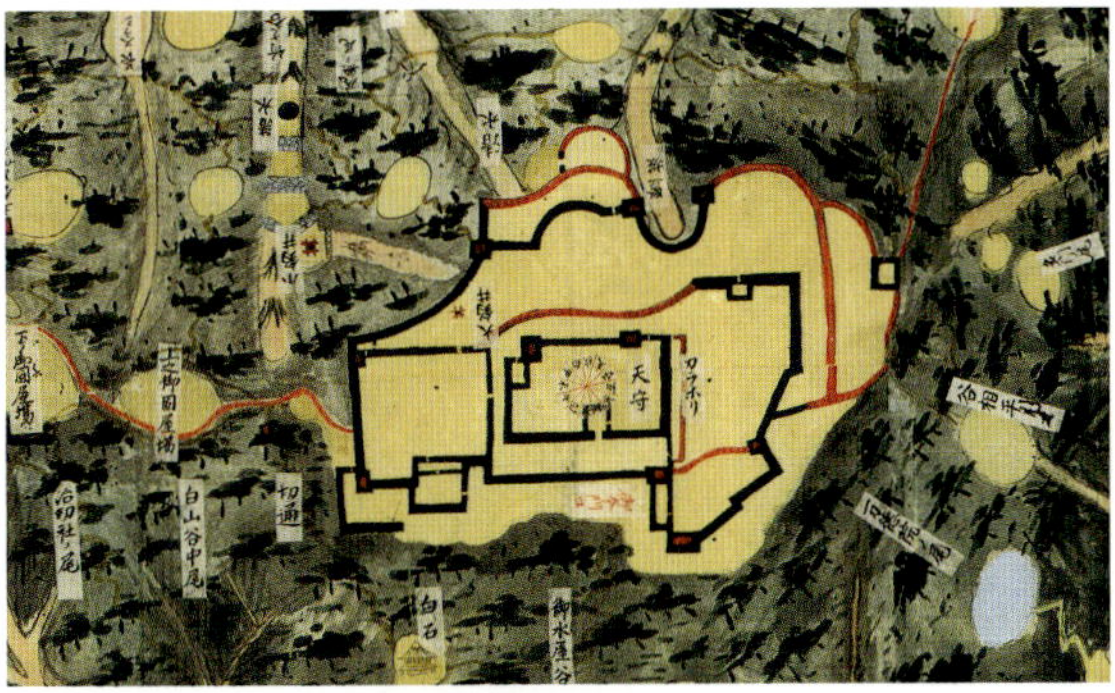

「御城山平図」（岩国徴古館蔵）

旧天守台

◉見どころ

復興天守の建つ位置は元来の天守の位置ではなく、山麓からの景観を意識して新たに造営されたものである。実はその北方に本物の天守台が整備され残されている。発掘調査の結果、元和年間と寛永年間の二度にわたって破城を受けた痕跡が確認された。

（写真／岩国市役所提供）

●築城年／慶長6年（1601）　●築城主／吉川広家　●所在地／山口県岩国市横山
●交　通／ＪＲ山陽本線岩国駅下車。バス錦帯橋バスセンター下車。徒歩10分

萩城遠望（写真／萩博物館提供）　指月山上の詰の丸や山下の天守台・本丸・二の丸の石垣が現存する。本丸・二の丸は指月公園となっている。

国史跡
萩城

関ヶ原合戦の敗北により毛利輝元は中国六か国から防長二か国に大きく減封され、居城広島城を退去した。そこで新たに居城として築かれたのが萩城である。松本川と橋本川に挟まれた三角洲に位置する指月山の南山麓部に本丸、二の丸、三の丸を重ねて配置する梯郭式の縄張に加え、指月山の山頂には詰丸が構えられるという二元的な構造は戦国的である。本丸の南西隅には天守台が築かれ、五重五階の天守が建てられた。また本丸には藩庁と藩主の居館機能を兼ね備えた広大な御殿が造営された。二の丸には南側に武具庫などの土蔵が並び、東側は東園と呼ばれる園地や満願寺が建立された。二の丸の外方に配された三の丸には重臣たちの屋敷があった。

「慶安五年萩絵図」（山口県文書館蔵）

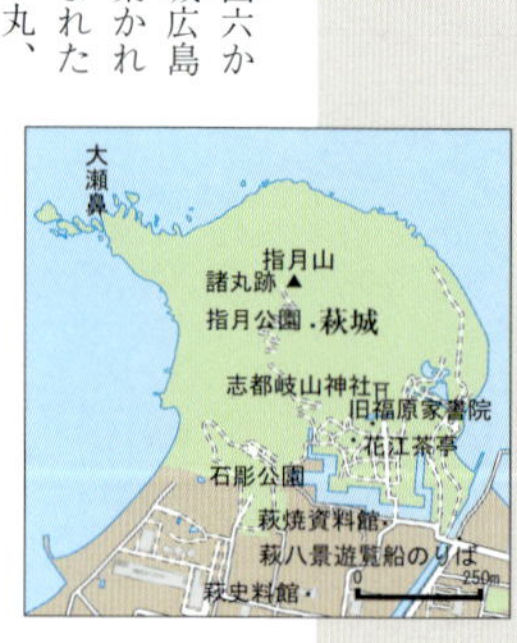

●築城年／慶長９年（1604）　●築城主／毛利輝元　●所在地／山口県萩市堀内
●交　通／ＪＲ山陰本線東萩駅下車。徒歩30分

明治初期撮影の天守（写真／山口県文書館蔵）　明治７年、天守は民間に払い下げられ、取り壊された。

本丸石垣（写真／萩市役所提供）

天守台（写真／萩市役所提供）

◉見どころ

指月山の頂上に構えられた詰丸は要害とも呼ばれ、本丸と二の丸の二段からなり、虎口は山麓の本丸からの登城口である要害門と、背面の山中櫓と結ぶ埋門の二か所に構えられていた。本丸の中央には岩盤を利用した巨大な貯水槽が設けられており、周囲は漆喰によって塗り固められていた。また二の丸には方形の貯水槽が設けられており、籠城戦に備えて水の確保に努めていたことがうかがえる。なお詰丸のいたるところに露頭している岩盤には縦横無尽に矢穴が穿たれており、石垣の石材は指月山から切り出されていた。

詰丸の貯水槽（写真／中井　均）

艮櫓（国重文）（高松市玉藻公園管理事務所提供） 東の丸の艮櫓として造営され現存するが、現在は太鼓櫓跡に移築されている。

国史跡・国重文

高松城

高松城は豊臣秀吉より讃岐一国を賜った生駒親正によって築かれた。二の丸、三の丸、桜の馬場に取り囲まれた広い内堀の中央にまるで小島のように本丸が築かれ、唯一鞘橋が二の丸との間に架けられていた。本丸の最奥部には四階が三階よりも大きい南蛮造りの天守がそびえていた。二の丸、三の丸の城壁は直接瀬戸内海に面し、内堀は直接海とつながっていた。生駒氏が御家騒動で改易されると水戸徳川家より松平頼重が入城し、北の丸と東の丸を増築した。

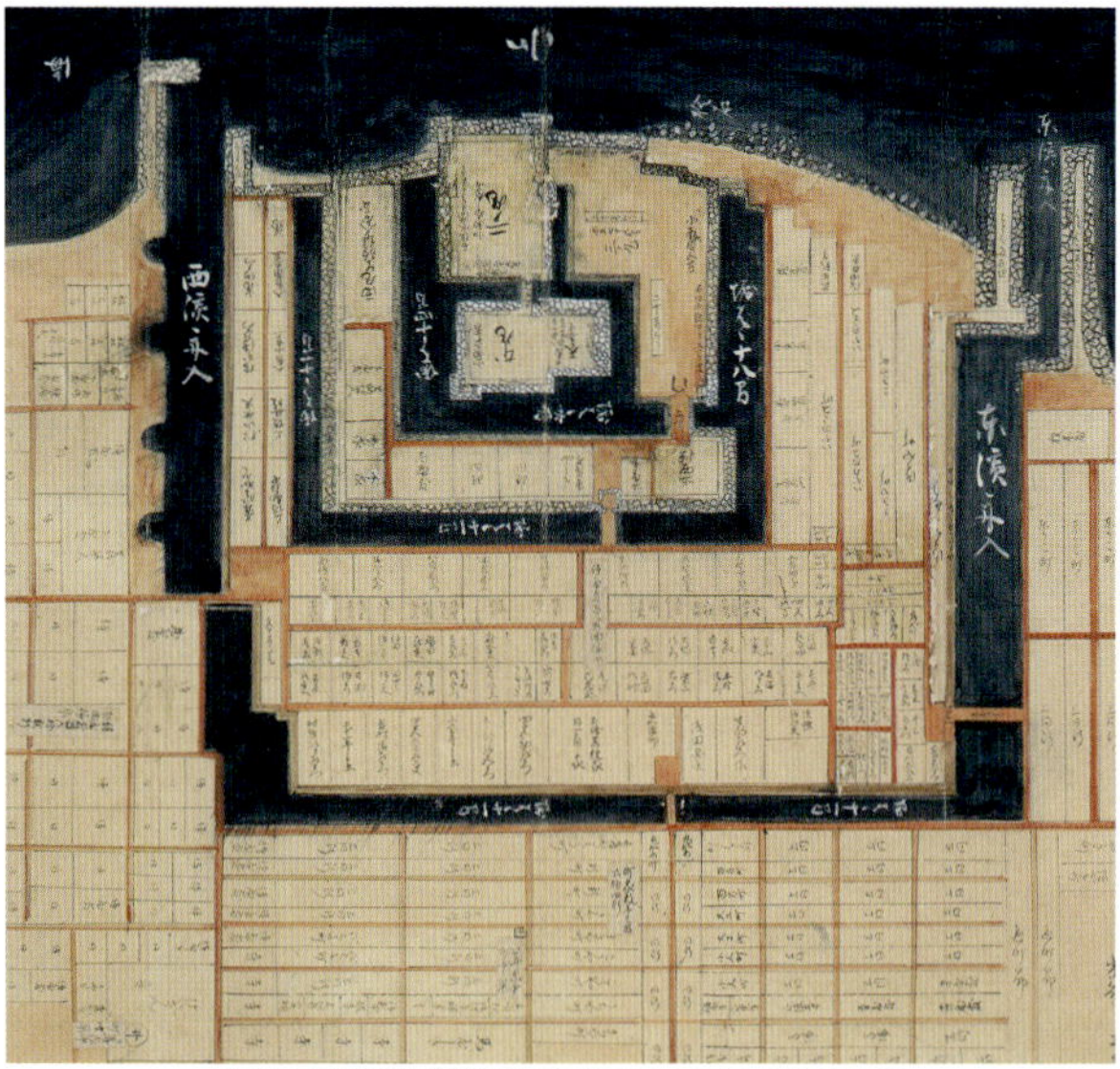

「生駒家時代讃岐高松城屋敷割図」（高松市歴史資料館蔵）

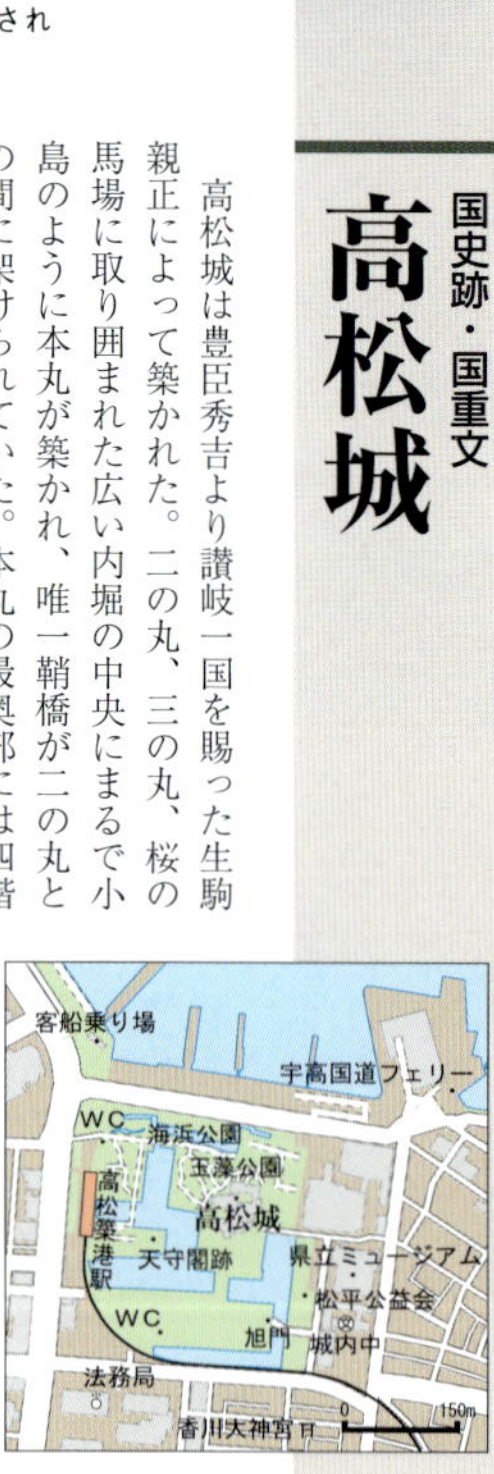

●築城年／天正16年（1588） ●築城主／生駒親正 ●所在地／香川県高松市玉藻町
●交　通／高松琴平電鉄、高松築港駅下車。徒歩３分

大正年間撮影の東の丸艮櫓と月見櫓（写真／來本雅之氏蔵）
右方の三重櫓は北の丸月見櫓。左方は艮櫓。昭和42年に艮櫓は太鼓櫓跡に移築された。

高松城空撮（写真／フォト・オリジナル提供）
城跡の主要部は玉藻公園となっている。天守台や本丸・二の丸・三の丸の石垣をはじめ、北の丸の月見櫓・水手御門・渡櫓が現存する。

◉見どころ

現在高松城には桜の馬場の太鼓櫓跡に移築された旧東の丸艮櫓と、北の丸月見櫓・水手御門が残されている。水手御門は北の丸から直接海へ出る海城特有の城門で、全国で唯一の現存例である。

北の丸の月見櫓（国重文）・**水手御門**（国重文）・**渡櫓**（国重文）（写真／高松市玉藻公園管理事務所提供）

丸亀城

国史跡・国重文・県重文

丸亀城空撮　標高66メートルの城山の内堀以内の地は亀山公園となっている。内堀以内の石垣や堀、天守をはじめ大手一の門・二の門、大手東西土塀などが現存する。

高松城を築いた生駒親正は西讃岐の押さえとして丸亀城を築くが、元和の一国一城令により廃城となる。生駒氏改易に伴い山崎家治に西讃岐が与えられ、丸亀古城の再建工事にとりかかった。修築工事は山崎氏三代の後に入城した京極高和によって完成した。城は丸亀平野の独立丘陵地亀山に本丸、二の丸、三の丸を一、二、三段に築いた見事な平山城で、その高石垣の出隅部は扇の勾配と呼ばれる美しい曲線を描いている。山麓には方形に内堀を巡らせ、山下屋敷として御殿が構えられていた。なお、生駒氏時代の大手は南側であったが、山崎氏時代に北側に変えられた。

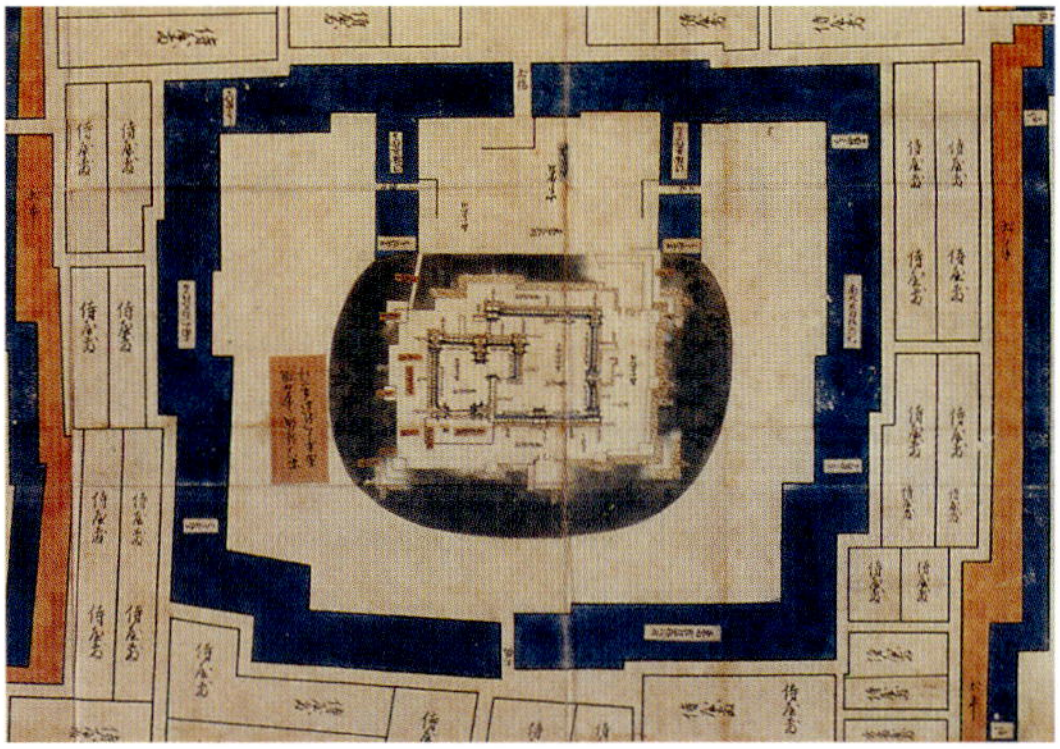

「丸亀城絵図」（正保城絵図／国立公文書館内閣文庫蔵）

現存の御殿表門・番所長屋（県重文）御殿は明治二年に焼失した。御殿表門は薬医門。

●築城年／慶長2年（1597）　●築城主／生駒親正　●所在地／香川県丸亀市一番丁
●交　通／ＪＲ予讃線丸亀駅下車。徒歩10分

天守（国重文）　寛永20年から万治3年（1643～60）の造営。三重三階の層塔型天守。

大手一の門・大手二の門（国重文）　寛文10年（1670）頃の再建。正面の門は大手二の門（高麗門）。その右の櫓門が大手一の門。

丸亀城古写真（写真／丸亀市立資料館蔵）

天守遠望

◉見どころ

丸亀城の天守は現存十二天守のひとつで、万治三年（一六六〇）に京極高和によって造営されたもの。江戸時代には天守と呼ばず、三重櫓と称していた。三重三階の層塔型天守で現存天守のなかで最も小規模である。城下から望まれる北面を意識して、東西に長い平面構造であるにもかかわらず、最上層の入母屋の屋根の棟を南北にとり、北面に入母屋破風の妻側を見せることにより、天守を大きく見せようと配慮している。しかしその結果、東西の棟側が極端に短くなっている。

天守南西面（写真／中井　均）

（写真／丸亀市役所提供）

下乗橋（写真／中井　均）　もともとは木製の太鼓橋であったが、明治41年に現在のように水平の石橋に改造された。御殿への出入り口のため、桝形が設けられ、厳重に守られていた。

国史跡・国名勝
徳島城

天正十三年（一五八五）、豊臣秀吉の四国平定により阿波一国が蜂須賀家政に与えられた。当初家政は一宮城に入ったが、翌年より徳島築城を開始する。工事はわずか一年で完成し、以後蜂須賀氏十四代の居城となった。城は吉野川河口のデルタ地帯に注ぐ助任川と寺島川に挟まれた猪山に築かれた。山頂には本丸、東二の丸、西二の丸、西三の丸を階段状に配し、山麓には御城と呼ばれる居館部が築かれるという二元的な縄張となっている。築城当初は本丸に天守が構えられていたが、元和年間（一六一五～二四）に取り壊された後に、東二の丸に三重の天守が築かれた。

徳島城空撮　城跡の主要部は徳島中央公園となっている。

「徳島城絵図」（個人蔵）

●築城年／天正13年（1585）　●築城主／蜂須賀家政　●所在地／徳島県徳島市徳島町城内
●交　通／JR高徳線徳島駅下車。徒歩15分

本丸石垣（写真／中井　均）

復元された三木郭の鷲の門　明治８年の城取り壊しの際に、城のシンボルとして鷲の門が残されていたが、惜しくも戦災で焼失。平成元年に復元された。

明治初期に撮影された鷲の門と月見櫓　中央の高欄付の二重櫓が月見櫓。左は三木郭の鷲の門。月見櫓は明治８年に破却された。

◉見どころ

徳島城の石垣には阿波の青石と呼ばれる緑色片岩が用いられている。山城部分は粗割石を用いた打込接で築かれているが、山麓の大手などでは片岩の切石を用いた切込接によって築かれている。山麓御城の西面、寺島川沿いの石垣上には十五～十七間おきに屏風折れ塀が設けられていた。塀の折れは石垣の塁線よりも突出するため、塀の突出部の柱を受けるため、石垣に突き出した舌石と呼ばれる台石が全国で唯一残されている。

石垣に突き出した舌石（写真／中井　均）

（写真／徳島市立徳島城博物館提供）

天守（国重文）**と小天守**（復元） 嘉永５年（1852）の再建。三重三階・地下一階の層塔型天守。小天守（二重櫓）は、小天守東櫓とも呼ばれ、大天守、小天守、北隅櫓、南隅櫓を多聞櫓で繋いだ連立式天守の形式である。昭和43年に小天守、北隅櫓、南隅櫓、多聞櫓、十間廊下が復元された。

国史跡・国重文 松山城

関ヶ原合戦の戦功により加藤嘉明は伊予半国を賜り、松前城に替わる新城を勝山に築いた。これが松山城である。しかし嘉明は築城途中に会津へ転封となり、蒲生忠知が引き継ぎ、二の丸を完成させた。さらに忠知改易により松平定行が入城し、加藤時代に造営された五重天守を三重に改築し、三の丸が完成したのはさらにその後のことである。勝山山頂に本丸を置き、その北端に一段高く本壇と呼ばれる天守曲輪を構えていた。当初居館として二の丸が中腹に設けられたが、後に藩邸は山麓の三の丸に移る。

松山城空撮（写真／中田眞澄） 城跡の主要部は史跡公園となり、天守をはじめ本壇（天守曲輪）・本丸・二の丸の石垣が現存するほか、現存建物や復元建物が多数ある。

「伊予松山城古絵図」（伊予史談会蔵）

●築城年／慶長７年（1602） ●築城主／加藤嘉明 ●所在地／愛媛県松山市丸之内
●交　通／ＪＲ予讃線松山駅下車。伊予鉄道大街道下車。ロープウェイで山上へ

野原櫓（国重文） 江戸前期の造営。全国で唯一現存する望楼型二重櫓である。

乾櫓（国重文） 江戸前期の造営。乾櫓は築城当初の二重の隅櫓で、乾門・乾門東続櫓とともに搦手（裏側）を防衛した。弾丸が壁を貫けないように壁の中に小石や瓦を詰めて厚くした、太鼓壁構造となっている。

現存する一の門・一の門南櫓・二の門南櫓・三の門南櫓（すべて国重文） 文化から安政年間（1804～60）に造営された建物群。写真手前中央から時計回りに一の門、三の門南櫓、二の門南櫓、一の門南櫓。

二の門（国重文） 文化から安政年間（1804～60）の造営。

三の門（国重文） 文化から安政年間（1804～60）の造営。

仕切門・仕切門内塀（国重文） 文化から安政年間（1804～60）の造営。

筋鉄門東塀（国重文） 文化から安政年間（1804～60）造営。

紫竹門（国重文） 文化から安政年間（1804～60）の造営。

一の門（国重文） 文化から安政年間（1804～60）の造営。

戸無門（国重文） 寛政十二年（一八〇〇）の造営。築城当初から門扉がなく、敵を防備の要である筒井門に誘いこむための戦略的な設置とみられている。

隠門と続櫓（国重文） 江戸前期の造営。筒井門に向かう敵を隠門から打ち出て、背後から襲う戦略的な設置とみられている。門の上には続櫓があり、堅牢さがわかる。

大正期に撮影された松山城（ワーズウィック・コレクション）

◉見どころ

勝山の中腹の谷部には二の丸が構えられ、広大な二の丸御殿が造営された。その御殿の中央に位置するのが大井戸である。東西一八メートル、南北一三メートル、深さ九メートルを測る規模はまるで巨大なプールのようである。この二の丸を山上の本丸と一体化して防御する目的で本丸の両端より二の丸に向かって二本の登り石垣が構えられている。絵図によると、この登り石垣上には土塀が巡り、櫓も構えられていた。

二の丸大井戸（写真／中井 均）

（写真／松山城総合事務所・松山市役所提供）

宇和島城空撮（佐川印刷提供）　城郭の主要部は城山公園となり、天守や本丸・二の丸・二の丸帯曲輪・藤兵衛丸・長門丸・代右衛門丸などの石垣が現存する。

宇和島城

国史跡・国重文・市重文

戦国時代には伊予の支城的存在で、板島丸串城と呼ばれていたが、文禄四年（一五九五）に藤堂高虎が宇和郡に封ぜられると、板島丸串城を居城として大改修を施し、近世城郭へと整備した。その縄張も高虎自らの手によるものであった。慶長十九年（一六一四）には伊達家が入城し、名を宇和島城と改め、二代宗利の時に現存する三重天守が造営された。宇和海に突出した城山の山頂部に本丸を中心に、曲輪を階段状に配し、山麓には三の丸とともに平面が五角形となる惣構を設けていた。この惣構の二辺は直接海に接していた。

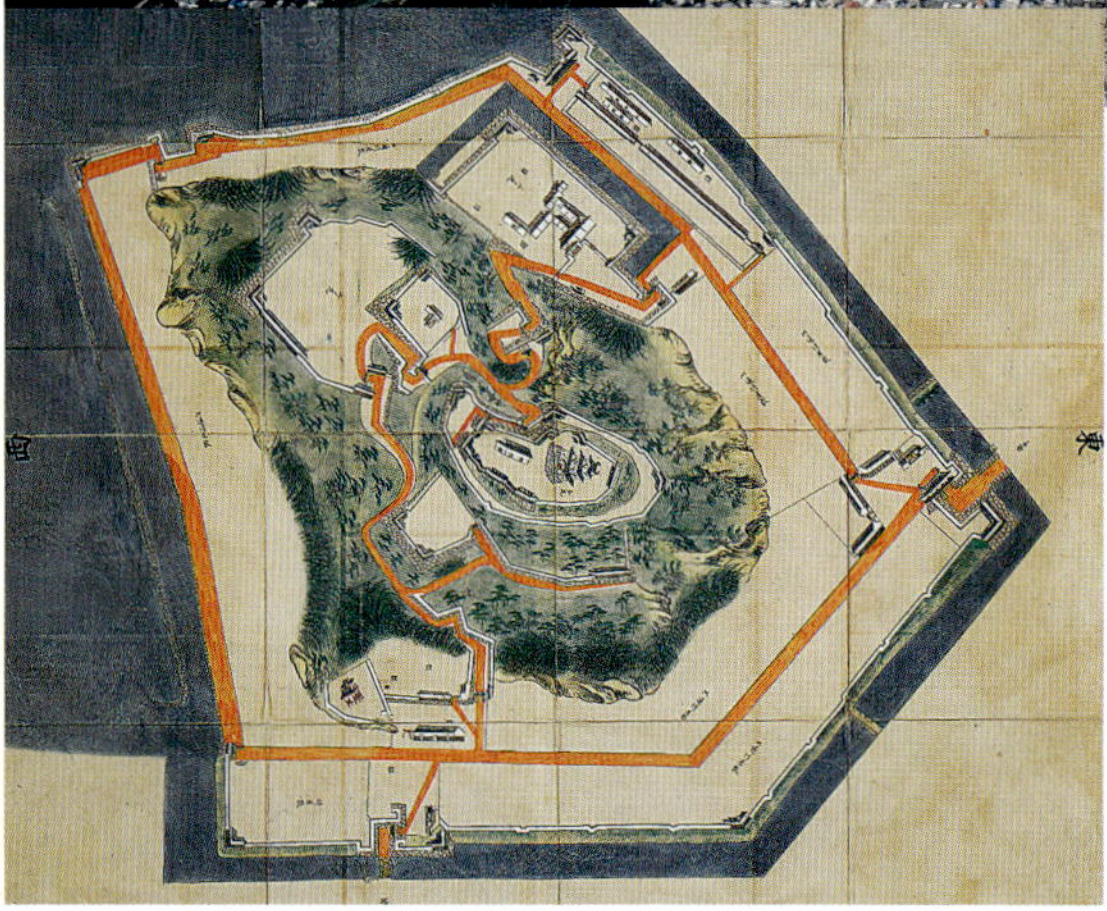

「**伊予国宇和島城絵図**」（宇和島伊達文化保存会蔵）

宇和島城遠望　標高約 80 メートルの城山上に天守がそびえる。

●築城年／文禄４年（1595）　●築城主／藤堂高虎　●所在地／愛媛県宇和島市丸之内
●交　通／ＪＲ予讃線宇和島駅下車。徒歩20分

宇和島城天守（国重文）　寛文五年（一六六五）の再建。三重三階の層塔型天守。

明治中期撮影の追手門と多聞櫓

上り立ち門（市重文）
宇和島城で唯一現存する門。
寛文年間（一六六一～七三）造営。

（写真／宇和島市教育委員会提供）

◉見どころ

天守は現存十二天守のひとつで、寛文四年（一六六四）に伊達宗利によって造営が開始され、翌五年に完成した。本丸中央に配された独立式天守で、その構造は三重三階の層塔型天守であった。天守台には幅の広い犬走りが設けられ、唐破風の玄関を付け、石落しや狭間も設けられず、各階に設けられた破風も単なる飾りであった。このように宇和島城の天守は太平の世のシンボル的存在として築かれたものであった。

天守（写真／中井　均）

今治城二の丸武具櫓と鉄御門　右手に武具櫓（昭和55年復元）、土塀の右奥は山里櫓（平成2年復元）、武具櫓の左は多聞でつながる鉄御門（平成19年復元）。

上・慶応3年（1867）に撮影された本丸・二の丸
中・昭和55年に建てられた模擬天守と二の丸山里櫓（平成2年復元）
下・平成19年に復元された鉄御門

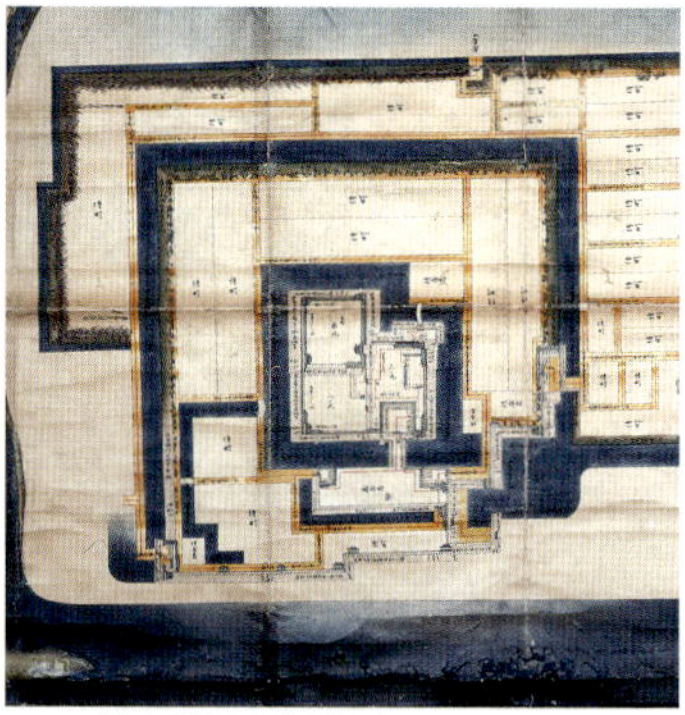

「伊予今張（治）城図」（今治史談会蔵）

県史跡

今治城

関ヶ原合戦の戦功により伊予一国の太守となった藤堂高虎は新たに今治城を築き、宇和島城より居城を移した。その縄張は高虎自らが行なったものである。高虎が伊賀へ移ると一旦養子の高吉が入城するが、その後は松平（久松）氏が明治まで続いた。城は海岸に砂を盛って築かれ、構造は極めてシンプルな輪郭式であるが、虎口には枡形を重ねて厳重にしている。なお、本丸に造営された五重天守は日本で最初の層塔型天守であった。

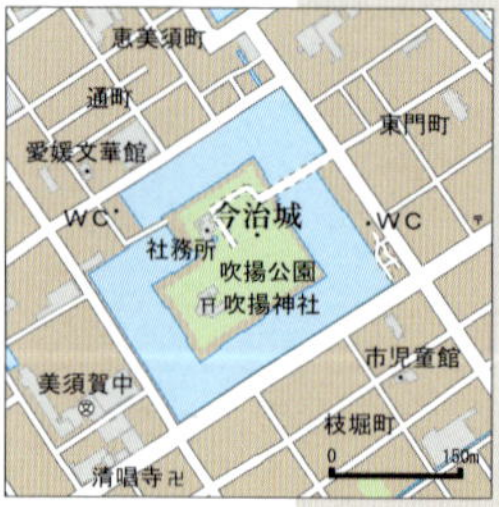

◉見どころ

石垣は直線的で反りがない。これは高虎の関与した城郭の石垣の特徴である。またその基底部には犬走りが設けられているが、これは不安定な海岸に築かれた石垣の土台と考えられる。

二の丸石垣

（写真／今治市役所提供）

●築城年／慶長7年（1602）　●築城主／藤堂高虎　●所在地／愛媛県今治市通町
●交　通／ＪＲ予讃線今治駅下車。徒歩20分

高欄櫓（国重文）**と天守**（復元）
高欄櫓は文久元年（1861）の造営。

苧綿櫓（国重文）
天保14年（1843）の造営。

台所櫓（国重文）**と復元天守**　台所櫓は安政6年（1859）の造営。
天守は明治25年に取り壊されていたが、平成16年に復元された。

国重文・県史跡・県重文

大洲城

豊臣秀吉の四国平定で伊予に封ぜられた戸田勝隆により整備されるが、現在の姿に整備されるのはその後に入城した藤堂高虎、脇坂安治の改修によるものである。江戸時代には加藤氏歴代の居城となる。大洲城は蛇行する肱川に突出した地蔵ヶ嶽に築かれた平山城で、南山麓には肱川の水を引き込んだ内堀と外堀を巡らせ、二の丸と三の丸を構えていた。山頂本丸の北西隅には四重天守が造営され、台所櫓と高欄櫓と結んで連立天守を形成していた。

「元禄五年大洲城絵図」（大洲市立博物館蔵）

◉見どころ

南山麓に構えられた三の丸は侍屋敷地となっていたが、その石垣塁線上には櫓が配されており、苧綿櫓、南隅櫓の二基が残されている。市街地になった外郭に櫓が残る例は極めて珍しい。南隅櫓は明和三年（一七六六）に再建されたもの。

三の丸南隅櫓（国重文）（写真／中井　均）

（写真／大洲市役所提供）

●築城年／文禄4年（1595）　●築城主／宇都宮氏　●所在地／愛媛県大洲市大洲
●交　通／ＪＲ予讃線伊予大洲駅下車。徒歩20分

詰門（国重文） 享和2年（1802）の再建。

大正期に撮影された追手門と天守
（小沢健志氏蔵）

天守（国重文）**と追手門**（国重文） 天守は延享4年（1747）の再建。四重六階の望楼型天守。追手門は享和元年（1801）の再建。

国史跡・国重文

高知城

南北朝時代に築かれた大高坂城を近世城郭へと整備したのは長宗我部元親である。近年の発掘調査により元親時代の石垣が検出されている。関ヶ原合戦によって土佐一国を与えられた山内一豊は居城をこの大高坂山に定め大改修を施し、本丸と二の丸が完成した。さらに二代忠義によって山腹部の三の丸が完成した。また忠義は名を高智山と改め、これが後に高知となった。現存する天守は寛延二年（一七四九）に再建されたものであるが、初期望楼型構造となる。こうした古式天守は藩祖一豊によって築かれた天守復元を目指したものであった。

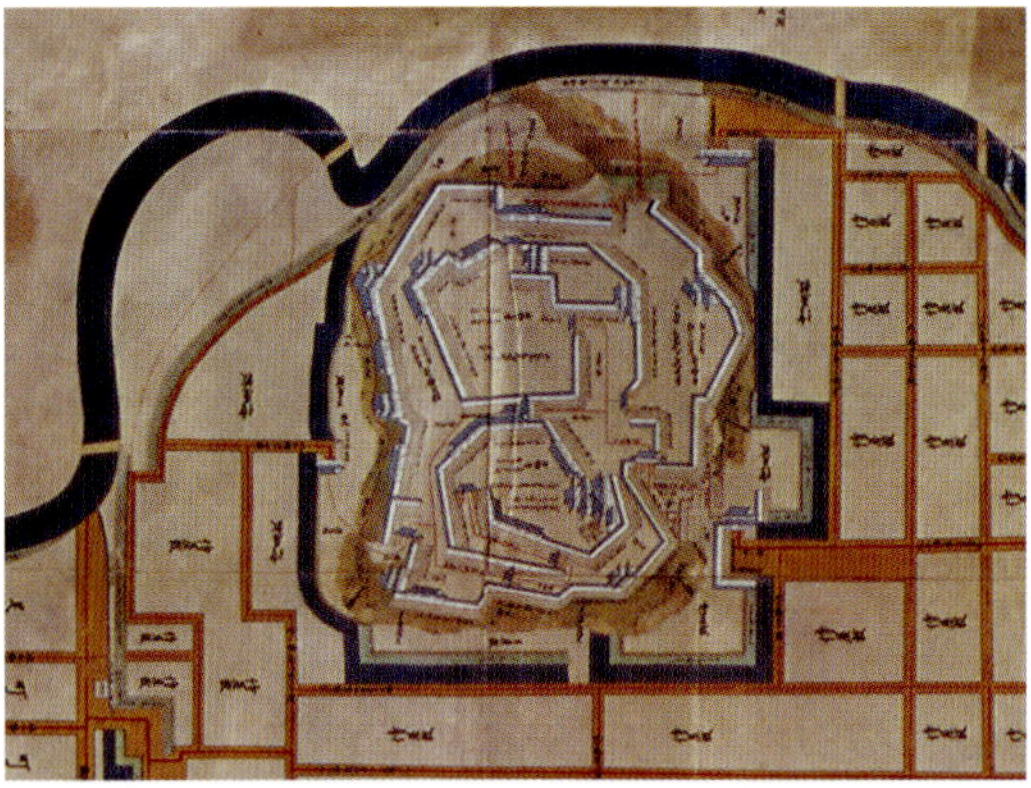

「土佐国高知城絵図」（正保城絵図／国立公文書館内閣文庫蔵）

高知城空撮 城郭の主要部は高知公園となり、天守や本丸・二の丸・三の丸などの石垣などが現存する。

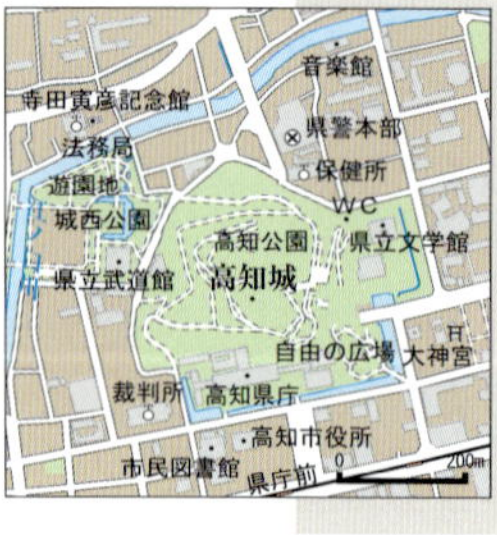

●築城年／慶長6年（1601） ●築城主／山内一豊 ●所在地／高知県高知市丸ノ内
●交 通／ＪＲ土讃線高知駅下車。徒歩20分

御殿上ノ間と二ノ間

懐徳館（国重文）　享保12年（1727）の大火災で天守・御殿をはじめ本丸の大多数の建物が焼失。現在の御殿は寛延２年（1749）に再建された。

追手門西南矢狭間塀（国重文）

追手門東北矢狭間塀（国重文）

詰門（国重文）**・廊下門**（国重文）**と天守**（国重文）
詰門・廊下門の２門は享和年間（1801～04）の再建。

天守東南矢狭間塀（国重文）

天守西北矢狭間塀（国重文）**と東多聞**（国重文）
東多聞は享和年間（1801 ～ 04）の再建。

黒鉄門（国重文）**と黒鉄門東南矢狭間塀**（国重文）　黒鉄門は享保15年（1730）の再建。

西多聞と黒鉄門西北矢狭間塀（国重文）

天守東南矢狭間塀（国重文）

廊下門（国重文）　享和年間（1801 ～ 04）の再建。

西多聞（国重文）　江戸中期の再建。

◎見どころ

高知城の本丸には様々な建物が残されており、縄張と建造物がどう組み合わされて機能していたかがよくわかる好例といえる。そのなかでも注目されるのが詰門である。藩政時代には橋廊下と呼ばれており、並立する本丸と二の丸間に設けられた堀切に架けられたものである。二階は詰所、一階は塩倉として用いられているが、本来は二階が橋となり、一階は堀切をふさぐ櫓門として築かれたものである。

詰門（橋廊下）（国重文）（写真／中井　均）

（写真／高知城管理事務所提供）

「御城内絵図」（福岡市博物館蔵）

下ノ橋御門（県重文）**と伝潮見櫓**（県重文）　下ノ橋御門は下ノ橋を渡った所に建つ大手門。平成19年に二階櫓門として修理復元された。写真右の伝潮見櫓は明治末期に黒田家別邸内に移築されていたが、昭和31年に現在の位置に復元された。

明治初期に撮影された二の丸松ノ木坂御門・大組櫓・向櫓

南二の丸多聞櫓の北隅櫓（写真／石田多加幸）
二重二階の隅櫓。昭和50年に復元された。

福岡城

国史跡・国重文・県重文

関ヶ原合戦の戦功により黒田長政は筑前一国を賜り、それまで筑前を領していた小早川氏の居城名島城に入るが、あまりに手狭であったため、新たな拠点として築いたのが福岡城である。以後明治まで黒田氏歴代の居城となる。城は博多支配をも視野に入れ、玄海灘を望む福崎の丘陵の先端が選ばれた。その構造は丘陵上に本丸と二の丸を並立させ、南二の丸と東二の丸を鉤の手状に張り出させていた。これらは総て高石垣によって築かれ、随所で屈曲する複雑な塁線となっていた。また丘陵下段には広大な内堀を巡らせた三の丸が土塁によって築かれ、三の丸御殿や重臣の屋敷地となっていた。

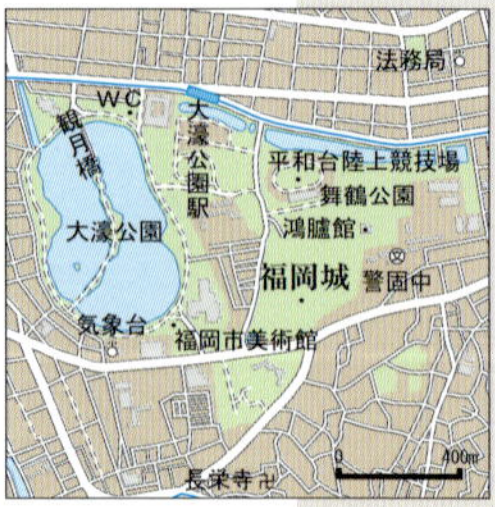

●築城年／慶長6年（1601）　●築城主／黒田長政　●所在地／福岡県福岡市中央区城内
●交　通／ＪＲ鹿児島本線博多駅下車。地下鉄大濠公園下車。徒歩５分

南二の丸多聞櫓・西隅櫓（国重文）　別名武具櫓とも呼ばれる多聞櫓。二重二階の隅櫓2基と三十間におよぶ平櫓からなる。嘉永７年（1854）に大改修を受けている。

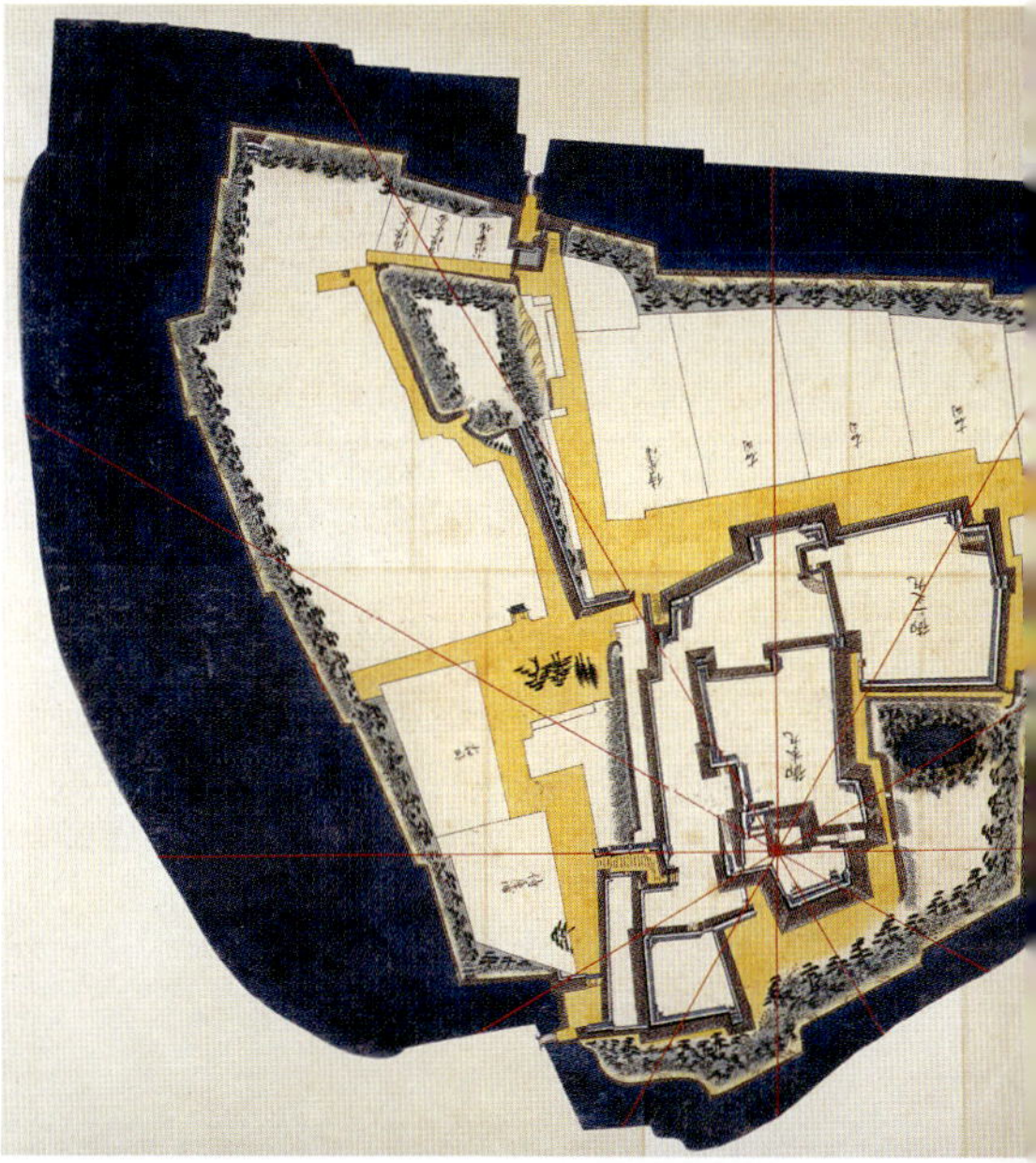

本丸祈念櫓（県重文）　万延元年（1860）造営の二重二階櫓。大正７年に崇福寺に払い下げられ、大正寺観音堂として移築されていたが、昭和58年に元の位置に移築復元された。

福岡城空撮　城跡の主要部分は舞鶴公園となっており、多聞櫓や二の丸南隅櫓、潮見櫓・大手門・祈念櫓・母里太兵衛邸長屋門などが現存する。また多聞櫓に続く二の丸北隅櫓が復元されている。城の西側（写真左）の大濠は大濠公園。

◉見どころ

本丸の中央には巨大な天守台が築かれている。その規模から五重天守の存在が考えられる。ところで福岡城ではこれまで天守の存在を記した文書や絵図は見つかっていない。このため天守台のみが築かれたとも考えられている。しかし、現存する天守台の穴蔵には礎石まで残されている。細川家文書には元和六年（一六二〇）に長政が幕府に遠慮して天守を取り壊したとの噂が記されている。まさに謎の天守台といえよう。

天守台（写真／中井 均）

（写真／福岡市教育委員会提供）

明治初期に撮影された本丸　左より坤櫓、太鼓櫓、巽櫓。その間を二重多聞櫓で結んでいる。

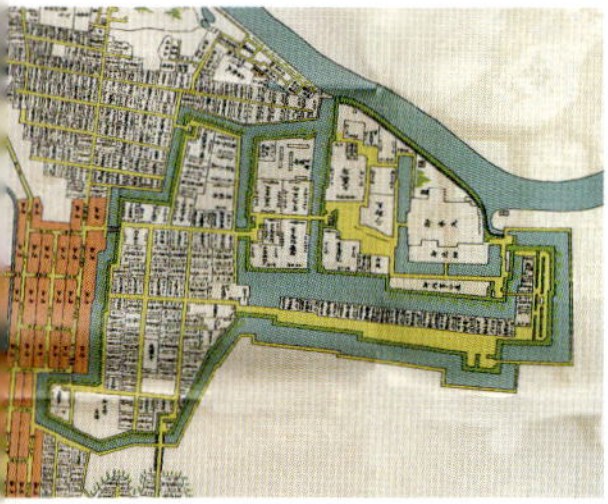

「延宝八年久留米城下図」
（久留米市教育委員会蔵）

本丸高石垣　水堀からの高さ約15メートルの高石垣。石垣上には、天守のかわりとされる三重三階の巽櫓と三重三階の櫓6基、そして二重の多聞櫓が廻り、本丸を厳重に固めていた。

久留米城空撮　明治7年、城の建物は取り壊され、現在、本丸には有馬豊氏を祀る篠山神社や有馬家資料などを展示した有馬記念館がある。

県重文

久留米城

豊臣秀吉の九州平定により毛利秀包によって築かれ、関ヶ原合戦後は田中吉政の支城となるが、本格的な築城は筑後半国の太守となり久留米城を居城とした有馬豊氏によるものである。筑後川に面した丘陵を利用して本丸、二の丸、三の丸を一直線上に配した連郭式の縄張で、本丸には七つの三重櫓が配され、それらを二重の多聞櫓によって連結する壮大な構えであった。

◉見どころ

筑後半国を領する大大名の居城にふさわしく本丸は壮大な高石垣によって築かれている。堀の大半は埋められてしまったが、筑後川方面の石垣は見事に残されている。

本丸高石垣（写真／中井　均）

（写真／久留米市教育委員会提供）

●築城年／天正15年（1587）　●築城主／毛利秀包　●所在地／福岡県久留米市篠山町
●交　通／ＪＲ鹿児島本線久留米駅下車。バス久留米大付属病院前下車

明治初期に撮影された天守（写真／御花史料館蔵）　明治５年、原因不明の火災により天守以下の主要な建物が焼失した。天守は五重五階の層塔型天守であった。

本丸跡の石垣　本丸・二の丸付近は市立柳城中学校・柳川高校の敷地となり、天守跡の高台が市指定史跡となっている。

柳川城水堀　城下を縦横無尽に掘割された水堀は、今は水郷巡りの名所となっている。

天守跡の石垣　天守台にわずかに石垣が残っている。

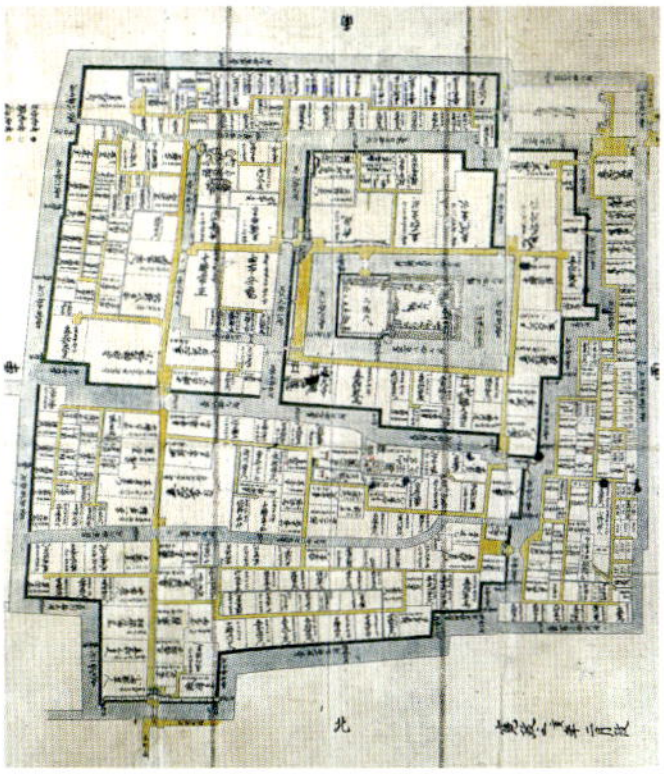

「寛政三年二月改柳川城城下図」（御花資料館蔵）

市史跡

柳川城

豊臣秀吉の九州平定により立花宗茂に筑後半国が与えられ、柳川城を築いて居城とした。関ヶ原合戦で西軍に属した宗茂は改易、筑後一国は田中吉政に与えられ、その居城を柳川と定め、近世城郭へ再整備された。田中家が改易されると再び立花宗茂が城主となり、以後明治まで立花氏歴代の居城となる。城は有明海のデルタ地帯に築かれた平城で、方形の石垣によって築かれた本丸と、土塁によって築かれた二の丸からなり、その周囲に幅の広い内堀が巡っていた。

◉見どころ

柳川城の特徴はなんといっても内堀のさらに外側に幾重にも巡らされた水堀であろう。城下町全体がこうした水堀によって水郷となっている。水門は川より水を取り入れるために設けられたものである。

水門（写真／中井　均）

（写真／柳川市役所提供）

●築城年／文亀年間（1501～1504）、慶長６年（1601）　●築城主／蒲池治久、田中吉政　●所在地／福岡県柳川市本城町
●交　通／西鉄大牟田線柳川駅下車。バス

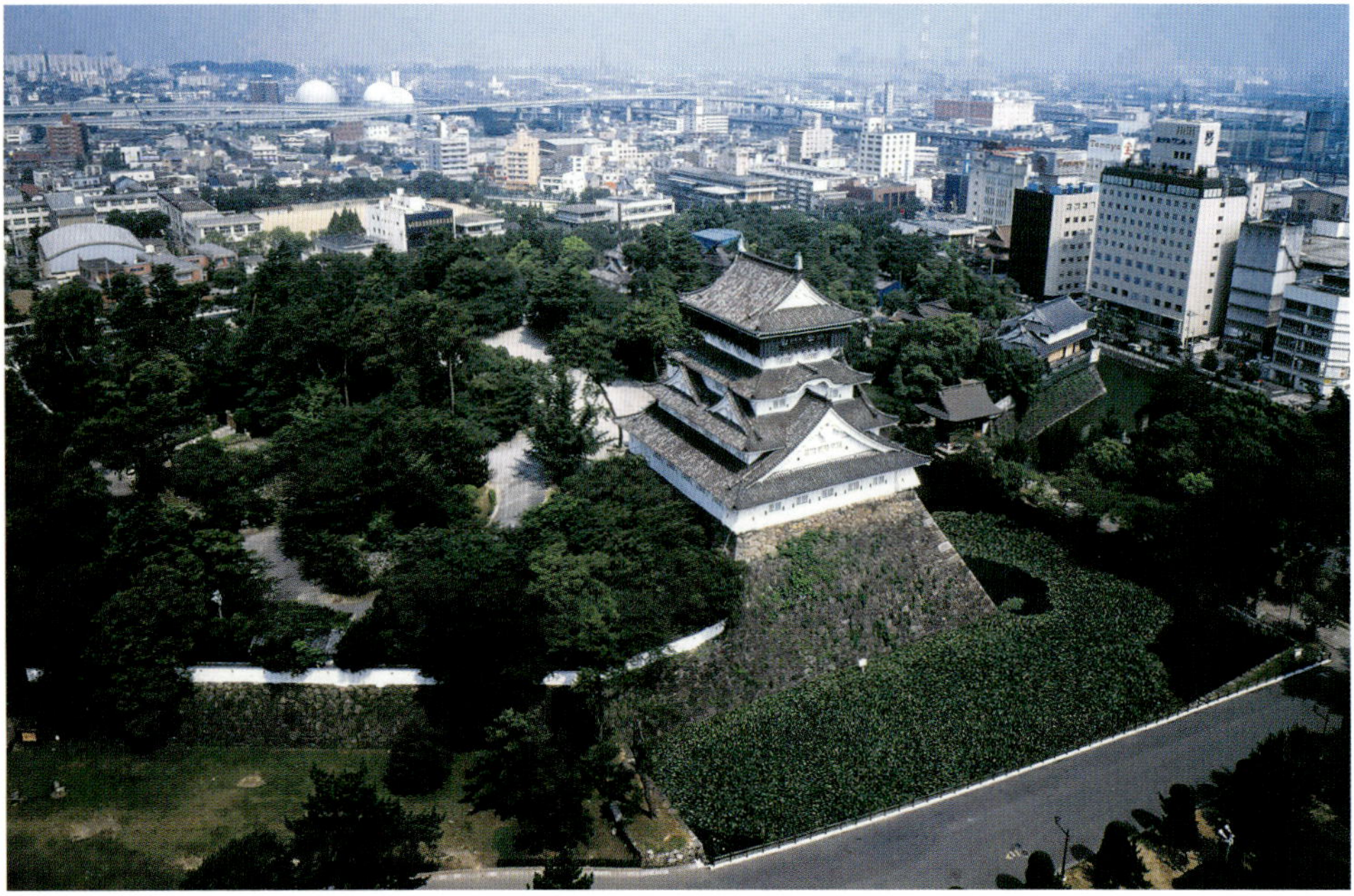

天守（写真／松井　久）　天守は天保8年（1837）、失火により御殿とともに焼失、以後再建されなかったが、昭和34年に復興天守が建てられた。

小倉城

小倉城は戦国時代に毛利氏によって築かれたが、豊臣秀吉の九州平定後は九州の玄関口として森吉成が入れ置かれ、このとき石垣による築城が行なわれた。関ヶ原合戦後は豊前一国の太守となった細川忠興がその居城とし、惣構を完成させた。細川氏の転封後は小笠原氏歴代の居城として明治を迎えた。響灘に注ぐ紫川の河口の自然河川を上手く利用しながら二重、三重に水堀を巡らせる縄張は複雑で、特に惣構の塁線には折を多用し、強く横矢を意識した構造となっている。

上・小倉城空撮（写真／北九州市教育委員会提供）
本丸・松の丸・北の丸などの石垣が現存する。

左・「豊前之国小倉城之図」（山口県文書館蔵）

◎見どころ

大半が市街地となってしまい、わずかに本丸周辺が残されているにすぎない。天守は昭和三十四年に復興されたもので、元来は飾破風のない四方葺下ろしの四重五階の層塔型天守であった。

復興天守（写真／松井　久）

●築城年／天正15年（1587）　●築城主／森吉成（毛利勝信）　●所在地／福岡県北九州市小倉北区室町
●交　通／ＪＲ鹿児島本線西小倉駅下車。徒歩５分

昭和初期撮影の本丸御殿
（写真／佐賀県教育委員会蔵）

鯱の門・続櫓（国重文）　本丸表門にあたる鯱の門（櫓門）と一重二階櫓の続櫓は天保7年（1836）の再建。

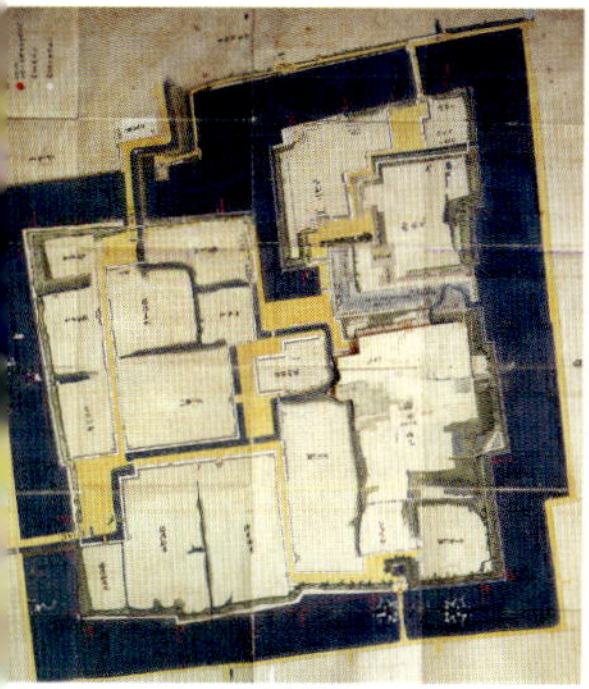

上・「佐賀御城分間御絵図」
（鍋島報效会蔵）

右・佐賀城空撮（写真／佐賀城歴史館提供）　本丸・二の丸・三の丸・西の丸などの石垣・水堀の大部分や、天守台石垣や鯱の門が現存する。

国重文・県史跡

佐賀城

戦国大名龍造寺隆信の跡を継ぐこととなった鍋島直茂は隆信の居城であった村中城に入り、居城とするために改修工事を行なった。水郷地帯に築かれた平城で、本丸とその外周に鉤の手状に配された二の丸と、その外側に三の丸と西の丸が取り付く梯郭式の縄張で、それらを取り囲む水堀は幅五〜七〇メートルにおよぶ広大なものであった。このうち石垣が使用されたのは本丸北側と西側のみで、ほかは土塁造りであった。

復元本丸御殿　平成十六年、御玄関、御式台、御料理間、外御書院、御座間などからなる本丸御殿が復元され、佐賀城本丸歴史館として開館した。

◉見どころ

本丸の北東部には巨大な天守台が残されている。高さ六メートル、初重の平面が十五間×十三間という巨大なもので、高さ二十一間の五重天守が建てられていたが、その意匠は不明である。

天守台石垣（写真／中井　均）

（写真／佐賀県観光連盟提供）

●築城年／慶長年間（1596～1615）　●築城主／鍋島直茂　●所在地／佐賀県佐賀市城内
●交　通／ＪＲ長崎本線佐賀駅下車。バス鯱の門下車。徒歩3分

唐津城遠望（写真／石田多加幸）　標高約43メートルの満島山に築かれた平山城。山上の本丸には昭和41年に建てられた模擬天守が望まれる。

唐津城

関ヶ原合戦で東軍方についた寺沢広高によって築かれたのが唐津城である。寺沢家断絶後城主は次々と替わり、ようやく文化十四年（一八一七）に小笠原長昌が入り、四代続いて明治を迎えた。城は松浦川の河口にある満島山に築かれた平山城である。丘陵頂に本丸を置き、山麓に二の丸を配し、これらを二の門堀によって平地部と切断して完全に島状に独立させている。三の丸はその外郭に外堀を巡らせて構えられていた。

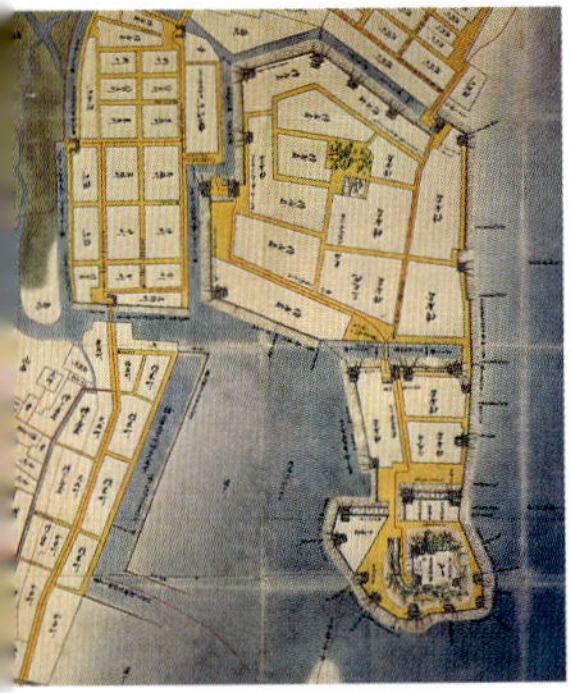

「肥前唐津城絵図」
（正保城絵図／国立公文書館内閣文庫蔵）

唐津城空撮（写真／中田眞澄）
城跡の本丸周辺は舞鶴公園となっている。

◉見どころ

本丸の山麓周囲には腰曲輪が構えられ、海沿いに高石垣を巡らせ、船入門や水手門が築かれていた。またこの海岸の岩礁にはいたるところに矢穴が認められ、ここから石材を調達したことがわかる。

海岸沿いの高石垣（写真／中井　均）

●築城年／慶長７年（1602）　●築城主／寺沢広高　●所在地／佐賀県唐津市東城内
●交　通／ＪＲ唐津線唐津駅下車。徒歩15分

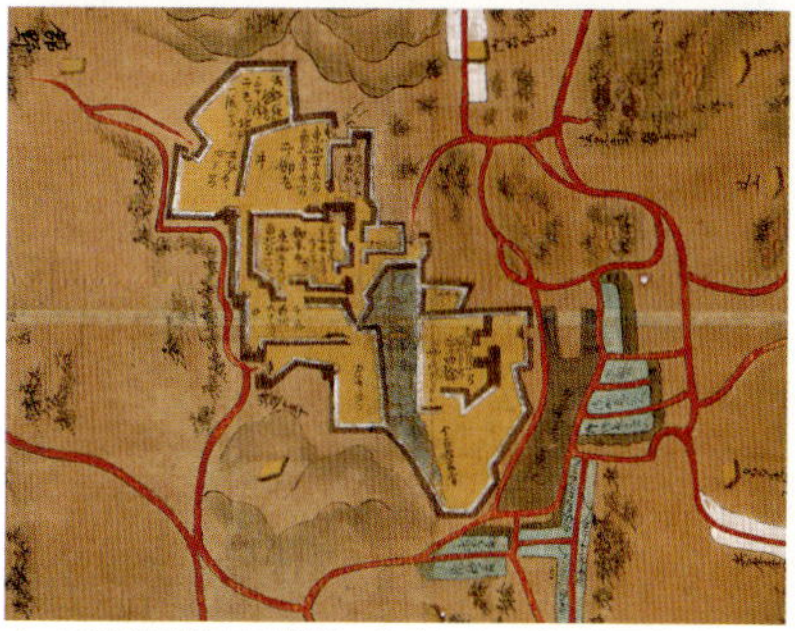

上・天守台跡からの眺望　往時には五重の大天守がそびえていた。

下・「名護屋古城之図」（鍋島報效会蔵）

大手門跡　三の丸南下に位置する大手口から東出丸に向かって直線に大手道が続く。

名護屋城石垣

国特別史跡

肥前名護屋城

名護屋城は豊臣秀吉の命により明国征服の大本営として築城が開始された。玄海灘に突き出た波戸岬の丘陵上に総石垣によって築かれ、本丸の北西隅には金箔瓦に輝く五重の天守が造営された。また城の周辺には諸将の陣屋が一二〇か所ほど構えられ、約二十万人の将兵が駐屯していた。文禄元年（一五九二）にはこの地より朝鮮への出兵が開始される。慶長三年（一五九八）の秀吉の死により役は終結し、名護屋城は廃城となった。

名護屋城空撮（佐賀県立名護屋城博物館提供）本丸を中心に諸将の陣屋が約一二〇余ほど点在した巨大城郭であった。

◉見どころ

名護屋城には石垣が残されているが、崩落している部分が目に付く。これらは自然に崩落したものではなく、破城による人為的な破壊を示している。島原の乱後の古城の徹底破城とも、徳川幕府による朝鮮との国交回復のための破城ともいわれている。

破壊された石垣（写真／中井　均）

（写真／唐津市役所提供）

●築城年／天正19年（1591）　●築城主／豊臣秀吉　●所在地／佐賀県唐津市鎮西町大字名護屋
●交　通／ＪＲ唐津駅下車。バス城址前下車

市史跡

島原城

大坂の陣の戦功により元和二年(一六一六)に松倉重政が島原に入封し、当初有馬氏の日野江城に入るが、幕府より新規築城の許可を得て島原城の築城にとりかかった。松倉氏は島原の乱の責任を負い断絶。その後高力氏、松平(深溝)氏、戸田氏、松平(深溝)氏と引き継がれた。島原城の構造は本丸、二の丸、三の丸を一直線上に配した連郭式の単純な縄張で、本丸と二の丸だけを幅の広い内堀で囲み、外郭は石垣を巡らせただけのものであった。

本丸巽三重櫓と復興天守　巽三重櫓は昭和47年、天守は昭和39年に復元された。

復興天守　昭和39年に五重天守が外観復元された。

昭和前期に撮影された本丸(写真／來本雅之氏蔵)　明治7年から9年にかけて天守以下の城内の建物が払い下げられ、取り壊された。

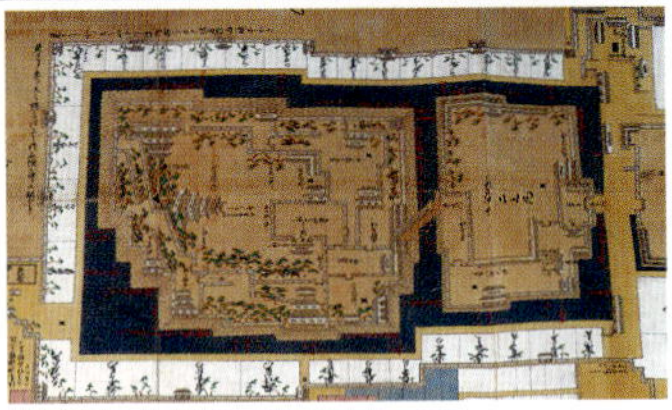

上・島原城空撮　城跡の本丸・二の丸は島原城跡公園となり、石垣・堀が現存する。

右・「嶋原城廻之絵図」
(熊本県立図書館蔵)

◉見どころ

本丸と二の丸は堀によって隔てられており、唯一廊下橋によって繋がっていた。万が一の場合はこの橋を落とすと、本丸は完全に独立するようになっていた。

本丸と二の丸間の堀跡(写真／中井　均)

(写真／島原市役所提供)

●築城年／元和4年(1618)　●築城主／松倉重政　●所在地／長崎県島原市城内一丁目
●交　通／島原鉄道島原駅下車。徒歩5分

国史跡

金石城

金石城は対馬の島主宗氏の居城として築かれた。清水山の南山麓に構えられた城は大手に巨大な桝形を構え、櫓門を設けているが、その形態は城と呼ぶよりもむしろ居館に近い。城内では近年の発掘調査により心字池を持つ庭園が検出されている。宗氏は延宝六年(一六七八)に桟原城へ居城を移すが、金石城は破却されず、副館的施設として利用されている。なお、背後の清水山には豊臣秀吉の朝鮮出兵にともない秀吉の御座所として清水山城が築かれていた。

復元大手櫓門　大正８年に解体され、取り壊されたが、平成２年に復元された。

金石城の庭園　城跡は平成９年から平成16年にかけて、園池の発掘調査が行われ、その結果、大規模な泉水が造営されていたことが確認された。その後、泉水の修復・整備が行なわれ、江戸時代の庭園が、今日再現されている。

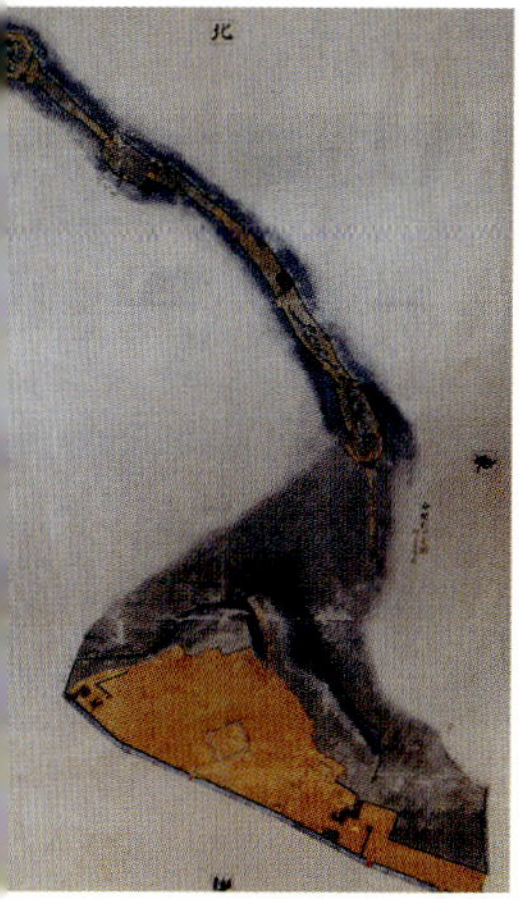

「金石城絵図」(県立対馬歴史民俗資料館蔵)

大手櫓門古写真(写真／中井　均蔵)　大手門は大正八年に解体されるまで残存していた。写真は明治末年に写された側面の形状で、一重目に櫓に出入りする扉が見える。

◉見どころ

清水山の山頂には一の丸、二の丸、三の丸の石垣がよく残されている。一の丸の石垣は扁平な石を積み上げる対馬独特の技法によって築かれ、二の丸、三の丸では打込接技法によって築かれている。

一の丸石垣(写真／中井　均)

(写真／対馬観光物産協会提供)

●築城年／享禄元年(1528)　●築城主／宗盛堅　●所在地／長崎県対馬市厳原町今屋敷
●交　通／厳原港より徒歩

平戸城を望む（平戸市役所提供）　城跡の本丸・二の丸・三の丸は亀岡公園となっている。

模擬天守（平戸市役所提供）
もともと天守はなかったが、昭和37年に本丸の二重櫓跡に三重天守を復興した。

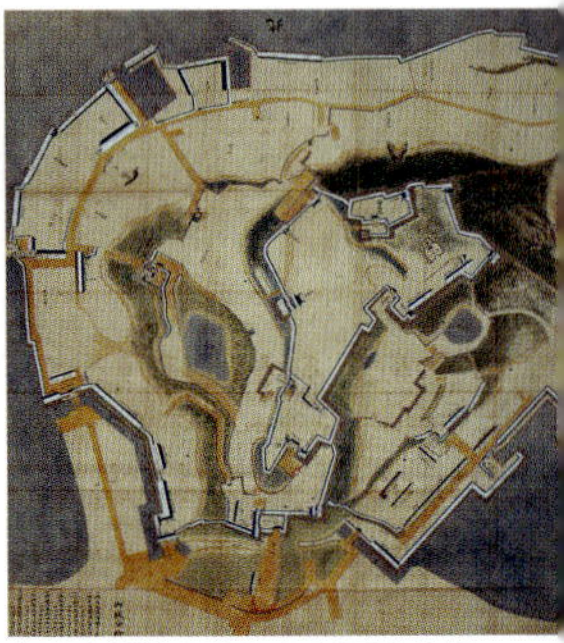

「平戸城分間図」（松浦史料博物館蔵）

平戸城

松浦氏は城主大名であったが、城を持っていなかった。元禄四年（一六九一）に松浦棟が寺社奉行となると、幕府に願い出て同十六年より平戸城の築城が開始された。その縄張は前藩主鎮信と親交があった山鹿素行が行ない、素行の弟義昌が実際の指導を行なった。城は戦国時代に松浦氏の居城日之嶽城があった亀岡山に築かれた。山頂に本丸と、一段低く二の丸を配し、山腹には三の丸が構えられた。亀岡山は三方が海に囲まれ、舟入などが設けられていた。

平戸城空撮（写真／中田眞澄）

◉見どころ

本丸から二の丸にかけての北斜面には登り石垣が設けられている。北虎口門から本丸へ延びる部分では土塀と石狭間が現存しており、山鹿流軍学による築城の実際を見ることができる。

石狭間（写真／中井　均）

●築城年／元禄16年（1703）　●築城主／松浦棟　●所在地／長崎県平戸市岩ノ上町
●交　通／松浦鉄道西九州線平戸口駅下車。徒歩25分

大手口の石垣
複雑な虎口を形成している。

板敷櫓　平成4年に復元された。城跡の本丸は大村神社、城跡全体は大村公園となっており、本丸・二の郭・三の郭の石垣・土塁が現存する。

県史跡

大村城

キリシタン大名大村純忠は三城城を居城としていたが、その子喜前は慶長三年（一五九八）に大村城を築き、以後大村氏十二代の居城となる。正しくは玖島城と呼ぶ。大村湾に突出した玖島岬の丘陵に築かれた海城で、地続きとなる東側に巨大な空堀を設け、本丸を二の郭、三の郭が取り囲む梯郭式の縄張となる。三の郭の南西部にはドック式の御船蔵が備えられ、さらに南東部には波戸石と呼ばれる防波堤が築かれ、本丸直下にも船が出入りできるようになっていた。

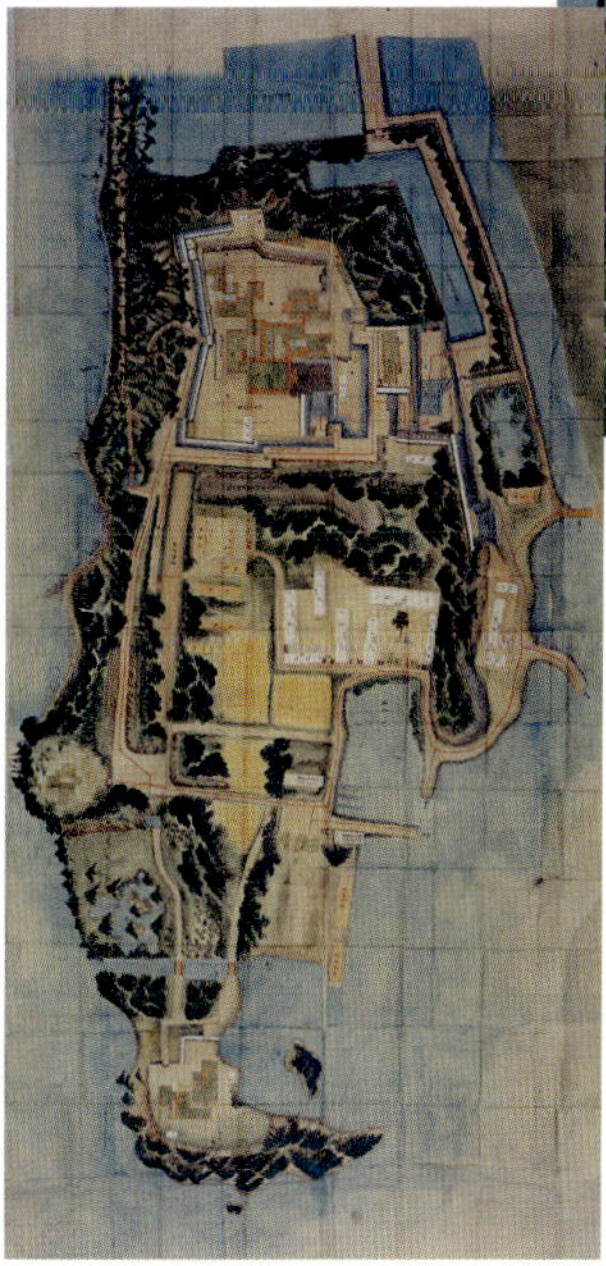

「城郭全図大村縣」
（長崎歴史文化博物館蔵）

大正期に撮影された大村城

◉見どころ

大手は本丸南下の二の郭に構えられていた。大手は桝形となるが、この桝形に東側から進入できる埋門が設けられていた。南側正面からはこの通路は見えず、穴門と呼ぶにふさわしい。

穴門（写真／中井　均）

（写真／大村市教育委員会提供）

●築城年／慶長3年（1598）　●築城主／大村喜前　●所在地／長崎県大村市玖島
●交　通／ＪＲ大村線大村駅下車。バス大村公園

外観復元された五重天守と小天守　明治10年、西南戦争の直前に原因不明の火災で大小天守以下の建物が焼失した。昭和35年に大小天守が外観復元された。

国特別史跡・国重文

熊本城

天正十六年（一五八八）に肥後半国の大名となった加藤清正は隈本城へ入城し、その北東部に位置する茶臼山に新たに築城を開始する。しかし直後に勃発した文禄・慶長の役により工事は中断し、本格的な工事が行なわれるのは、関ヶ原合戦後に清正が肥後一国の太守になってからのことである。その縄張は築城の名手と謳われた清正自らが行なったもので、舌状台地最高所に本丸を置き、それを取り囲むように平左衛門丸、数奇屋丸が置かれ、さらに南に一段低く飯田丸、東竹の丸が配され、西側には鉤形に西出丸が構えられていた。これら中枢部はすべて高石垣で築かれ、各曲輪には五階櫓、三階櫓などの巨大な重層櫓が設けられ、あたかもそれぞれの曲輪が小城郭の構造を呈していた。また虎口は内・外桝形が多用され、複雑かつ強固な構えとなっていた。

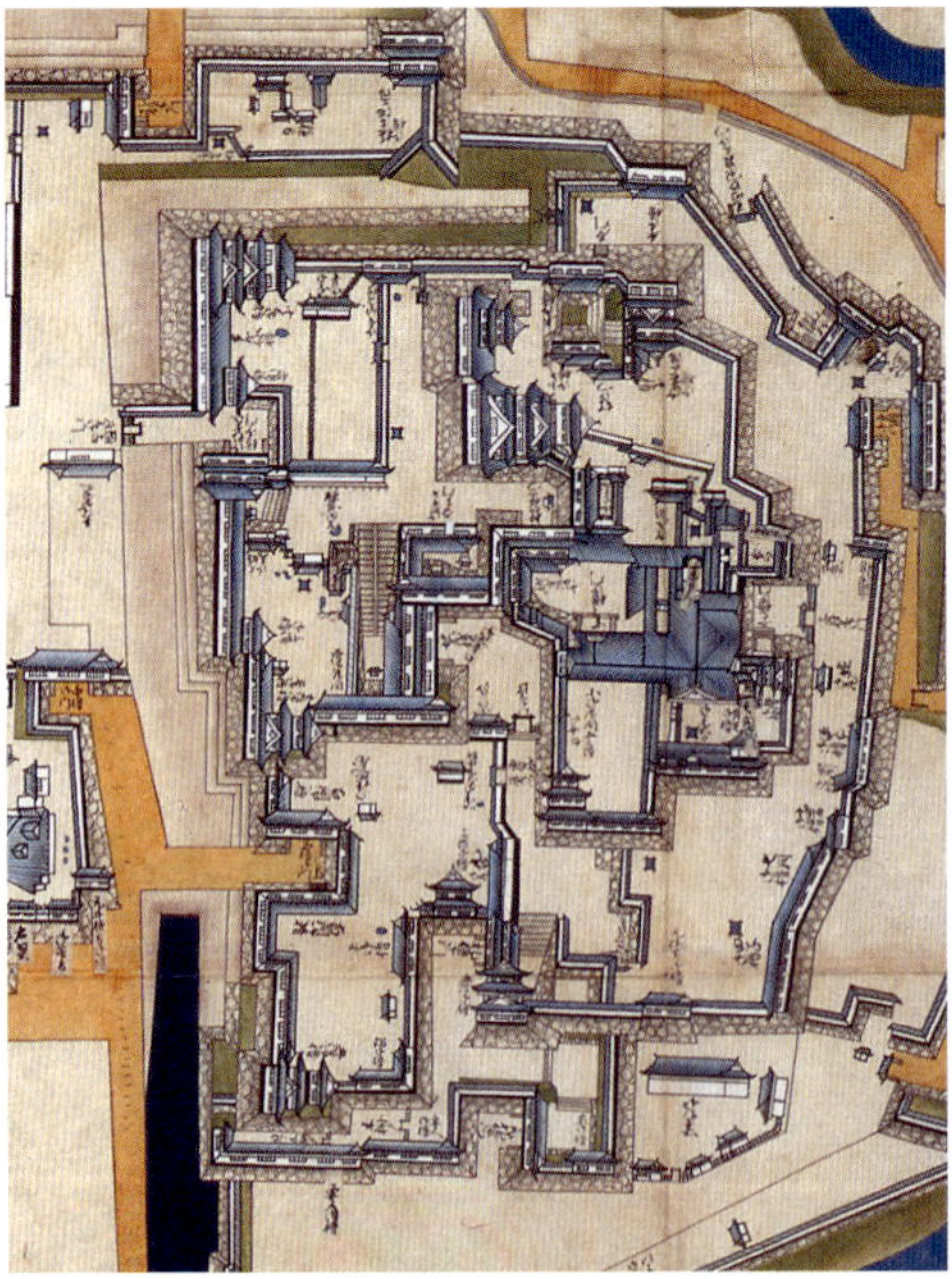

「熊本城図」（永青文庫蔵）

●築城年／天正16年（1588）　●築城主／加藤清正　●所在地／熊本県熊本市本丸
●交　通／JR鹿児島本線熊本駅下車。市電熊本城前下車。徒歩5分

監物櫓（国重文） 新堀櫓とも呼ばれる。
安政7年（1860）の再建。

不開門（国重文） 慶応2年（1866）の造営。

宇土櫓（国重文） 外観三重内部五階・地下一階の五階櫓。
慶長6年から12年（1601～07）の造営。

長塀（国重文） 塀の長さが252メートルある。
慶長6年から12年（1601～07）の造営。

東十八間櫓（国重文）・**北十八間櫓**（国重文）・**五間櫓**（国重文） 左奥の東十八間櫓、手前は北十八間櫓、右奥の屋根と下見板張りがわずかに見えるのが五間櫓。いずれも慶長6年から12年（1601～07）の造営。

平櫓（国重文） 東竹の丸の櫓。
安政7年（1860）の再建。

◉見どころ

熊本城での見所は何といってもその石垣である。美しい曲線を描く勾配は「扇の勾配」と称され、清正築城の大きな特徴のひとつである。本丸南西隅の石垣は俗に「二様の石垣」と呼ばれ、清正時代の石垣と、細川時代の石垣を見ることができる。また、城の立地する舌状台地の南西端部は古城跡と呼ばれる。城の先端を防御する重要な地点であり、独立した出城のような構造となっている。現在学校用地となっているが、石垣がほぼ残されている。

上・古城跡の石垣（写真／中井　均）

左・二様の石垣（写真／中井　均）

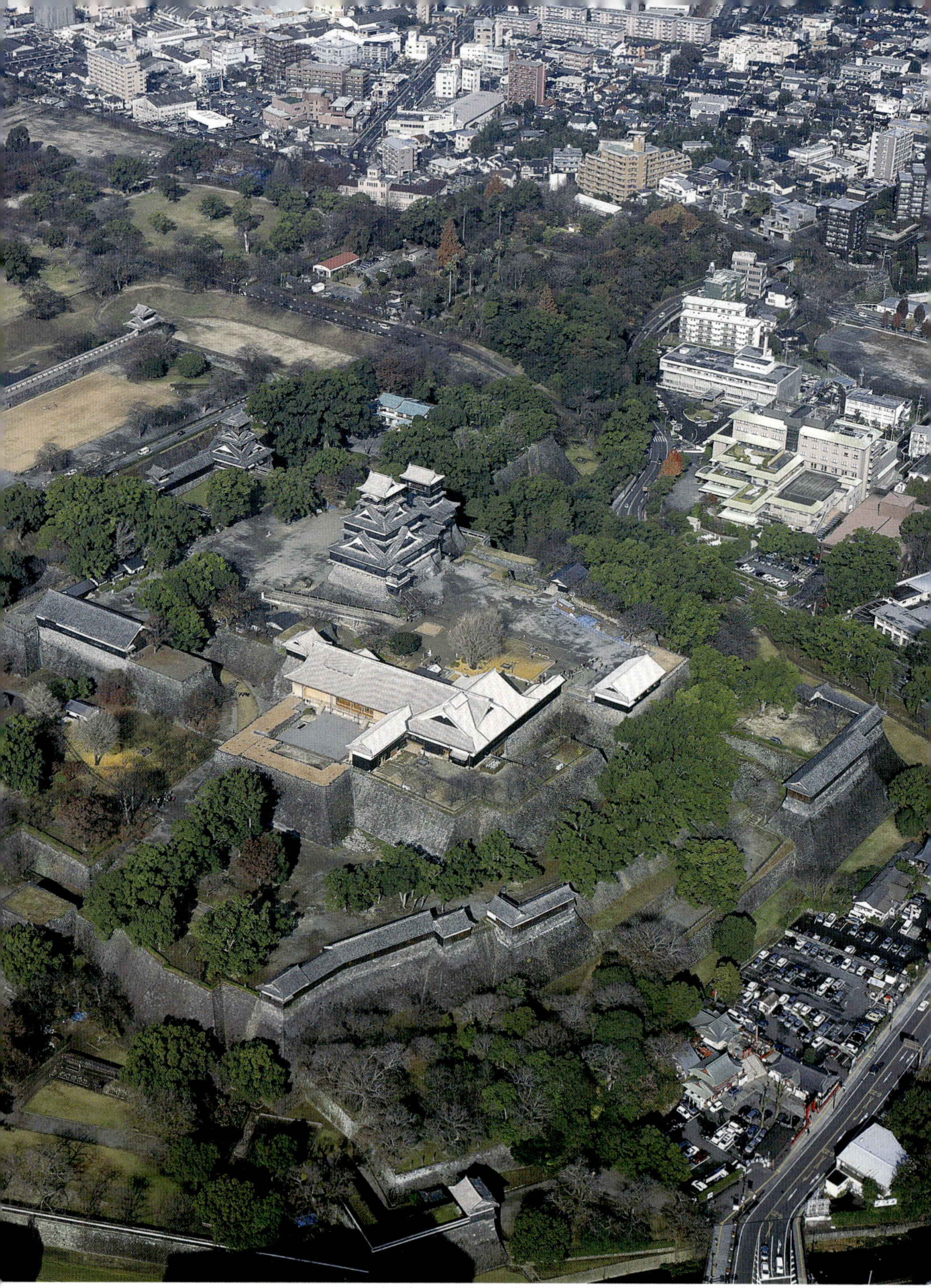

熊本城空撮　城跡主要部は史跡公園となっており、主要部の石垣はもちろんのこと、宇土櫓をはじめとする現存建物や天守・飯田丸五階櫓などの復元建物が多数ある。

◎2016年4月に起きた熊本地震で、熊本城全体が大きな被害を受けました。本書では、1日も早い復興を祈念して、被災以前の貴重な姿を掲載しました。

(写真／中田眞澄)

明治7年に撮影された飯田丸五階櫓（長崎大学附属図書館蔵）　飯田丸五階櫓の左に百間櫓と呼ばれる多聞櫓が続く。多聞櫓の屋根の奥に焼失前の大天守が見える。

元太鼓櫓　西出丸の西大手に構えられた平櫓。明治４年に取り壊されていたが、平成15年に復元された。

戌亥櫓（熊本城総合事務所提供）　外観二重内部三階、西出丸の北西に位置する隅櫓。明治４年頃に取り壊されていたが、平成15年に復元された。

田子櫓（右・国重文）・**七間櫓**（左・国重文）
東竹の丸の櫓。田子櫓は慶応元年（1865）、七間櫓は安政4年（1857）の再建。

四間櫓（右・国重文）・**源之進櫓**（左・国重文）
東竹の丸の櫓。四間櫓は慶応2年（1866）、源之進櫓は慶長6年から12年（1601～07）の造営。

十四間櫓（国重文）　左から田子櫓・七間櫓と並び、十四間櫓と続く。天保15年（1844）の再建。

未申櫓　外観二重内部三階、西出丸の西南に位置する隅櫓。明治4年頃に取り壊されていたが、平成15年に復元された。

飯田丸五階櫓（熊本城総合事務所提供）
外観三重内部五階の櫓。明治時代に取り壊されていたが、平成17年に復元された。

（写真／中田眞澄）

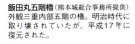

本丸天守台　天守は寛文12年(1672)、落雷による火事で焼失。以後再建されなかった。

本丸欄干橋門跡　本丸の正門に当たる表桝形門の一の門(高麗門)跡。

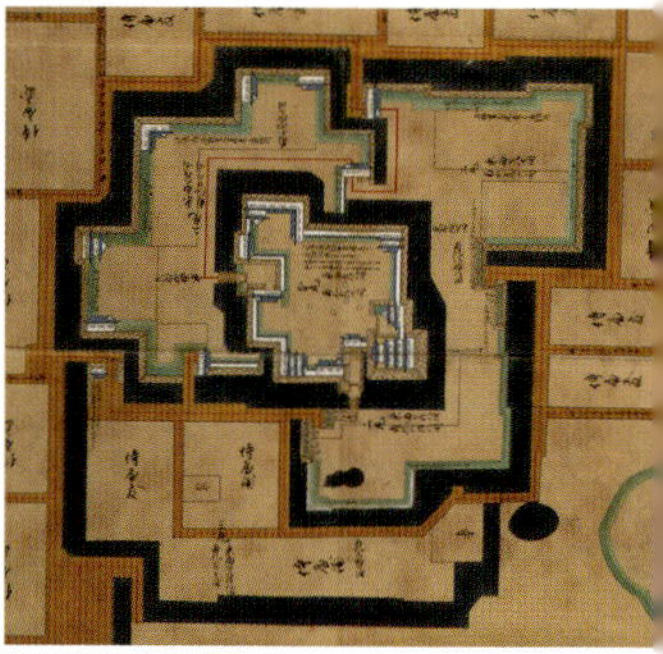

「肥後八代城廻絵図」
(正保城絵図／国立公文書館内閣文庫蔵)

県史跡

八代城

小西行長が南肥後の拠点として築いた麦島城は元和一国一城令後も存続が許されたが、元和五年(一六一九)に地震によって倒壊してしまった。そこで新たに築かれたのが八代城であった。加藤氏改易後、肥後に入国した細川忠利の父忠興が八代に入るが、その死後は筆頭家老松井氏が代々八代城代となる。城は球磨川の河口部に築かれた平城で、本丸の周囲に二の丸、三の丸、北の丸が巡る輪郭式の縄張であった。

八代城空撮　天守台・本丸・北の丸の一部の石垣が現存する。本丸は八代宮境内、北の丸の一部が城跡公園となっている。

◉見どころ

本丸の北西隅に天守台が配され、層塔型の四重天守が築かれていた。石垣の石材は石灰岩で、築城当時は白く輝いていた。

天守台(写真／中井　均)

(写真／八代市教育委員会提供)

●築城年／元和5年(1619)　●築城主／加藤正方　●所在地／熊本県八代市松江城町
●交　通／JR鹿児島本線八代駅下車。バス八代宮前下車

明治2年に撮影された多聞櫓

堀合門　平成19年復元された御館の北の裏門。

角櫓・長塀・多聞櫓　明治8年、城内の建物は払い下げられ、取り壊されたが、平成5年に角櫓（漆櫓）・長塀・多聞櫓（代物櫓）が復元された。角櫓と多聞櫓は下見板張り、長塀は海鼠壁である。

人吉城空撮　写真左手を流れる球磨川沿いの右一帯が城跡。復元建物のほか主要部の石垣が現存する。

「人吉城古図」（人吉市教育委員会蔵）

国史跡

人吉城

人吉荘には鎌倉時代に相良氏が下向し、戦国時代前半には人吉城を居城としていたようである。球磨川と胸川の合流点のシラス台地上には南九州型の群郭式の縄張が展開するが、三代相良長毎によって大改修が施され、川に面した外曲輪部分の石垣普請も開始された。群郭式のひとつ、内城が近世には詰城として利用され、本丸、二の丸、三の丸が階段状に配置された。本丸には天守のかわりに護摩堂が造営され、歴代藩主の位牌が安置されていた。

◉見どころ

山麓に構えられた御館の石垣は天端石が一石分飛び出す跳出石垣となる。これは幕末の火災後に導入された西洋式築城によるものであるが、稜堡式築城以外では日本で唯一の事例である。

跳出石垣（写真／中井　均）

（写真／人吉市教育委員会提供）

●築城年／文明2年（1470）頃　●築城主／相良長続か　●所在地／熊本県人吉市麓町
●交　通／ＪＲ肥薩線人吉駅下車。徒歩15分

本丸石垣と天守台　本丸東側の石垣。正面奥に見えるのが天守台。天守台には三重の天守が建っていたが、明治７年、城の建物が払い下げられ、天守以下大部分の建物が取り壊された。

天守台石垣

明治期に撮影された本丸鬼門櫓（小野英治氏蔵）　大正10年に解体移築された。

町史跡

日出城

関ヶ原合戦の後、木下延俊が三万石で入部し、その居城として築かれたのが日出城である。以後木下氏十六代の居城として明治に至っている。城は別府湾に突出した台地の先端を利用して築かれており、南端に本丸を配し、本丸の外側に二の丸が東、北、西の三方から取り囲み、その東側に三の丸が、北側に鉤形に惣構が巡らされる典型的な梯郭式の縄張であった。本丸の東北隅は大きく出隅を欠く鬼門除けとなり、そこに構えられた鬼門櫓自体も東北隅を欠く特異な構造の櫓であった。

「豊後国日出城絵図」
正保城絵図／国立公文書館内閣文庫蔵）

日出城空撮　天守台・本丸の大部分の石垣が現存する。

◉見どころ

本丸の南西隅には小天守的な櫓として望海櫓が構えられていた。二重櫓の一重目は海岸側に設けられた唯一の虎口となる城門として機能しており、櫓と城門とを兼ねていた。現在その構造のわかる石垣が残されている。

望海櫓の石垣（写真／中井　均）

（写真／日出町役場提供）

●築城年／慶長６年（1601）　●築城主／木下延俊　●所在地／大分県速見郡日出町
●交　通／ＪＲ日豊本線暘谷駅下車。徒歩約５分

明治初期に撮影された岡城　写真中央の本丸に天守を思わせる御三階櫓、左下に三の丸。明治４年から５年にかけて御三階櫓以下の建物が払い下げられ、取り壊された。

大手門礎石（写真／中井　均）

国史跡 岡城

戦国時代には大友氏の家臣志賀氏の城であったが、大友氏の改易に伴い文禄三年（一五九四）に中川秀成が七万石で入城し、近世城郭へと整備を行なった。白滝川と稲葉川に挟まれた阿蘇溶岩台地の絶壁上に中枢部となる本丸、二の丸、三の丸を構え、その西側に広大な西の丸が配され、東側には藩主の祖先を祀る御廟などが構えられていた。西の丸には城代屋敷や、家老屋敷が構えられたほか、寛文三年（一六六三）には西の丸御殿が造営され、以後西の丸が藩政の中心となった。

西中仕切から見た二の丸高石垣

岡城空撮　標高325メートル、比高95メートルの山上に築かれた壮大な高石垣は日本三大山城の高名にふさわしい。

「豊後国直入郡岡城絵図」
（正保城絵図／国立公文書館内閣文庫蔵）

二の丸高石垣（写真／中井　均）

◉見どころ

主要部は石垣によって築かれているが、なかでも三の丸から二の丸の北側にかけては城内で最も高い石垣が見られる。

（写真／竹田市教育委員会蔵）

●築城年／文禄３年（1594）　●築城主／中川秀成　●所在地／大分県竹田市竹田
●交　通／ＪＲ豊肥本線豊後竹田駅下車。バス

二の丸畳櫓（写真／中井　均）　二の丸跡南西隅に位置する現存の櫓。往時には三層四階の天守と25基の櫓が築かれていたが、明治6年に天守以下の建物が払い下げられ、取り壊された。現在、本丸と二の丸が臼杵公園となっている。畳櫓のほか本丸跡南東隅に卯寅口門脇櫓が現存する。

県史跡 臼杵城

杵築川の河口に浮かぶ丹生島に城を築いたのは大友宗麟である。天正十四年（一五八六）の島津氏との戦いではポルトガルより入手した国崩しと呼ばれる大砲を城内より敵陣に撃ち込んだ。大友氏改易後に入城した太田一吉によって近世城郭へと改修され、さらに関ヶ原合戦後に城主となった稲葉貞通によって大手や三の丸が整備された。城は丹生島全域を城とする海城で、周囲は断崖絶壁となり、要所ごとに櫓が配置されていた。

明治初期撮影の二の丸
（臼杵市教育委員会蔵）

復元大門櫓（写真／中井 均）
平成13年に復元された二の丸の櫓門。

豊後之内臼杵之城絵図」
（正保城絵図／国立公文書館内閣文庫蔵）

◉見どころ

島は空堀によって二分され、海側が本丸となっていた。この空堀は石垣によって築かれており、本丸側では石垣塁線を突出させて天守台が構えられており、その痕跡が残されている。

空堀と土橋（写真／中井 均）

●築城年／永禄４年（1561）　●築城主／大友義鎮（宗麟）　●所在地／大分県臼杵市大字臼杵
●交　通／ＪＲ日豊本線臼杵駅下車。徒歩５分

東の丸角櫓　昭和20年に戦災により焼失していたが、大手門とともに昭和41年に復元された。

府内城空撮　本丸・二の丸曲輪の東の丸が大分城址公園となっている。

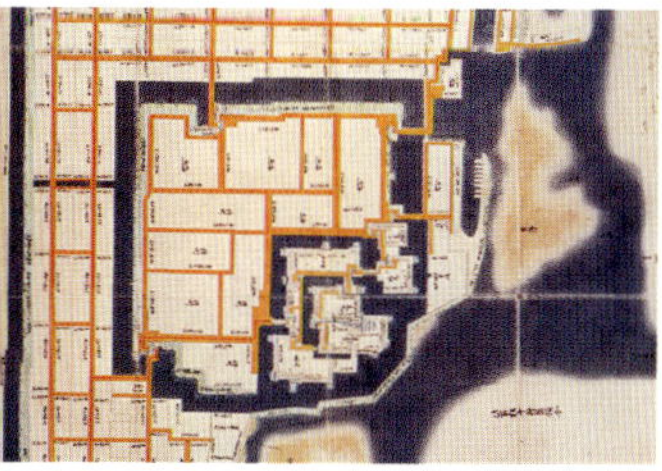

「豊後府内城之絵図」
（正保城絵図／国立公文書館内閣文庫蔵）

人質櫓（県重文）　文久元年（1861）の再建。写真右に平成8年に復元された廊下橋が見える。

大手門　昭和41年に復元された。

府内城

県史跡・県重文

中世以来、大分は府内と呼ばれ、大友氏の守護館が構えられていた。大友氏改易後の慶長二年（一五九七）に石田三成の娘婿福原直高が府内に入ると、大分川河口の荷落の地に新城を築いた。これが府内城である。関ヶ原合戦後には竹中重利が入城するが、近世城郭としてはほぼ直高時代に完成していたものと考えられる。その構造は大分川に背後を守られた本丸の外側に二の丸を、さらにその外周に二重に堀を構えた、典型的な梯郭式の縄張となる。

大正期に撮影された東の丸西南角櫓

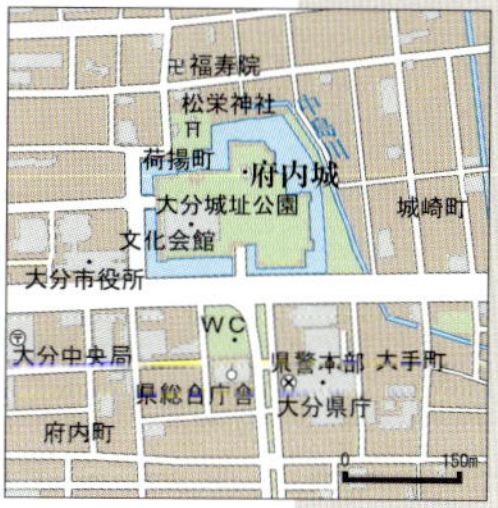

◉見どころ

二の丸（西丸）の南辺に構えられた宗門櫓は城の外側からは単層の平櫓に見えるが、内側から見ると、一階平面が櫓台から張り出し、地階ができているため、二重櫓に見える。

宗門櫓（県重文）（写真／中井　均）

（写真／大分市役所提供）

●築城年／慶長2年（1597）　●築城主／福原直高　●所在地／大分県大分市荷揚町
●交　通／ＪＲ日豊本線大分駅下車。バス大分合同新聞前下車徒歩2分

三の丸櫓門（県有形文化財）　寛永14年（1637）の造営。三の丸御殿の大手門として築かれる。

本丸石垣　山頂には多くの遺構が残り、現在は城山公園となって親しまれている。

「御城並御城下絵図」（佐伯市教育委員会蔵）

佐伯城

県史跡・県有形文化財

関ヶ原合戦によって佐伯に移された毛利高政は八幡山の山頂に居城を築いた。これが佐伯城である。関ヶ原合戦後の新規築城で山城が築かれたのは極めて珍しい。毛利氏は一度の転封もなく、十二代続いて明治を迎えた。非常に狭い山頂部に本丸、二の丸、西出丸、北出丸をほぼ一直線上に配置する連郭式縄張で、寛永十四年（一六三七）には南東山麓に三の丸が増築され、三の丸御殿が造営され、以後の藩政の中心となった。

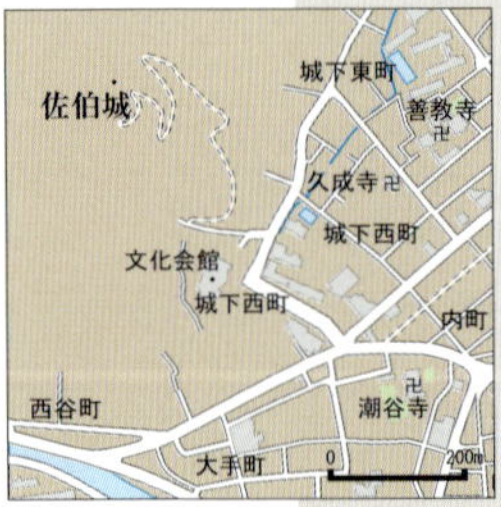

明治40年撮影の三の丸櫓門　奥に三の丸御殿の屋根が見える。

◎見どころ

北出丸と二の丸間の谷筋には二段にわたって谷を堰止め貯水池が設けられ、飲料水の確保に努められていた。雄池《おんぶち》、雌池《めんぶち》と呼ばれるこの貯水池は周囲を石垣によって築いている。

雄池（写真／中井　均）

（写真／佐伯市教育委員会提供）

●築城年／慶長7年（1602）　●築城主／毛利高政　●所在地／大分県佐伯市西谷町
●交　通／ＪＲ日豊本線佐伯駅下車。バス

堀と石垣　城堀公園に残る高鍋城の堀と石垣。

高鍋城空撮（宮崎県埋蔵文化財センター提供）
写真中央の小高い森が高鍋城跡で、現在は舞鶴公園として整備されている。

二の丸岩坂門跡　三の丸から二の丸に向かう門の石段。

町史跡

高鍋城

高鍋城は戦国時代には財部城と呼ばれ、日向伊東氏の家臣落合氏歴代の居城であった。豊臣秀吉による九州平定により、筑前秋月氏が日向に移され財部城も秋月氏のものとなった。関ヶ原合戦後、秋月種長は居城を櫛間から財部へ移し、近世城郭へと改修を行なった。延宝元年（一六七三）には名が高鍋城と改められた。戦国時代の山城を利用しており、詰丸、本丸、二の丸が階段状に築かれており、山城部分にはほとんど石垣が用いられていない。

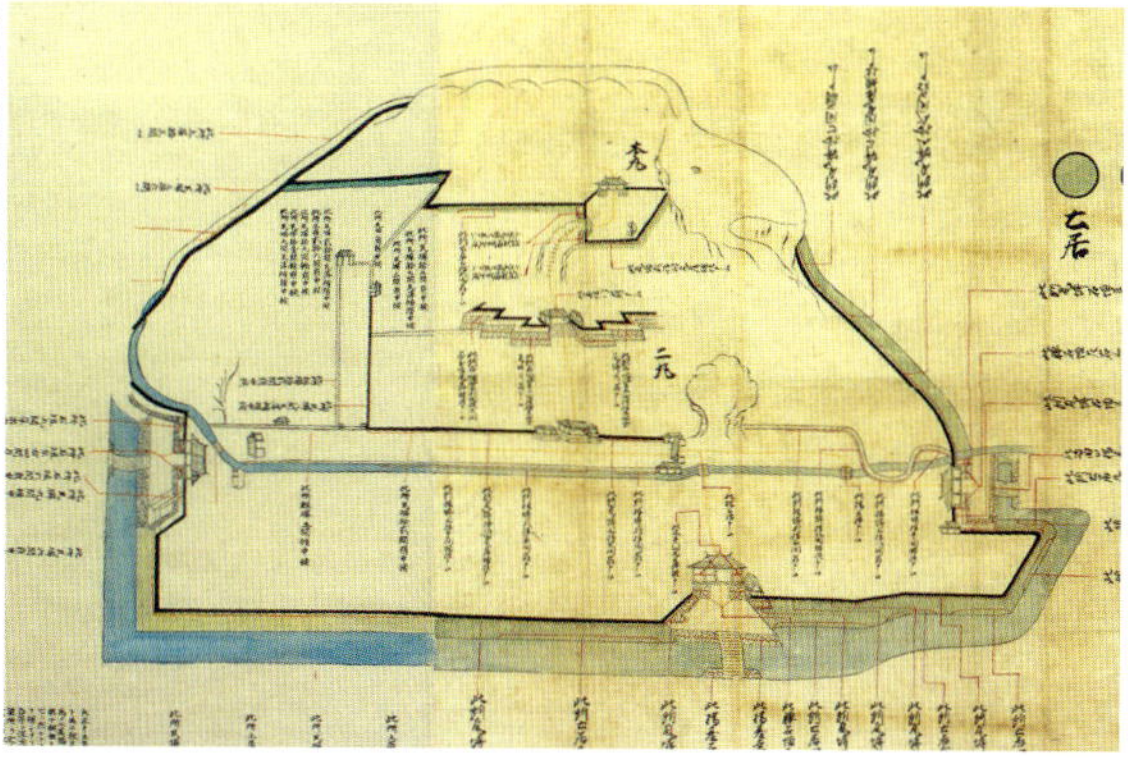

「高鍋城破損覚書絵図」（石井正敏氏蔵）

◉見どころ

詰丸南面には矢穴技法で割られた割石を用いた打込接の高石垣が残る。慶長十二年（一六〇七）の築城によるものであろう。一方二の丸の石垣は切石積で江戸時代に補修されたものと考えられる。

詰丸の高石垣（写真／中井　均）

（写真／高鍋町教育委員会提供）

●築城年／慶長12年（1607）　●築城主／秋月種長　●所在地／宮崎県児湯郡高鍋町
●交　通／ＪＲ日豊本線高鍋駅下車。バス

大手門　空堀に架かる橋を渡って門に入る。

大手門桝形　大手門は昭和53年に復元された。

昭和初期の飫肥城

中の丸の虎口と歴史資料館　昭和53年に中の丸内に歴史資料館が開設された。

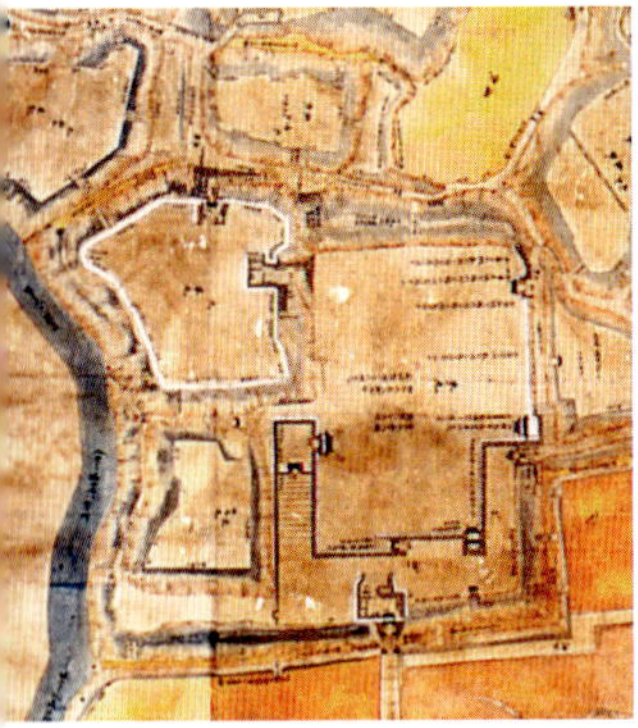

飫肥城空撮　写真中央左手が飫肥城跡。今は舞鶴公園となっている。

左・「飫肥城図」（日南市教育委員会蔵）

市史跡

飫肥城

飫肥は日向、大隅の境目に位置しており、戦国時代には伊東氏と島津氏の争奪の場となり、飫肥城が築かれた。豊臣秀吉による九州平定により飫肥城は伊東祐兵に与えられ、以後明治に至るまで伊東氏の居城となった。その構造は戦国時代に築かれた南九州型の群郭式の縄張をそのまま利用した。しかし近世城郭としては不向きなため、南山麓に方形に区画した本丸を新たに設けて藩邸とした。

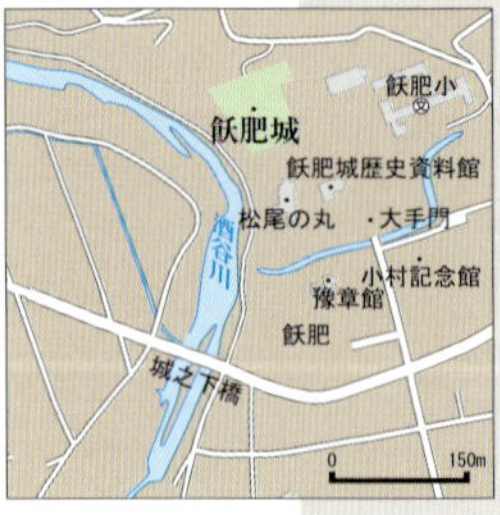

◎見どころ

近世に構えられた本丸の正面に配置された大手門は内桝形となり、石垣は亀甲の切石を間知に積む。穴太頭と呼ばれた普請奉行によって正徳三年（一七一三）に築かれたものである。

大手門石垣（写真／中井　均）

（写真／日南市教育委員会提供）

●築城年／長禄２年（1458）頃　●築城主／島津氏　●所在地／宮崎県日南市飫肥
●交　通／ＪＲ日南線飫肥駅下車。バス飫肥城下下車

鹿児島城古写真（写真／來本雅之氏蔵）
本丸東面。左より御角櫓（御角屋蔵）・御楼門・兵具所多聞。

御楼門の跡の石垣
（写真／鹿児島市役所提供）

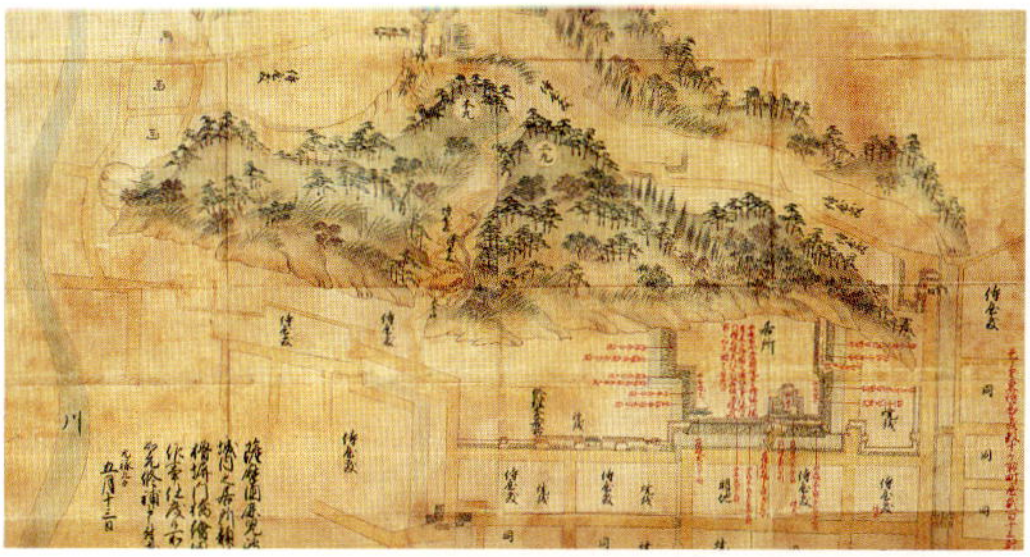

「鹿児島城絵図扣」元禄九年（一六九六）
（東京大学史料編纂所蔵）

御楼門の跡（写真／鹿児島市役所提供）

県史跡

鹿児島城

鹿児島城は関ヶ原合戦後に島津氏の本城として築城が開始された。城は鶴丸城と呼ばれ、以後明治に至るまで島津氏の居城となった。その構造はいたって単純で、城山の山麓部に方形の本丸と二の丸を連結して構え、本丸の周囲に水堀を巡らせただけのものであった。天守や櫓は設けられなかったが、本丸内には広大な本丸御殿が構えられており、城郭というよりもむしろ居館と呼ぶべき施設であった。なお、絵図類には背後の城山を本丸、二の丸と記しており、城山は詰城として意識されていたようである。

鹿児島城本丸跡（写真／鹿児島県立埋蔵文化財センター提供）　元禄９年（1696）の鹿児島大火で本丸以下焼失し、再建された城も明治６年の大火で焼失。写真は本丸の発掘調査中のものであるが、現在は鹿児島県立歴史資料センター黎明館が建っている。

鬼門除けの石垣（写真／中井　均）

◉見どころ

本丸の石垣は切石を用いた整層積であるが、その東北隅は出隅を欠き、鬼門除けとしている。城郭では少なからず鬼門除けを見ることができるが、そうした事例のなかでも鹿児島城の鬼門除けは最も見事なものである。

●築城年／慶長７年（1602）　●築城主／島津家久　●所在地／鹿児島県鹿児島市城山町
●交　通／ＪＲ鹿児島本線西鹿児島駅下車。市電鹿児島市役所前下車。徒歩２分

首里城空撮　太平洋戦争における沖縄戦で首里城の城壁や建物は破壊されたが、平成４年に首里城公園として開園以降、整備が続行され、今日では正殿をはじめ、さまざまな建物が復元されている。

世界遺産・国史跡・県重文

首里城

十四世紀の琉球では按司と呼ばれる領主がグスクを構えて激しく争っていた。いわゆる三山鼎立時代である。この争乱に終止符を打ったのが中山王尚巴志で、一四二九年に琉球を統一した。その居城が首里城で、以後琉球王国の王府となった。東西に延びる琉球凝灰岩の丘陵の崖縁に石塁によって築かれた城壁は、急崖となる南西部は一重に、緩斜面部分は二重となる。城の中心となるのが正殿で、百浦添御殿とも呼ばれる沖縄最大の建築物であった。その前面の空間は御庭《うなー》と呼ばれ、正月に行なわれる朝拝御規式など重要な儀式が執り行なわれたところである。

「首里旧城之図」（沖縄県立博物館蔵）

●築城年／不明　●築城主／不明　●所在地／沖縄県那覇市首里当蔵町
●交　通／那覇空港よりバス首里公園前・首里城公園入り口下車

正殿　首里城でもっとも重要な建物。二重三階の入母屋造り。平成4年に復元された。

◉見どころ

瑞泉門は内郭に構えられた八つの門のうちのひとつで、アーチ門とはならず、城壁が分断された部分に木造の櫓の載る櫓門である。この瑞泉門へ上る石階段の下に清冽な湧水が流れ出ている。このため瑞泉門は「ひかわ御門」と呼ばれた。湧水は龍樋と呼ばれる樋口から流れ出ており、城内の生活用水として、さらに中国からの冊封使が訪れた際、その宿舎まで届けられた。この龍樋は石製で一五二三年に中国から船載されたもので、首里城に設置された彫刻物のなかで、唯一当時のものである。

龍樋の入り口から瑞泉門を見上げる
（写真／中井　均）

大正期に撮影された御庭
（那覇市教育委員会蔵）
左から正殿、南殿、番所。いずれも平成4年に復元されている。

正殿2階御差床　琉球国王と親族以外は、身分の高い女性に限られた、男子禁制の空間。

瑞泉門　創建は1470年頃の門で首里城の重要な城門の一つ。沖縄戦で焼失したが平成４年に復元された。

漏刻門　王国時代、乗り物で登城してきた人は、漏刻門前で下乗した。門は昭和初期に取り壊されていたが、平成4年に復元された。

守礼門(県重文)　首里城外第2の楼門。1529年頃創建の門であったが戦災で焼失、昭和33年に復元された。

(写真／国営沖縄記念公園事務所提供)

糸数城空撮

国史跡

糸数城

糸数城の築城年代は明らかではないが、伝承によると三山鼎立時代に玉城按司が西方への守りとして三男を糸数按司に任じて築かせたという。城は琉球石灰岩台地の先端を利用して築かれており、台地続きの東側から北側には高さ六メートルにおよぶ石塁を築いて城壁としている。この東側石塁に開口して正門が構えられている。切石積の立派なもので、上部には木造の櫓門が架けられていた。

左・正門石塁
往時には木造の櫓門が設けられていた。

左下・北のアザナ石塁

下・正門から北のアザナ石塁

◉見どころ

南のアザナ(物見台)は野面積の東辺石塁に築かれている。切石積によって方形のテラスを突出させており、中国の城壁に見られる「馬面」の影響を受けたものと考えられる。

南のアザナ石塁(写真／中井 均)

(写真／南城市教育委員会提供)

●築城年／14世紀頃 ●築城主／糸数按司か ●所在地／沖縄県南城市玉城字糸数
●交 通／那覇空港より車で約40分

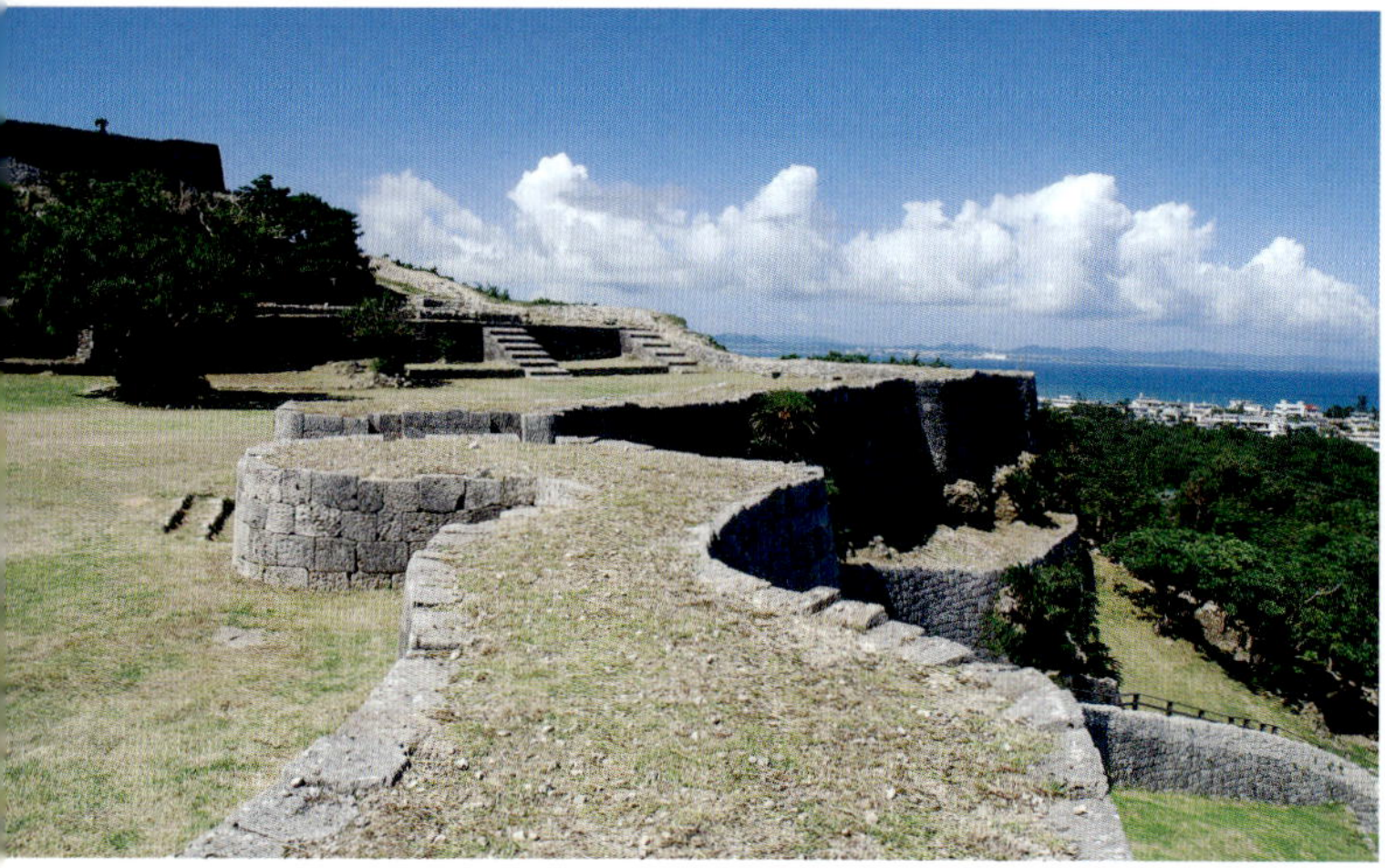

二の郭石塁

二の郭から一の郭遠望

四の郭から見た三の郭・二の郭・一の郭

明治期に撮影された勝連城
（写真／琉球大学附属図書館蔵）

一の郭石塁

世界遺産・国史跡

勝連城

勝連城は阿麻和利の居城として知られている。人望の厚い阿麻和利は中山王尚泰久によって滅ぼされ、勝連城も使われなくなった。城は勝連半島の二つの台地に北城と南城が築かれ、その間の平地も城壁に囲まれる構造で、琉球屈指の大グスクであった。現在は北城がほぼ往時の姿に復元整備されている。その構造は頂部より一の郭、二の郭、三の郭を階段状に連郭に配したもので、絶壁に連なる石塁は圧巻である。

勝連城空撮

◉見どころ

頂部の一の郭からは瓦が出土しており、瓦葺建物が存在したことがうかがえる。二の郭では七間×六間の総柱の礎石建物が検出されている。その規模から正殿に相当する建物であったと考えられる。

二の郭殿舎跡の礎石群（写真／中井　均）

（写真／うるま市教育委員会提供）

●築城年／13世紀末～14世紀初め頃　●築城主／不明　●所在地／沖縄県うるま市勝連南風原
●交　通／名護バスターミナルよりバス西原下車。徒歩15分

一の郭の城壁

三の郭への石段　右の高石塁はアザナ（物見台）の石塁。

中城城空撮　城跡一帯は自然、歴史、文化をテーマとした中城城跡公園として整備が進められている。

世界遺産・国史跡

中城城

中城城は琉球の築城家として著名な護佐丸によって勝連城の阿麻和利に対する備えとして築かれたと伝えられる。第二尚氏時代には琉球王の直轄地となり、王子の居城として利用された。城は中城湾を望む標高一五〇メートルの丘陵に位置しており、南の郭、一の郭、二の郭、三の郭を一直線上に配する連郭式構造となる。いずれの曲輪も虎口となるアーチ門（石造拱門）の両脇の城壁がカーブして合横矢がかかるようになっており、軍事的に発達したグスクの虎口構造として注目される。

三の郭と北の郭のアーチ式裏門

◎見どころ

大手は西側に設けられ南の曲輪の城壁がカーブして横矢がかかるが、ここには火矢（狭間）が設けられている。この狭間は弓矢用ではなく、十三世紀に中国で製作された三眼銃と呼ばれる銃口が二つあり、連射が可能な銃用であった。

南の郭石垣の火矢（写真／中井　均）

（写真／中城村教育委員会提供）

●築城年／15世紀　●築城主／護佐丸　●所在地／沖縄県中城村
●交　通／那覇空港よりモノレール旭橋駅下車。バス中城小学校前下車

城郭の国宝・国指定重要文化財

◎国宝

松本城 天守・乾小天守・渡櫓・辰巳附櫓・月見櫓

犬山城 天守

彦根城 天守・附櫓及び多聞櫓

姫路城 大天守・乾小天守・西小天守・東小天守・イ、ロ、ハ、ニの渡櫓

二条城 二の丸御殿遠侍及び車寄・二の丸御殿式台・二の丸御殿大広間・二の丸御殿蘇鉄之間・二の丸御殿黒書院（小広間）・二の丸御殿白書院（御座の間）

松江城 天守

◎国指定重要文化財

福山（松前）城 本丸御門

弘前城 天守・二の丸辰巳櫓・二の丸未申櫓・二の丸丑寅櫓・二の丸南門・二の丸東門・三の丸追手門・北の郭北門・三の丸東門

江戸城 旧江戸城外桜田門（外桜田門・櫓門）・旧江戸城清水門（清水門・櫓門）・旧江戸城田安門（田安門・櫓門）

新発田城 表門・旧二の丸隅櫓

金沢城 三十間長屋・石川門（表門・表門北方太鼓塀・表門南方太鼓塀・櫓門・続櫓・櫓・附属左方太鼓塀・附属右方太鼓塀）・土蔵（鶴丸倉庫）

丸岡城 天守

小諸城 大手門・三之門

名古屋城 西南隅櫓・東南隅櫓・西北隅櫓・表二の門・旧二之丸東二之門・

彦根城　西の丸三重櫓及び続櫓・太鼓門及び続櫓・天秤櫓・二の丸佐和口多聞櫓・馬屋

二条城　二の丸御殿台所・二の丸御殿御清所・東大手門・北大手門・西門　東南隅櫓・東南隅櫓北方多門塀・西南隅櫓・土蔵（米蔵）・土蔵（北）（米蔵）・土蔵（南）（米蔵）・鳴子門・桃山門・北中仕切門・南中仕切門・本丸櫓門・本丸御殿玄関・二の丸御殿築地・本丸御殿御書院・本丸御殿御常御殿・本丸御殿台所及び雁之間・二の丸御殿唐門

大坂城　大手門・塀・塀・塀・多聞櫓・千貫櫓・乾櫓・一番櫓・六番櫓・焔硝蔵・金蔵・金明水井戸屋形・桜門

姫路城　イの渡櫓・ロの渡櫓・ハの渡櫓・ニの渡櫓・ホの櫓・への渡櫓・トの櫓・チの櫓・リの一渡櫓・リの二渡櫓・折廻り櫓・井郭櫓・帯の櫓・帯郭櫓・太鼓櫓・二の櫓・ロの櫓・化粧櫓・カの渡櫓・ヌの櫓・ヨの渡櫓・ルの櫓・タの渡櫓・ヲの櫓・レの渡櫓・ワの櫓・カの櫓・菱の門・いの門・ろの門・はの門・にの門・への門・との一門・との二門・との四門・ちの門・りの門・ぬの門・水の一門・水の二門・備前門・との四門東方土塀・との四門西方土塀・との二門東方土塀・との一門東方土塀・への門東方土塀・への門西方土塀・水の一門北方築地塀・水の一門西方土塀・二の櫓南方土塀・水の五門南方土塀・イの渡櫓南方土塀・にの門東方上土塀・にの門東方下土塀・ロの櫓東方土塀・ロの櫓西方土塀・はの門東方土塀・はの門西方土塀・はの門南方土塀・ろの門東方土塀・ろの門西南方土塀・化粧櫓南方土塀・ワの櫓東方土塀・カの櫓北方土塀・菱の門西方土塀・菱の門南方土塀・菱の門東方土塀・いの門東方土塀・太鼓櫓南方土塀・太鼓櫓北方土塀・帯郭櫓北方土塀・井郭櫓南方土塀・トの櫓南方土塀

明石城　巽櫓・坤櫓

和歌山城　岡口門

松江城　天守

岡山城　月見櫓・西丸西手櫓

備中松山城　天守・二重櫓・三の平櫓東土塀

福山城　伏見櫓・筋鉄御門

丸亀城　天守・大手一の門・大手二の門

高松城　北之丸月見櫓・北之丸水手御門・北之丸渡櫓・旧東之丸艮櫓

宇和島城　天守

松山城　天守・三ノ門南櫓・二ノ門南櫓・一ノ門南櫓・乾櫓・野原櫓・仕切門・三ノ門・二ノ門・一ノ門・紫竹門・隠門・隠門続櫓・戸無門・仕切門内塀・三ノ門東塀・筋鉄門東塀・二ノ門東塀・一ノ門東塀・紫竹門東塀・紫竹門西塀

大洲城　台所櫓・高欄櫓・苧綿櫓・三の丸南隅櫓

高知城　天守・懐徳館・納戸蔵・黒鉄門・西多聞・東多聞・詰門　廊下門・追手門・天守東南矢狭間塀・天守西北矢狭間塀・黒鉄門西北矢狭間塀・黒鉄門東南矢狭間塀・追手門西南矢狭間塀・追手門東北矢狭間塀

福岡城　南丸多聞櫓（西隅櫓含む）

佐賀城　鯱の門及び続櫓

熊本城　宇土櫓・源之進櫓・四間櫓・十四間櫓・七間櫓・田子櫓・東十八間櫓・北十八間櫓・五間櫓・不開門・平櫓・監物櫓（新堀櫓）・長塀

※上記の名称は文化庁登録名であり、本誌に掲載した各城の表記と違っているものもあります。

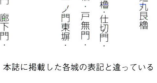

国指定重要文化財城郭一覧
「天守」

写真／姫路城天守（姫路城）

〔凡例〕
国指定重要文化財の天守・櫓・門を一覧にした。
櫓・門の形式のために二度明記しているものもある。
ただし、城外へ移築された文化財は除いている。

城名	建築年	外観／重・階	備考・指定日
松本城天守	元和初年頃	五重六階、本瓦葺	国宝／昭和二十七年三月二十九日
犬山城天守	慶長六年（一六〇一）	三重四階・地下二階付、本瓦葺	国宝／昭和二十七年三月二十九日
彦根城天守	慶長十一年（一六〇六）	三重三階・地下階段室・玄関付、本瓦葺	国宝／昭和二十七年三月二十九日
姫路城大天守	慶長十三年（一六〇八）	五重六階、地下一階付、本瓦葺	国宝／昭和二十六年六月九日
松江城天守	慶長十六年（一六一一）	四重五階、地下一階付、本瓦葺	国宝／平成二十七年七月八日
弘前城天守	文化七年（一八一〇）	三重三階櫓、銅瓦葺	重文／昭和十二年七月二十九日
丸岡城天守	天正四年（一五七六）	二重三階天守、石製本瓦葺	重文／昭和九年一月三十日
備中松山城天守	天和元～三（一六八一～一六八三）	二重二階櫓、本瓦葺	重文／昭和十六年五月八日
丸亀城天守	寛永二十～万治三（一六四三～一六六〇）	三重三階櫓、本瓦葺	重文／昭和十八年六月九日
宇和島城天守	寛文四～五（一六六四～一六六五）	三重三階天守、本瓦葺	重文／昭和九年一月三十日
松山城天守	文化～安政（一八〇四～一八五九）	三重三階天守、地下一階付、本瓦葺	重文／昭和十年五月十三日
高知城天守	延享四（一七四七）	四重五階天守、本瓦葺	重文／昭和九年一月三十日

国指定重要文化財城郭一覧
「櫓」

宇土櫓（熊本城）

西北隅櫓（名古屋城）

城名	名称	形式	建築年代	備考・指定日
三重櫓				
弘前城	二の丸辰巳櫓	三重三階櫓、とち葺形銅板葺	慶長十六年（一六一一）	重文／昭和十二年七月二十九日
弘前城	二の丸未申櫓	三重三階櫓、とち葺形銅板葺	慶長十六年（一六一一）	重文／昭和十二年七月二十九日
弘前城	二の丸丑寅櫓	三重三階櫓、とち葺形銅板葺	慶長十六年（一六一一）	重文／昭和十二年七月二十九日
名古屋城	西北隅櫓（御深井丸戌亥櫓）	三重三階、本瓦葺	元和五年（一六一九）	重文／昭和五年十二月十一日
彦根城	西の丸三重櫓	三重櫓　三重三階櫓、本瓦葺	慶長十一年（一六〇六）頃	重文／昭和二十六年九月二十二日
明石城	巽櫓	三重三階櫓、本瓦葺	元和三年（一六一七）頃	重文／昭和三十二年六月十八日
明石城	坤櫓	三重三階櫓、本瓦葺	元和三年（一六一七）頃	重文／昭和三十二年六月十八日
福山城	伏見櫓	三重三階櫓、本瓦葺	十七世紀初期創建、元和八年（一六二二）頃移築	伏見城より移築。重文／昭和八年一月二十三日
高松城	北の丸（北新曲輪）月見櫓	三重三階隅櫓、入母屋造、本瓦葺	延宝四年（一六七六）	続櫓が付属。重文／昭和二十二年二月二十六日
高松城	旧東の丸艮櫓	三重三階隅櫓、入母屋造、本瓦葺	延宝五年（一六七七）	桜の馬場太鼓櫓跡へ移築。重文／昭和二十二年二月二十六日
熊本城	宇土櫓（別名・三の天守）	三重五階櫓、地下一階付、続櫓一重櫓、一部二階、総本瓦葺	慶長六～十二年（一六〇一～〇七）	重文／昭和八年一月二十三日
二重櫓				
新発田城	旧二の丸隅櫓	二重二階隅櫓、入母屋造、本瓦葺	江戸時代中期（一六六一～一七五〇）	本丸鉄砲櫓跡へ移築。重文／昭和三十二年六月十八日
金沢城	石川門菱櫓	二重二階隅櫓、鉛瓦葺	天明八年（一七八八）	重文／昭和十年五月十三日
名古屋城	東南隅櫓	二重三階、本瓦葺	慶長十七年（一六一二）頃	別名本丸巽櫓。重文／昭和五年十二月十一日

二の丸辰巳櫓（弘前城）

伏見櫓（福山城）

乾櫓（大坂城）

本丸月見櫓（岡山城）

城名	名称	形式	建築年代	備考・指定日
名古屋城	西南隅櫓	二重三階、本瓦葺	慶長十七年（一六一二）頃	別名本丸坤櫓。重文／昭和五年十二月十一日
彦根城	天秤櫓	両端に二重二階の隅櫓、本瓦葺	慶長十一年（一六〇六）頃	中央に櫓門。重文／昭和二十六年九月二十二日
二条城	二の丸東南隅櫓	二重二階櫓、入母屋造、本瓦葺	寛永二〜三年（一六二五〜二六）	重文／昭和十四年十月二十八日
二条城	二の丸西南隅櫓	二重二階櫓、入母屋造、本瓦葺	寛永二〜三年（一六二五〜二六）	重文／昭和十四年十月二十八日
大坂城	千貫櫓	二重二階、本瓦葺	元和六年（一六二〇）	重文／昭和二十八年六月十三日
大坂城	乾櫓	矩折二重二階、本瓦葺	元和六年（一六二〇）	重文／昭和二十八年六月十三日
大坂城	一番櫓	二重二階、本瓦葺	寛永七年（一六三〇）	重文／昭和二十八年六月十三日
大坂城	六番櫓	二重二階、本瓦葺	寛永五年（一六二八）	重文／昭和二十八年六月十三日
姫路城	「ホ」の櫓	二重二階櫓、本瓦葺	慶長十四年（一六〇九）頃	重文／昭和六年十二月十四日
姫路城	「チ」の櫓	二重二階隅櫓、本瓦葺	慶長十四年（一六〇九）頃	重文／昭和六年十二月十四日
姫路城	化粧櫓	一部一重櫓、一部二重二階櫓、本瓦葺	江戸時代前期	一部一重一階、「カ」の渡櫓に接続。重文／昭和六年十二月十四日
姫路城	「ワ」の櫓	二重二階隅櫓、本瓦葺	江戸時代前期	重文／昭和六年十二月十四日
姫路城	「カ」の櫓	二重二階隅櫓、本瓦葺	江戸時代前期	重文／昭和六年十二月十四日
岡山城	本丸月見櫓	二重二階隅櫓、一部地階、本瓦葺	元和元年〜寛永九年（一六一五〜三二）	重文／昭和八年一月二十三日
岡山城	西の丸西手櫓	二重二階隅櫓、本瓦葺	慶長八年〜元和元年（一六〇三〜一五）	重文／昭和八年一月二十三日
備中松山城	二重櫓	二重二階櫓、本瓦葺	天和三年（一六八三）	重文／昭和十六年五月八日
伊予松山城	乾櫓	矩折二重二階隅櫓、一部一重、本瓦葺	江戸時代前期	重文／昭和十年五月十三日

本丸高欄櫓（大洲城）

太鼓櫓（姫路城）

「ニ」の櫓（姫路城）

隠門続櫓（伊予松山城）

伊予松山城	野原櫓	二重二階隅櫓、一部一重、本瓦葺	江戸時代前期	重文／昭和十年五月十三日
大洲城	本丸台所櫓	二重二階櫓、本瓦葺	安政六年（一八五九）	重文／昭和三十二年六月十八日
大洲城	本丸高欄櫓	二重二階櫓、本瓦葺	文久元年（一八六一）	重文／昭和三十二年六月十八日
大洲城	二の丸苧綿櫓	二重二階櫓、本瓦葺	天保十四年（一八四三）	重文／昭和三十二年六月十八日
大洲城	三の丸南隅櫓	二重二階櫓、本瓦葺	明和三年（一七六六）	重文／昭和三十二年六月十八日
平櫓				
姫路城	「イ」の渡櫓	一重渡櫓、本瓦葺	慶長十四年（一六〇九）頃	重文／昭和六年十二月十四日
姫路城	「ロ」の渡櫓	一重渡櫓、本瓦葺	慶長十四年（一六〇九）頃	重文／昭和六年十二月十四日
姫路城	「ト」の櫓	一重櫓、本瓦葺	慶長十四年（一六〇九）頃	重文／昭和六年十二月十四日
姫路城	井郭櫓	一重櫓、本瓦葺	慶長十四年（一六〇九）頃	重文／昭和六年十二月十四日
姫路城	太鼓櫓	折曲り一重櫓、本瓦葺	慶長十四年（一六〇九）頃	重文／昭和六年十二月十四日
姫路城	「ニ」の櫓	折曲り一重櫓、本瓦葺	慶長十四年（一六〇九）頃	重文／昭和六年十二月十四日
姫路城	「ロ」の櫓	折曲り一重櫓、本瓦葺	慶長十四年（一六〇九）頃	重文／昭和六年十二月十四日
高松城	北の丸（北新曲輪）渡櫓	一重櫓、入母屋造、本瓦葺	延宝四年（一六七六）	重文／昭和二十二年二月二十六日
伊予松山城	隠門続櫓	一重櫓、本瓦葺	江戸時代前期	重文／昭和十年五月十日
伊予松山城	一の門南櫓	一重櫓、本瓦葺	嘉永三年（一八五〇）頃	重文／昭和十年五月十三日
伊予松山城	二の門南櫓	一重櫓、本瓦葺	嘉永三年（一八五〇）頃	重文／昭和十年五月十三日

佐和口多聞櫓（彦根城）

「リ」の二渡櫓（姫路城）

「カ」の櫓（姫路城）

城名	名称	形式	建築年代	備考・指定日
伊予松山城	三の門南櫓	一重櫓、本瓦葺	嘉永三年（一八五〇）頃	重文／昭和十年五月十三日
多聞櫓				
彦根城	二の丸佐和口多聞櫓	矩折一重櫓、東南端二重二階櫓、本瓦葺	明和八年（一七七一）	東半分が欠失。端部二重二階。重文／昭和二十六年九月二十二日
大坂城	大手門多聞櫓	矩折一重（一部櫓門）、本瓦葺	嘉永元年（一八四八）	大手門の続櫓。重文／昭和二十八年六月十三日
姫路城	「ハ」の渡櫓	一重渡櫓、本瓦葺	慶長十四年（一六〇九）頃	重文／昭和六年十二月十四日
姫路城	「ニ」の渡櫓	一重渡櫓、本瓦葺	慶長十四年（一六〇九）頃	重文／昭和六年十二月十四日
姫路城	「へ」の渡櫓	折曲り一重渡櫓、本瓦葺	慶長十四年（一六〇九）頃	重文／昭和六年十二月十四日
姫路城	「リ」の一渡櫓	二重二階渡櫓、本瓦葺	慶長十四年（一六〇九）頃	重文／昭和六年十二月十四日
姫路城	「リ」の二渡櫓	二重二階渡櫓、西北端折曲、本瓦葺	慶長十四年（一六〇九）頃	重文／昭和六年十二月十四日
姫路城	折廻り櫓	二重二階櫓、本瓦葺	慶長十四年（一六〇九）頃	重文／昭和六年十二月十四日
姫路城	帯の櫓	折曲り一重櫓、本瓦葺	慶長十四年（一六〇九）頃	重文／昭和六年十二月十四日
姫路城	帯郭櫓	一重櫓、本瓦葺	慶長十四年（一六〇九）頃	城内側は二重二階。重文／昭和六年十二月十四日
姫路城	「カ」の櫓	一重渡櫓、本瓦葺	江戸時代前期	重文／昭和六年十二月十四日
姫路城	「ヌ」の櫓	一重渡櫓、本瓦葺	江戸時代前期	重文／昭和六年十二月十四日
姫路城	「ヨ」の渡櫓	南北二棟より成り一間廊下で連接、ともに一重渡櫓、本瓦葺	江戸時代前期	重文／昭和六年十二月十四日
姫路城	「ル」の櫓	二重二階櫓、本瓦葺	江戸時代前期	重文／昭和六年十二月十四日

田子櫓（熊本城）

平櫓（熊本城）

三十間長屋（金沢城）

姫路城	「タ」の渡櫓	一重渡櫓、本瓦葺	江戸時代前期	重文／昭和六年十二月十四日
姫路城	「ヲ」の櫓	二重二階櫓、本瓦葺	江戸時代前期	重文／昭和六年十二月十四日
姫路城	「レ」の櫓	一重渡櫓、西北端一部二重二階、本瓦葺	江戸時代前期	重文／昭和六年十二月十四日
高知城	本丸納戸蔵	八畳三室、四畳及び縁側、一重、入母屋造、本瓦葺	寛延二年（一七四九）	重文／昭和九年一月二十日
高知城	本丸西多聞	一重櫓、本瓦葺	享保十五年（一七三〇）頃	重文／昭和九年一月二十日
高知城	本丸東多聞	一重櫓、本瓦葺	享和年間（一八〇一～〇四）	重文／昭和九年一月三十日
福岡城	南丸多聞櫓	一重櫓、南端二重二階隅櫓、本瓦葺	嘉永七年（一八五四）	北端二重櫓は復元。南端は二重二階。重文／昭和四十六年十二月二十八日
熊本城	源之進櫓	矩折、折曲り一重櫓、本瓦葺	慶長六～十二年（一六〇一～〇七）	重文／昭和八年一月二十三日
熊本城	四間櫓	一重櫓、本瓦葺	慶応二年（一八六六）	重文／昭和八年一月二十三日
熊本城	十四間櫓	一重櫓、本瓦葺	天保十五年（一八四四）	重文／昭和八年一月二十三日
熊本城	七間櫓	一重櫓、本瓦葺	安政四年（一八五七）	重文／昭和八年一月二十三日
熊本城	田子櫓	一重櫓、本瓦葺	慶応元年（一八六五）	重文／昭和八年一月二十三日
熊本城	東十八間櫓	一重櫓、本瓦葺	慶長六～十二年（一六〇一～〇七）	重文／昭和八年一月二十三日
熊本城	北十八間櫓	折曲り一重櫓、本瓦葺	慶長六～十二年（一六〇一～〇七）	重文／昭和八年一月二十三日
熊本城	五間櫓	一重櫓、本瓦葺	慶長六～十二年（一六〇一～〇七）	重文／昭和八年一月二十三日
熊本城	平櫓	一重櫓、前面一部庇付、本瓦葺	安政七年（一八六〇）	重文／昭和八年一月二十三日
熊本城	監物櫓（新堀櫓）	一重櫓、本瓦葺	安政七年（一八六〇）	重文／昭和八年一月二十三日
金沢城	三十間長屋	二重二階多聞櫓、南面入母屋造、北面切妻造、鉛瓦	万延元年（一八六〇）	重文／昭和三十二年六月十八日

国指定重要文化財城郭一覧
「門」

太鼓門（彦根城）

北の郭北門（弘前城）

城名	名称	形式	建築年代	備考・指定日
櫓門				
松前城	本丸御門	櫓門、切妻造、銅板葺	嘉永六年（一八五三）	重文／昭和十六年五月八日
弘前城	二の丸南門	脇戸付櫓門、入母屋造、銅板葺	慶長十六年（一六一一）	重文／昭和十二年七月二十九日
弘前城	二の丸東門	脇戸付櫓門、入母屋造、銅瓦葺	麈長十六年（一六一一）	重文／昭和十二年七月二十九日
弘前城	三の丸追手門	脇戸付櫓門、入母屋造、銅瓦葺	慶長十六年（一六一一）	重文／昭和十二年七月二十九日
弘前城	三の丸東門	櫓門、入母屋造、銅板葺	慶長十六年（一六一一）	重文／昭和二十八年十一月十四日
弘前城	北の郭北門（亀甲門）	脇戸付櫓門、入母屋造、銅瓦葺	慶長十六年（一六一一）	重文／昭和十二年七月二十九日
江戸城	田安門	高麗門、入母屋造、本瓦葺	寛永十三年（一六三六）	櫓部は復元。重文／昭和三十六年六月七日
江戸城	清水門	高麗門、入母屋造、本瓦葺	万治元年（一六五八）	櫓部は復元。重文／昭和三十六年六月七日
江戸城	外桜田門	高麗門、入母屋造、本瓦葺	寛文三年（一六六三）頃	櫓部は復元。重文／昭和三十六年六月七日
新発田城	本丸表門	脇戸付櫓門、入母屋造、本瓦葺	江戸時代中期（一六六一～一七五〇）	重文／昭和三十二年六月十八日
金沢城	石川門	高麗門、入母屋造、鉛瓦葺	天明八年（一七八八）	重文／昭和十年五月十三日
小諸城	大手門	五間櫓門、入母屋造、本瓦葺	慶長十七年（一六一二）	重文／平成五年十二月九日
小諸城	三之門	三間櫓門、寄棟造、桟瓦葺、左右袖塀付属	明和三年（一七六六）	重文／平成五年十二月五日
彦根城	太鼓門	一重櫓門、入母屋造、本瓦葺	慶長十一年（一六〇六）頃	続櫓が付属。重文／昭和二十六年九月二十二日
彦根城	天秤櫓	一重櫓門、両下造	慶長十一年（一六〇六）頃	両端に続櫓（二重二階）が付属。重文／昭和二十六年九月二十二日
二条城	本丸櫓門	櫓門、入母屋造、本瓦葺	寛永二～三年（一六二五～二六）	もとは廊下櫓が接続。重文／昭和十四年十月二十八日

田安門（江戸城）

大手門（小諸城）

二の丸東大手門（二条城）

追手門（高知城）

二条城	二の丸東大手門	櫓門、入母屋造、本瓦葺	寛文二年（一六六二）	重文／昭和十四年十月二十八日
二条城	二の丸北大手門	櫓門、入母屋造、本瓦葺	寛永二〜三年（一六二五〜二六）	重文／昭和十四年十月二十八日
大坂城	二の丸大手門	矩折一重（一部櫓門）、本瓦葺	嘉永元年（一八四八）	重文／昭和二十八年六月十三日
和歌山城	岡口門	櫓門、切妻造（現状）、本瓦葺	元和七年（一六二一）	元は両下造。重文／昭和三十二年六月十八日
姫路城	菱の門	櫓門、入母屋造、本瓦葺	慶長十四年（一六〇九）頃	重文／昭和六年十二月十四日
姫路城	「は」の門	櫓門、切妻造、本瓦葺	慶長十四年（一六〇九）頃	重文／昭和六年十二月十四日
姫路城	「に」の門	隅櫓式櫓門、本瓦葺	慶長十四年（一六〇九）頃	隅櫓（二重二階）が付属。重文／昭和六年十二月十四日
姫路城	「と」の一門	櫓門、切妻造、本瓦葺	慶長十四年（一六〇九）頃	重文／昭和六年十二月十四日
姫路城	「ぬ」の門	二重二階、本瓦葺	慶長十四年（一六〇九）頃	「リ」の二渡櫓に接続。重文／昭和六年十二月十四日
姫路城	備前門	櫓門、南端切妻造、本瓦葺	慶長十四年（一六〇九）頃	櫓部は復元。重文／昭和六年十二月十四日
福山城	本丸筋鉄御門	脇戸附櫓門、入母屋造、本瓦葺	元和八年（一六二二）頃	伏見城より移築と伝わる。重文／昭和八年一月二十三日
丸亀城	大手一の門	櫓門、入母屋造、本瓦葺	寛文十年（一六七〇）頃	重文／昭和三十二年六月十八日
伊予松山城	隠門	櫓門、本瓦葺	江戸時代前期（一六一五〜六〇）	重文／昭和十年五月十三日
高知城	追手門	櫓門、入母屋造、本瓦葺	享和元年（一八〇一）	重文／昭和九年一月三十日
高知城	廊下門	櫓門、入母屋造、本瓦葺	享和二年（一八〇二）頃	重文／昭和九年一月三十日
高知城	詰門	櫓門、北面入母屋造、本瓦葺	享和二年（一八〇二）	重文／昭和九年一月三十日
高知城	黒鉄門	櫓門、入母屋造、本瓦葺	享保十五年（一七三〇）	重文／昭和九年一月三十日
佐賀城	鯱の門	櫓門、入母屋造、本瓦葺	天保七年（一八三六）	重文／昭和三十二年六月十八日

清水門（江戸城）

本丸表二の門（名古屋城）

桜門（大坂城）

「へ」の門（姫路城）

城名	名称	形式	建築年代	備考・指定日
熊本城	不開門	櫓門、左端入母屋造、右端切妻造、本瓦葺	慶応二年（一八六六）	重文／昭和八年一月二十三日
高麗門				
江戸城	田安門	高麗門、本瓦葺	寛永十三年（一六三六）	重文／昭和三十六年六月七日
江戸城	清水門	高麗門、本瓦葺	万治元年（一六五八）	重文／昭和三十六年六月七日
江戸城	外桜田門	高麗門、本瓦葺	寛文三年（一六六三）頃	重文／昭和三十六年六月七日
金沢城	石川門	高麗門、鉛瓦葺	天明八年（一七八八）	重文／昭和十年五月十三日
名古屋城	本丸表二の門	高麗門、本瓦葺	慶長十七年（一六一二）頃	枡形門の外門。重文／昭和五年十二月十一日
名古屋城	二の丸大手二の門（西鉄門）	高麗門、本瓦葺	慶長十七年（一六一二）頃	枡形門の外門。重文／昭和五十年六月二十三日
名古屋城	旧二の丸東二の門（東鉄門）	高麗門、本瓦葺	慶長十七年（一六一二）頃	枡形門の外門。重文／昭和五十年六月二十三日
大坂城	二の丸大手門	高麗門、本瓦葺	嘉永元年（一八四八）	重文／昭和二十八年六月十三日
大坂城	桜門	高麗門、本瓦葺	明治二十年（一八八七）	重文／昭和二十八年六月十三日
姫路城	「い」の門	脇戸付高麗門、本瓦葺	慶長十四年（一六〇九）頃	重文／昭和六年十二月十四日
姫路城	「ろ」の門	脇戸付高麗門、本瓦葺	慶長十四年（一六〇九）頃	重文／昭和六年十二月十四日
姫路城	「へ」の門	高麗門、本瓦葺	慶長十四年（一六〇九）頃	重文／昭和六年十二月十四日
姫路城	「と」の二門	脇戸付高麗門、本瓦葺	慶長十四年（一六〇九）頃	重文／昭和六年十二月十四日
姫路城	「と」の四門	脇戸付高麗門、本瓦葺	慶長十四年（一六〇九）頃	重文／昭和六年十二月十四日

大手二の門（丸亀城）

一の門（伊予松山城）

二の丸鳴子門（二条城）

二の丸西門（二条城）

姫路城	「り」の門	脇戸付高麗門、本瓦葺	慶長十四年（一六〇九）頃	重文／昭和六年十二月十四日
丸亀城	大手二の門	高麗門、本瓦葺	寛文十年（一六七〇）頃	重文／昭和三十二年六月十八日
伊予松山城	戸無門	高麗門、本瓦葺	寛政十二年（一八〇〇）	重文／昭和十年五月十三日
伊予松山城	紫竹門	脇戸付高麗門、本瓦葺	文化～安政年間（一八〇四～八〇）	重文／昭和十年五月十三日
伊予松山城	一の門	脇戸付高麗門、本瓦葺	文化～安政年間（一八〇四～八〇）	重文／昭和十年五月十三日
伊予松山城	三の門	高麗門、本瓦葺	文化～安政年間（一八〇四～八〇）	重文／昭和十年五月十二日
伊予松山城	仕切門	脇戸付高麗門、本瓦葺	文化～安政年間（一八〇四～六〇）	重文／昭和十年五月十二日
薬医門				
二条城	二の丸鳴子門	脇戸付一間門、一重、切妻造、本瓦葺	慶長七～八年（一六〇二～三）及び寛永二～三年（一六二五～六）	重文／昭和十四年十月二十八日
高松城	水手御門（両下造）	一間薬医門、切妻造、本瓦葺	江戸時代末期	重文／昭和二十二年二月二十六日
伊予松山城	二の門	脇戸付薬医門、本瓦葺	文化～安政年間（一八〇四～六〇）	重文／昭和十年五月十二日
長屋門				
二条城	二の丸桃山門	五間一戸、入母屋造、本瓦葺	慶長七～八年（一六〇二～三）及び寛永二～三年（一六二五～六）	重文／昭和十四年十月二十八日
埋門				
二条城	二の丸西門	埋門、本瓦葺	寛永二～三年（一六二五～二六）	重文／昭和十四年十月二十八日

二の丸北中仕切門（二条城）

二の丸南中仕切門（二条城）

水の一門（姫路城）

二の丸御殿唐門（二条城）

城名	名称	形式	建築年代	備考・指定日
二条城	二の丸北中仕切門	一間門、招造庇付、本瓦葺	慶長七～八年（一六〇二～三）及び寛永二～三年（一六二五～六）	重文／昭和十四年十月二十八日
二条城	二の丸南中仕切門	一間門、招造庇付、本瓦葺	慶長七～八年（一六〇二～三）及び寛永二～三年（一六二五～六）	重文／昭和十四年十月二十八日
姫路城	「ほ」の門	片流造	慶長十四年（一六〇九）頃	重文／昭和六年十二月十四日
姫路城	水の三門（二の櫓南方土塀に付属）	片流造	慶長十四年（一六〇九）頃	重文／昭和六年十二月十四日
姫路城	水の四門	切妻造	慶長十四年（一六〇九）頃	重文／昭和六年十二月十四日
棟門				
姫路城	「ち」の門	二間棟門、本瓦葺	慶長十四年（一六〇九）頃	重文／昭和六年十二月十四日
姫路城	水の一門	一間棟門、本瓦葺	慶長十四年（一六〇九）頃	重文／昭和六年十二月十四日
姫路城	水の二門	一間棟門、本瓦葺	慶長十四年（一六〇九）頃	重文／昭和六年十二月十四日
唐門				
二条城	二の丸御殿唐門	四脚門、切妻造、前後軒唐破風付、檜皮葺	慶長七～八年（一六〇二～三）及び寛永二～三年（一六二五～六）	重文／昭和十四年十月二十八日

姫路城天守にみる天守意匠

姫路城天守（撮影／中井　均）

【入母屋破風】

破風とは天守の外壁に出窓を造り、その出窓の上に小さな屋根を載せたもの。破風を代表する形式に切妻造と入母屋造が、切妻造は、本を開いて伏せた形の二面の屋根で、入母屋造は、寄棟造の上に切妻造を合成したような屋根をいう。ともに天守の装飾として用いられることが多い。


【軒唐破風】

屋根の軒先の一部を持ち上げて、頂点を丸く造った破風。軒唐破風は社寺建築に用いられる高級な形式である。


【千鳥破風】

屋根面に置かれた三角形の山形の破風で、入母屋破風とよく似た形状で、入母屋破風を小型化した形式である。千鳥破風は天守を象徴するひとつである。


【比翼入母屋破風】

入母屋破風を二つ並べたものが比翼入母屋破である。この形式は大型天守に多い。


【鯱】

鯱は想像上の霊魚で、起源は定かでなく、古くは14世紀の建築に使われている例がある。鯱は雄雌一対である。


【懸魚】

左右の破風板が合わさる頂部に垂れ下がる飾りをいう。本来、棟木の木口の腐朽を防ぐための部材である。


【本瓦葺】

平瓦と丸瓦とを交互に組み合わせて並べる屋根の葺き方。大修理後の姫路城天守は瓦屋根までがすべて真っ白に見えるが、それは天守の屋根瓦の継ぎ目も、分厚く漆喰を塗って固められているためである。

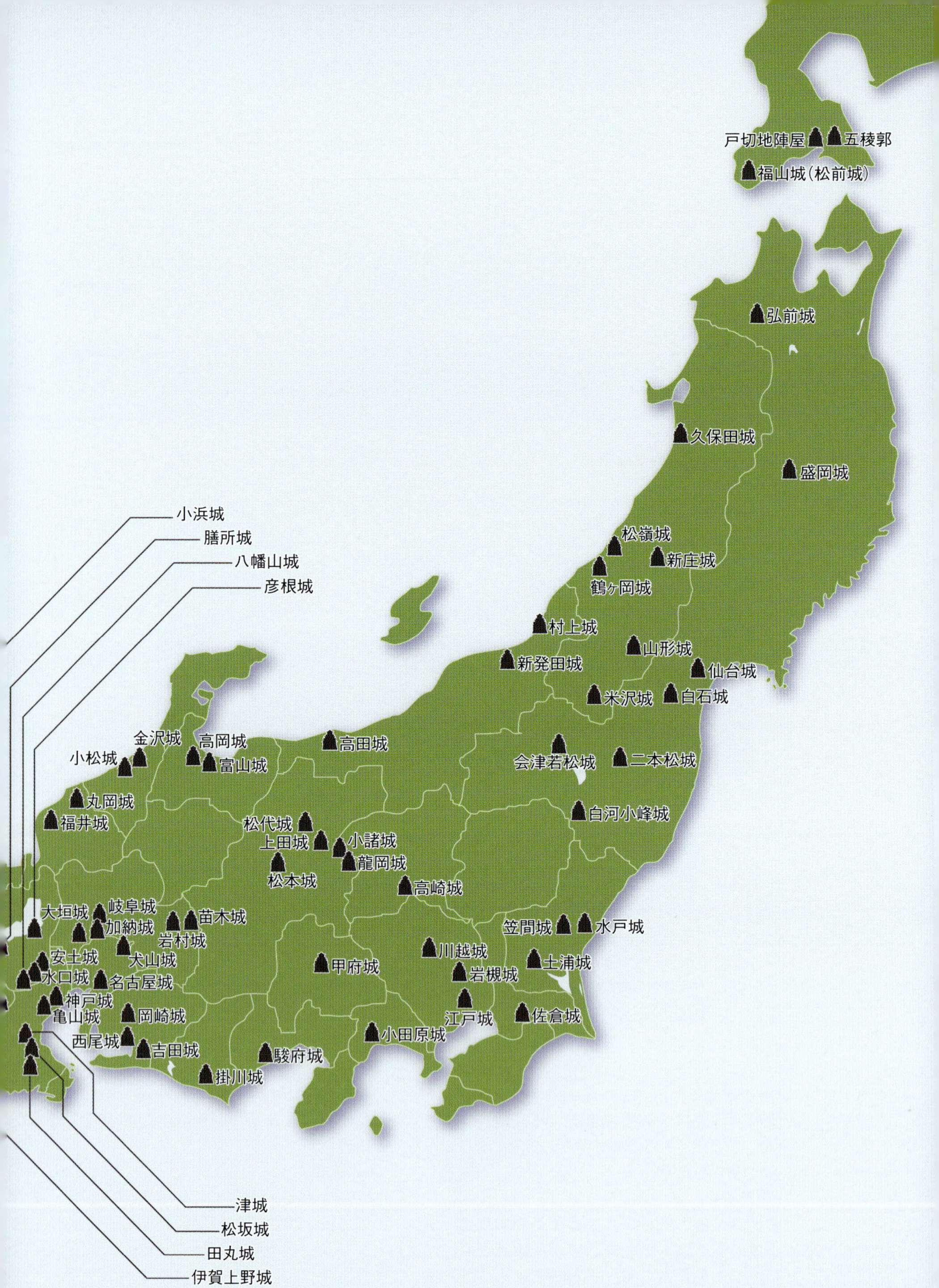
戸切地陣屋
五稜郭
福山城（松前城）
弘前城
久保田城
盛岡城
小浜城
膳所城
八幡山城
彦根城
松嶺城
新庄城
鶴ヶ岡城
村上城
山形城
新発田城
仙台城
米沢城
白石城
金沢城
高岡城
小松城
富山城
高田城
会津若松城
二本松城
丸岡城
福井城
白河小峰城
松代城
上田城
小諸城
龍岡城
松本城
高崎城
大垣城
岐阜城
苗木城
加納城
岩村城
笠間城
水戸城
安土城
大山城
川越城
土浦城
水口城
名古屋城
甲府城
岩槻城
神戸城
亀山城
岡崎城
江戸城
佐倉城
西尾城
吉田城
小田原城
駿府城
掛川城
津城
松坂城
田丸城
伊賀上野城

◆収録された城郭分布図

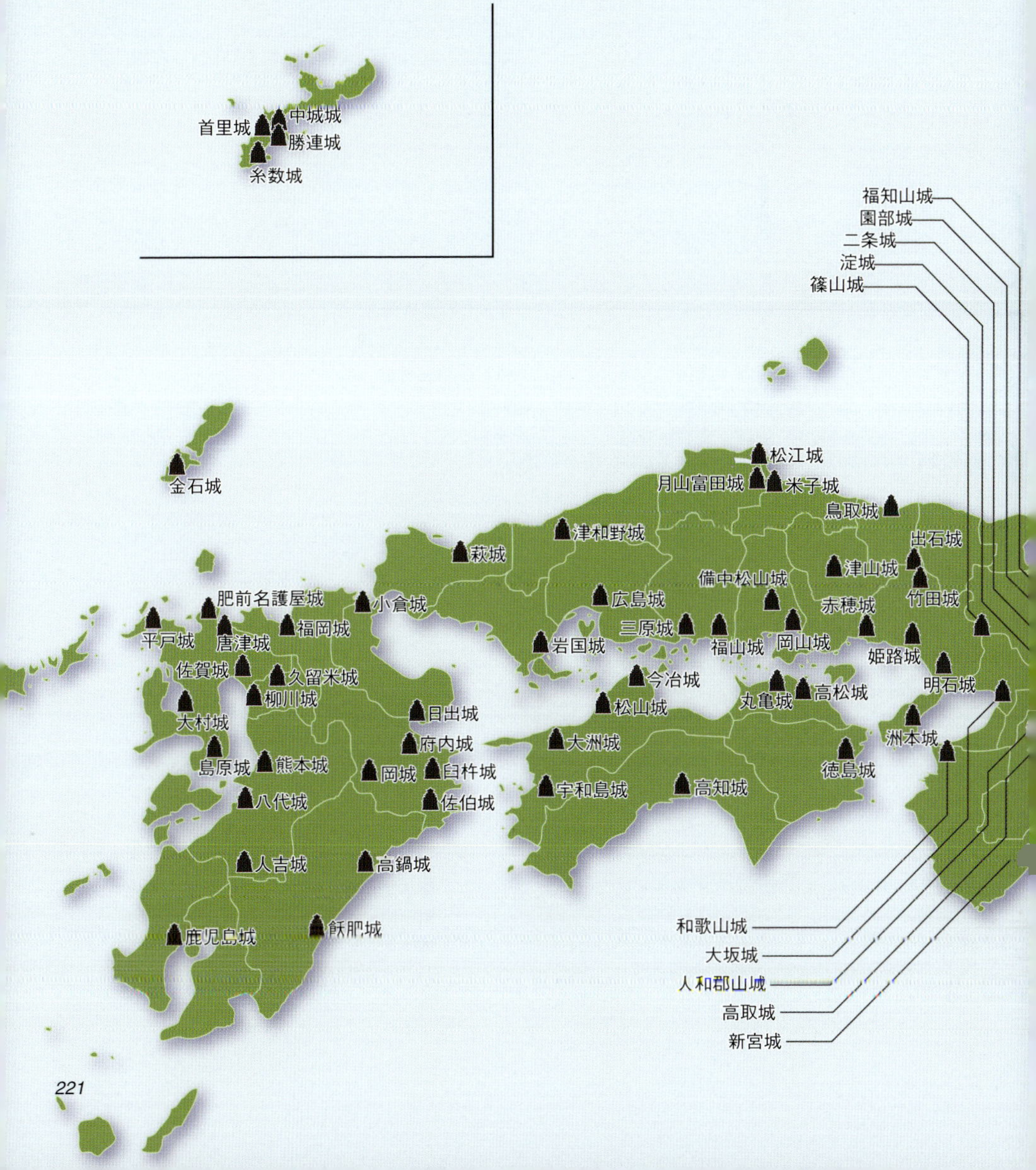

中城城
首里城
勝連城
糸数城
福知山城
園部城
二条城
淀城
篠山城
松江城
月山富田城
米子城
金石城
鳥取城
津和野城
萩城
出石城
津山城
備中松山城
肥前名護屋城
小倉城
広島城
竹田城
赤穂城
平戸城
唐津城
福岡城
三原城
岡山城
岩国城
福山城
姫路城
佐賀城
久留米城
今治城
明石城
丸亀城
高松城
柳川城
日出城
松山城
大村城
府内城
洲本城
大洲城
島原城
熊本城
岡城
臼杵城
徳島城
宇和島城
高知城
八代城
佐伯城
人吉城
高鍋城
飫肥城
鹿児島城
和歌山城
大坂城
大和郡山城
高取城
新宮城

和歌山県立博物館
新宮市役所
新宮市教育委員会
山陰歴史館
高梁市教育委員会
鳥取県立博物館
鳥取市教育委員会
安来市教育委員会
国立公文書館内閣文庫
島根県立図書館
松江市役所
国立国会図書館
池田家文庫
臼杵市教育委員会
津和野町役場
岡山大学附属図書館
岡山市教育委員
広島市文化財団広島城
福山市役所
三原市役所
三原歴史民族資料館
岩国徴古館
山口県文書館
萩市役所
萩博物舘
高松市歴史資料館
日南市教育委員会
徳島市立徳島城博物館
伊予史談会
松山市役所
松山城総合事務所
丸亀市立資料館
丸亀市役所
宇和島伊達文化保存会
宇和島市教育委員会
今治史談会
今治市役所
高知城管理事務所
大洲市立博物館
大洲市役所
北九州市教育委員会
福岡市博物館
福岡市教育委員会
久留米市教育委員会
沖縄県立博物館
御花資料館
柳川市役所
鍋島報效会
日出町役場
唐津市役所
島原市役所
唐津市教育委員会
熊本県立図書館
高鍋町教育委員会
対馬観光物産協会
佐賀県教育委員会
大分市役所
佐賀県観光連盟
松浦史料博物館
平戸市役所
長崎歴史文化博物館
長崎大学附属図書館
大村市教育委員会
八代市教育委員会
永青文庫
鹿児島市役所
人吉市教育委員会
竹田市教育委員会
佐賀県立名護屋城博物館
佐伯市教育委員会
三康文化研究所附属三康図書館
静岡観光コンベンション協会
丹波市立柏原歴史民俗資料館
京都市文化市民局元離宮二条城事務所
津山弥生の里文化センター
宮崎県埋蔵文化財センター
国立沖縄記念公園事務所
高松市玉藻公園管理事務所
県立対馬歴史民俗資料館
佐賀県立名護屋城博物館
南城市教育委員会
うるま市教育委員会
琉球大学附属図書館
中城村教育委員会
花岳寺
清養院
總見寺
フォト・オリジナル
大田正孝
小畠軍治
露木家
深井正昭
関七郎
岡村久敬
樋口清砂
藤田佳則
福井健二
大谷英仙
井田晴彦
菅谷義範
石井正敏
深井正秀
小笠原長雅
寿福滋
細田隆博
小沢健志
來本雅之
岩淵四季
竹重満憲
中田眞澄
松井久

■装丁／グラフ（新保恵一郎）
■レイアウト／グラフ（新保恵一郎）・
ストラーダ（道倉健二郎）
■地図／昭文社・ストラーダ（道倉健二郎）
■地図編集／有限会社蘭花堂
■編集協力／有限会社リゲル社・小野寺由紀子

写真協力（順不同）

函館市中央図書館
北斗市教育委員会
北海道大学附属図書館
松前町教育委員会
松前町役場
弘前市役所
盛岡市中央公民館
盛岡市教育委員会
宮城県図書館
仙台市教育委員会
白石市教育委員会
白石市役所
秋田県公文書館
秋田市役所
秋田市立佐竹史料館
山形市役所
山形県立博物館
酒田市松山文化伝承館
鶴岡市郷土資料館
鶴岡市役所
鶴岡市立図書館
新庄市役所
福島県立博物館
会津若松市役所
白河市歴史民俗資料館
米沢市上杉博物館
米沢市役所
米沢市立米沢図書館
会津若松市教育委員会
二本松市教育委員会
二本松市役所
土浦市立博物館
笠間市教育委員会
高崎市役所
高崎市教育委員会
佐倉市教育委員会
川越市立中央図書館
川越市立博物館提
さいたま市立博物館
西尾市教育委員会
東京都立中央図書館
小田原城天守閣
小田原市役所
新発田市教育委員会
新発田市立図書館
上越市立高田図書館
村上市役所
村上市教育委員会
高岡市立博物館
富山市埋蔵文化財センター
富山県立図書館
石川県金沢城調査研究所
金沢市役所
金沢市立玉川図書館
北國新聞社
酒井家文庫
小浜市教育委員会
小浜市役所
坂井市役所
福井県立図書館
松平文庫
福井県財産活用課
福井市郷土歴史博物館
小松市役所
宮内庁
日本地図センター
山梨県埋蔵文化財センター
松本城管理事務所
佐久市教育委員会
小諸市役所
長野市教育委員会
長野県立歴史館
長野市役所
上田市立博物館
前田育徳会
中津川市苗木遠山史料館
中津川市役所
筑波大学附属図書館
岡崎市役所
岡崎市教育委員会
岡崎市美術博物館
西尾市役所
津市役所
亀山市歴史博物館
伊賀文化産業協会
掛川市教育委員会
名古屋市蓬左文庫
岐阜市役所
大垣市役所
恵那市教育委員
豊橋市美術博物館
豊橋市役所
犬山城白帯文庫
犬山市観光協会
津市教育委員会
三重県史編纂室グループ
松阪市役所
松阪観光協会
名張市教育委員会
鈴鹿市教育委員会
玉城町教育委員会
彦根城博物館
彦根市役所
彦根市立図書館
滋賀県立図書館
滋賀県教育委員会
甲賀市水口歴史民俗資料館
甲賀市役所
近江八幡市役所
大津歴史博物館
びわこビジターズビューロー
京都大学附属図書館
京都府総合資料館
福知山市役所
南丹市文化博物館
篠山市教育委員会
東京大学史料編纂所
淀観光協会
姫路市立城郭研究室
赤穂市役所
赤穂市立歴史博物館
朝来市役所
洲本市役所
篠山城大書院
明石市役所
兵庫県園芸・公園協会
豊岡市教育委員会
豊岡市役所
国文学研究資料館
柳沢文庫保存会
大和郡山市役所
大和郡山教育委員会
高取町教育委員会
和歌山市役所
和歌山県立図書館
和歌山城管理事務所

【著者略歴】

中井　均（なかい　ひとし）

現在滋賀県立大学人間文化学部教授。１９５５年大阪府生まれ。龍谷大学文学部史学科卒業。(財) 滋賀県文化財保護協会、米原市教育委員会、長浜城歴史博物館館長を経て、２０１１年に滋賀県立大学人間文化学部准教授。2013年度より現職。また、ＮＰＯ法人城郭遺産による街づくり協議会理事長として、全国のまちづくりにも関わる。専門は日本考古学で、特に中・近世城郭の研究、近世大名墓の研究。

主な著書に、『近江の城 – 城が語る湖国の戦国史 -』(サンライズ出版)、『カラー版徹底図解 日本の城』(新星出版)、『図解 近畿の城郭Ⅰ・Ⅱ・Ⅲ』（監修 / 戎光祥社)、『中世城館の考古学』(編著 / 高志書院)、『カメラが撮らえた古写真で見る日本の名城』(共著 / ＫＡＤＯＫＡＷＡ)、『歴史家の城歩き』(共著 / 高志書院)

ハンドブック　日本《にほん》の城《しろ》

二〇一六年六月二十五日　第一版第一刷印刷
二〇一六年六月　三十日　第一版第一刷発行

著　者　中井均
発行者　野澤伸平
発行所　株式会社　山川出版社
東京都千代田区内神田一―一三―一三
〒一〇一―〇〇四七
振替　〇〇一二〇―九―四三九九三
電　話　〇三（三二九三）八一三一（営業）
〇三（三二九三）一八〇二（編集）
http://www.yamakawa.co.jp/

企画・編集　山川図書出版株式会社
印刷・製本所　図書印刷株式会社

造本には十分注意しておりますが、万一、落丁・乱丁などがございましたら、小社営業部宛にお送りください。送料小社負担にてお取り替えいたします。
定価はカバーに表示してあります。

ISBN978-4-634-15100-0